馬德 呂義 主编

敦煌草書寫本識粹

法華玄贊卷一

呂洞達 呂義 編著

社會科學文獻出版社
SOCIAL SCIENCES ACADEMIC PRESS (CHINA)

《敦煌草書寫本識粹》編委會

顧問：鄭汝中

編輯委員會（以姓氏筆畫爲序）：

王柳霏　呂　義　呂洞達　段　鵬　姚志薇　馬　德　馬高强　陳志遠

盛岩海　張　遠

總序

一九〇〇年，地處中國西北戈壁深山的敦煌莫高窟，封閉千年的藏經洞開啓，出土了數以萬計的敦煌寫本文獻。其中僅漢文文書就有近六萬件，而草書寫本則有四百多件二百餘種。同其他敦煌遺書一樣，由於歷史原因，這些草書寫本分散收藏於中國國家圖書館、英國國家圖書館、法國國家圖書館、故宫博物院、上海博物館、南京博物院、天津博物館、敦煌市博物館、日本書道博物館等院館。因此，同其他書體的敦煌寫本一樣，敦煌草書寫本也是一百二十年來世界範圍内的研究對象。

（一）

文字是對所有自然現象、社會發展的記載，是對人們之間語言交流的記録，人們在不同的環境和場合就使用不同的書體。敦煌寫本分寫經與文書兩大類，寫經基本爲楷書，文書多爲行書，而草書寫本多爲佛教經論的詮釋類文獻。

敦煌草書寫本大多屬於聽講記録和隨筆，係古代高僧對佛教經典的詮釋和注解，也有一部分抄寫本和佛典摘要類的學習筆記；寫卷所採用的書體基本爲今草，也有一些保存有濃厚的章草遺韻。

敦煌草書寫本雖然數量有限，但具有不凡的價值和意義。

首先是文獻學意義。敦煌草書寫本是佛教典籍中的寶貴資料，書寫於一千多年前的唐代，大多爲聽講筆記的孤本，僅存一份，無複本，也無傳世文獻相印證，均爲稀世珍品、連城罕物，具有極高的收藏價值、文物價值、研究價值。而一部分雖然有傳世本可鑒，但作爲最早的手抄本，保存了文獻的原始形態，對傳世本錯訛的校正作用顯而易見；更有一部分經過校勘和標注的草書寫本，成爲後世其他抄寫本的底本和範本。所以，敦煌草書寫本作爲最原始的第一手資料可發揮重要的校勘作用；同時作爲古代寫本，保存了諸多引人注目的古代異文，提供了豐富的文獻學和文化史等學科領域的重要信息。

其次是佛教史意義。作爲社會最基層的佛教宣傳活動的内容記録，以通俗的形式向全社會進行佛教的普及宣傳，深入社會，反映了中國大乘佛教的「入世」特色，是研究佛教的具體信仰形態的第一手資料。通過對敦煌草書寫本文獻的整理研究，可以窺視當時社會第一綫的佛教信仰形態，進而對古代敦煌以及中國佛教進行全方位的瞭解。

再次是社會史意義。多數草書寫本是對社會最基層的佛教宣傳活動的内容記録，所講内容緊貼社會生活，運用民間方言，結合風土民情，特别是大量利用中國歷史上的神話傳説和歷史故事來詮釋佛教義理，展現出宣講者淵博的學識和對中國傳統文化的認知。同時向世人展示佛教在社會發展進步中的歷史意義，進一步發揮佛教在維護社會穩定、促進社會發展方面的積極作用，也爲佛教在當今社會的傳播和發展提供歷史借鑒。另外有少數非佛典寫本，其社會意義則更加明顯。

最後是語言學的意義。隨聽隨記的草書寫本來源於活生生的佛教生活，內容大多爲對佛經的注解和釋義，將佛教經典中深奥的哲學理念以大衆化的語言進行演繹。作爲聽講記録文稿，書面語言與口頭語言混用，官方術語與民間方言共存；既有佛教術語，又有流行口語……是没有經過任何加工和處理的原始語言，保存了許多生動、自然的口語形態，展示了一般書面文獻所不具備的語言特色。

當然還有很重要的兩點，就是草書作品在文字學和書法史上的意義。其一，敦煌草書寫本使用了大量的異體字和俗體字，這些文字對考訂相關漢字的形體演變，建立文字譜系，具有重要的價值，爲文字學研究提供了豐富的原始資料。其二，草書作爲漢字的書寫體之一，簡化了漢字的寫法，是書寫進化的體現。敦煌寫本使用草書文字，結構合理，運筆流暢，書寫規範，書體標準，傳承有序；其中許多草書寫卷，堪稱中華書法寶庫中的頂級精品，許多字形不見於現今中外草書字典。這些書寫於千年之前的草書字，爲我們提供了大量的古代草書樣本，所展示的標準的草書文獻，對漢字草書的書寫和傳承有正軌和規範的作用，給各類專業人員提供完整準確的研習資料，爲深入研究和正確認識草書字體與書寫方法，解決當今書法界的很多争議，正本清源，提供了具體材料，從而有助於傳承中華民族優秀傳統文化。同時，一些合體字，如「卄」（菩薩）、「卅」（菩提），「卌」、「卌」或「夾」（涅槃）等，個别的符代字如「煩々」（煩惱）等，可以看作速記符號的前身。

總之，敦煌草書寫本無論是在佛教文獻的整理研究領域，還是對書法藝術的學習研究，對中華民族優秀傳統文化的傳承和創新都具有深遠的歷史意義和重大的現實意義，因此亟須挖掘、整理和研究。

（二）

遺憾的是，敦煌遺書出土歷兩個甲子以來，在國内，無論是學界還是教界，大多數研究者專注於書寫較爲工整的楷書文獻，對於字迹較難辨認但内容更具文獻價值和社會意義的草書寫本則重視不够。以往的有關成果基本上散見於敦煌文獻圖録和各類書法集，多限於影印圖片，釋文極爲少見，研究則更少。這使草書寫本不但無法展現其内容和文獻的價值意義，對大多數的佛教文獻研究者來講仍然屬於「天書」；而且因爲没有釋文，不僅無法就敦煌草書佛典進行系統整理和研究，即使是在文字識别和書寫方面也造成許多誤導——作爲書法史文獻也未能得到正確的認識和運用。相反，曾有日本學者對部分敦煌草書佛典做過釋文，雖然每見訛誤，但收入近代大藏經而廣爲流傳。此景頗令國人汗顔。

敦煌文獻是我們的老祖宗留下來的文化瑰寶，中國學者理應在這方面做出自己的貢獻。三十多年前，不少中國學人因爲受「敦煌在中國，敦煌學在外國」的刺激走上敦煌研究之路。今天，中國的敦煌學已經走在世界前列，但是我們不得不承認，還有一些領域，學術界關注得仍然不够，比如説對敦煌草書文獻的整理研究。這對於中國學界和佛教界來説無疑具有强烈的刺激與激勵作用。因此，敦煌草書寫本的整理研究不僅可以填補國内的空白，而且在一定程度上仍然具有「誓雪國耻」的學術和社會背景。

爲此，在敦煌藏經洞文獻面世一百二十年之際，我們組織「敦煌草書寫本整理研究」項目組，計劃用八年左右的時間，對敦煌莫高窟藏經洞出土的四百多件二百餘種草書寫本進行全面系統的整理研究，内容包括對目前已知草書寫本的釋録、校注和内容、背景、草書文字等各方面的研究，以及相應的人才培養。這是一項龐大而繁雜的系統工程。「敦煌草書寫本識粹」即是這一項目的主要階段性成果。

（三）

「敦煌草書寫本識粹」從敦煌莫高窟藏經洞出土的四百多件二百餘種草書寫本中選取具有重要歷史文獻價值的八十種，分四輯編輯爲系列叢書八十册，每册按照統一的體例編寫，即分爲原卷原色圖版、釋讀與校勘和研究綜述三大部分。

寫本文獻編號與經名或文書名。編號爲目前國際通用的收藏單位流水號（因竪式排版，收藏單位略稱及序號均用漢字標識），如北敦爲中國國家圖書館藏品，斯爲英國國家圖書館藏品，伯爲法國國家圖書館藏品，故博爲故宫博物院藏品，上博爲上海博物館藏品，津博爲天津博物館（原天津市藝術博物館併入）藏品，南博爲南京博物院藏品等；卷名原有者襲之，缺者依内容擬定。對部分寫本中卷首與卷尾題名不同者，或根據主要内容擬定主題卷名，或據全部内容擬定綜述性卷名。

釋文和校注。竪式排版，採用敦煌草書寫本原件圖版與釋文、校注左右兩面對照的形式：展开後右面爲圖版頁，左面按原文分行竪排釋文，加以標點、斷句，並在相應位置排列校注文字。釋文按總行數順序標注。在校注中，爲保持文獻的完整性和便於專業研究，對部分在傳世大藏經中有相應文本者，或寫本爲原經文縮略或摘要本者，根據需要附上經文原文或提供信息鏈接；同時在寫本與傳世本的異文對照、對比方面，進行必要的注釋和説明，求正糾誤，去僞存真。因草書寫本多爲聽講隨記，故其中口語、方言使用較多，校注中儘量加以説明，包括對使用背景與社會風俗的解釋。另外，有一些草書寫本有兩個以上的寫卷（包括一定數量的殘片），還有的除草書外另有行書或楷書寫卷，在校釋中以選定的草書寫卷爲底本，以其他各卷互校互證。

研究綜述。對每卷做概括性的現狀描述，包括收藏單位、編號、保存現狀（首尾全、首全尾缺、尾缺、尾殘等）、寫本内容、時代、作者、抄寫者、流傳情況、現存情況等。在此基礎上，分内容分析、相關的歷史背景、獨特的文獻價值意義、書寫規律及其演變、書寫特色及其意義等問題，以歷史文獻和古籍整理爲主，綜合運用文字學、佛教學、歷史學、書法學等各種研究方法，對精選的敦煌草書寫本進行全面、深入、系統的研究，爲古籍文獻和佛教研究者提供翔實可靠的資料。另外，通過對草書文字的準確識讀，進一步對其中包含的佛教信仰、民俗風情、方言術語及其所反映的社會歷史背景等進行深入的闡述。

與草書寫本的整理研究同時，全面搜集和梳理所有敦煌寫本中的草書文字，編輯出版敦煌草書寫本字典，提供標準草書文字字形及書體，分析各自在敦煌草書寫本中的文字和文獻意義，藉此深入認識漢字的精髓，在中國傳統草書書法方面做到正本清源，又爲草書文字的學習和書寫提供準確、規範的樣本，傳承中華優秀傳統文化。在此基礎上，待條件成熟時，編輯「敦煌寫卷行草字典合輯」，也將作爲本項目的階段性成果列入出版計劃。

「敦煌草書寫本識粹」第一輯有幸得到二〇一八年國家出版基金的資助；蘭州大學敦煌學研究所將「敦煌草書文獻整理研究」列爲所内研究項目，並争取到學校和歷史文化學院相關研究項目經費的支持；部分工作列入馬德主持的國家社會科學基金重大項目「敦煌遺書數據庫建設」，並得到了適當資助，保證整理、研究和編纂工作的順利進行。

希望「敦煌草書寫本識粹」的出版，能够填補國内敦煌草書文獻研究的空白，開拓敦煌文獻與敦煌佛教研究的新領域，豐富對佛教古籍、中國佛教史、中國古代社會的研究。

由於編者水平有限，錯誤之處在所難免。我們殷切期望各位專家和廣大讀者的批評指正。同時，我們也將積極準備下一步整理研究敦煌草書文獻的工作，培養和壯大研究團隊，取得更多更好的成果。

是爲序。

馬德　吕義

二〇二一年六月

釋校凡例

一、本册以伯三八三二爲底本（文中稱「唐本」），參校以《大正藏》本《法華玄贊》（CBETA T34, NO. T1723，文中徑稱《大正藏》）。所引經文亦參校以《法華經》（文中稱爲「經本」）。

二、釋録時，對於筆畫清晰可辨，有可嚴格對應的楷化異體字者（與通用字構件不同），使用對應的楷化異體字；不能嚴格對應的（含筆畫增減、筆順不同等等），一般採用《漢語大字典》釐定的通用規範繁體字。凡爲歷代字書所收有淵源的異體字（含古字，如仏、礼、尒等，俗字，如㝵等）、假借字，一般照録。凡唐代官方認可並見於正楷寫卷及碑刻而與今簡化字相同者，有的即係古代正字（如万、无、与等），爲反映寫卷原貌，均原樣録出。

對「己、已、巳」常見易混字隨文義録出。凡俗字於其首次出現時加注。

三、録文一律使用校正後的文字和文本，並對原卷仍存的錯訛衍脱等情況進行校勘，在校記中加以説明。無法識别的文字以□代之。鑒於古人徵引文獻時隨文就義，標點時引號僅用於標示所引經義起訖或所引其他論疏。

四、對於寫卷中所用的佛教特殊用字，如上下疊用之合體字𦬇（菩薩）、𦬊（菩提），「卄」、「卌」或

「㚲」（涅槃）、「㖨」（菩提）、薩（薩埵）、䕃（薩婆）等，或符代字如「煩々」（煩惱）等，均以正字釋出。

五、對與前人已經識讀出的文本之異文與文字，在校注中加以說明。

目録

法華經玄贊卷第一釋校

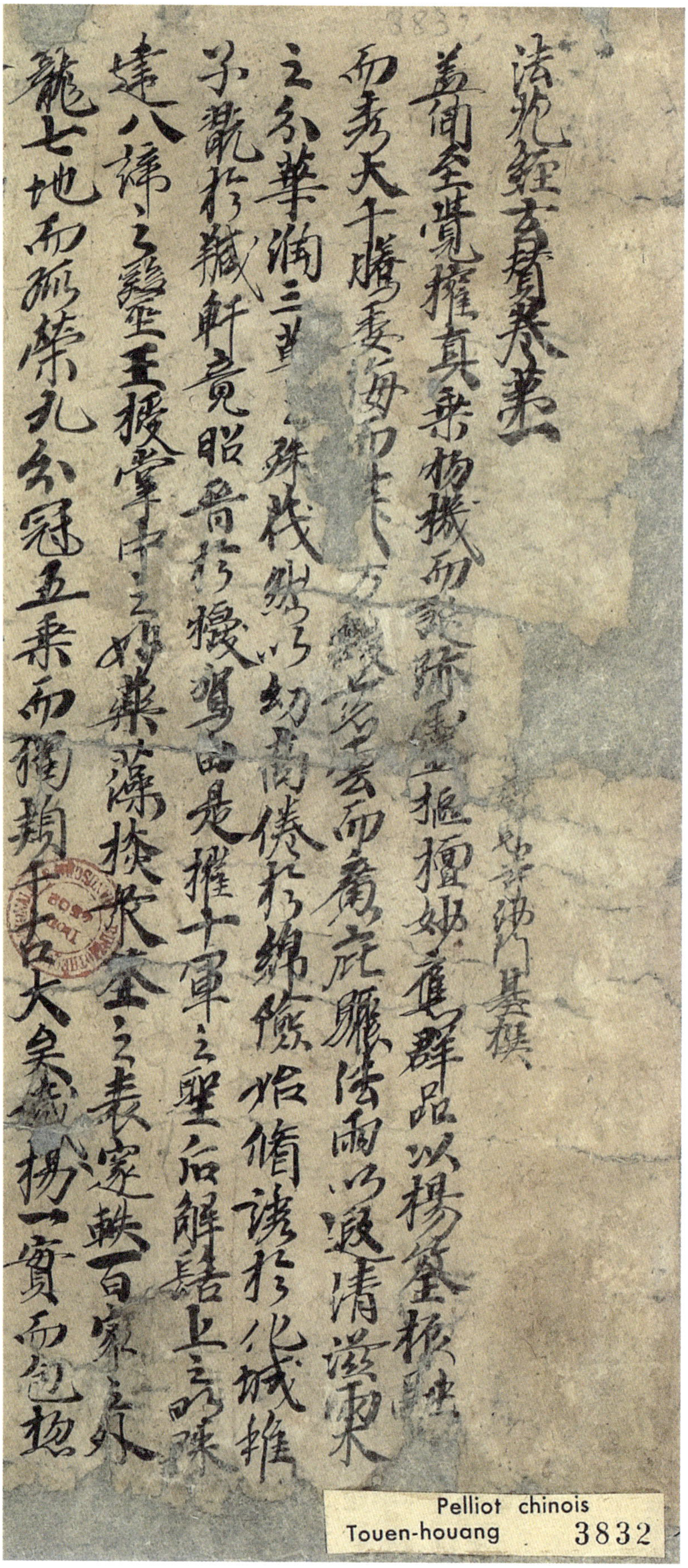

一 法花[一]經[二]玄贊[三]卷第[四]一[五]　□□□□大慈恩寺沙門基撰

二 蓋[六]聞至覺權真，乘[七]物機而誕跡，靈樞擅[八]妙，應群品以揚筌，振融〔山〕[九]

三 而秀大千，騰委海而津八[一〇]万[一一]，霔慈雲而廣庇，驟法雨以遐清，滋兩木之分華，潤三草之殊茷[一二]。然以幼[一三]商倦於綿險，始偺[一四]誘於化城；稚子翫[一五]於藏軒，竟昭[一六]晉於㰚[一七]駕。由是摧十軍之聖后，解髻上之明珠，建八諦之毉[一八]王，授掌中之妙藥，藻掞衆[一九]筌之表，邃軼百家[二〇]之外，籠七地而孤榮九分，冠五乘而獨穎[二一]千古。大矣哉！揚一實而包揔[二二]

校注

【一】「花」，《大正藏》作「華」，古通。凡古通之字，基本依高亨《古字通假會典》，後不再注。【二】「經」，《大正藏》作「經」，字同。【三】「賛」，《大正藏》作「贊」，《集韻·換韻》：贊，隸作賛。【四】「苐」，《大正藏》作「第」，字同。【五】「法花經玄賛卷苐一」，《大正藏》作「妙法蓮華經玄贊卷第一」。【六】「盖」，《大正藏》作「蓋」，字同。【七】「乗」，《大正藏》作「乘」，字同。【八】「擅」，乃「擅」之俗字，《大正藏》作「擅」。【九】「山」，依《大正藏》補。【一〇】「津八」，依《大正藏》録。【一一】「万」，《大正藏》作「萬」，字同。【一二】「茷」，「茂」之俗字。黄征《敦煌俗字典》收此字。《大正藏》作「茂」。【一三】「幼」，《大正藏》作「幼」，字同。【一四】「偺」，見《碑別字新編》修訂本，乃「修」之別字。《大正藏》作「循」。【一五】「翫」，同「玩」。【一六】「昭」，《大正藏》作「照」。【一七】「㰚」，《大正藏》作「懹」，字同。【一八】「毉」，乃「毉」之俗字。《大正藏》作「醫」。【一九】「衆」，《大正藏》作「眾」，字同。【二〇】「家」，《大正藏》作「宗」。【二一】「穎」，唐本左下作「夫」，乃「穎」之俗字。【二二】「揔」，《大正藏》作「總」，字同。唐本右上「匆」作「勿」，見《敦煌俗字典》。

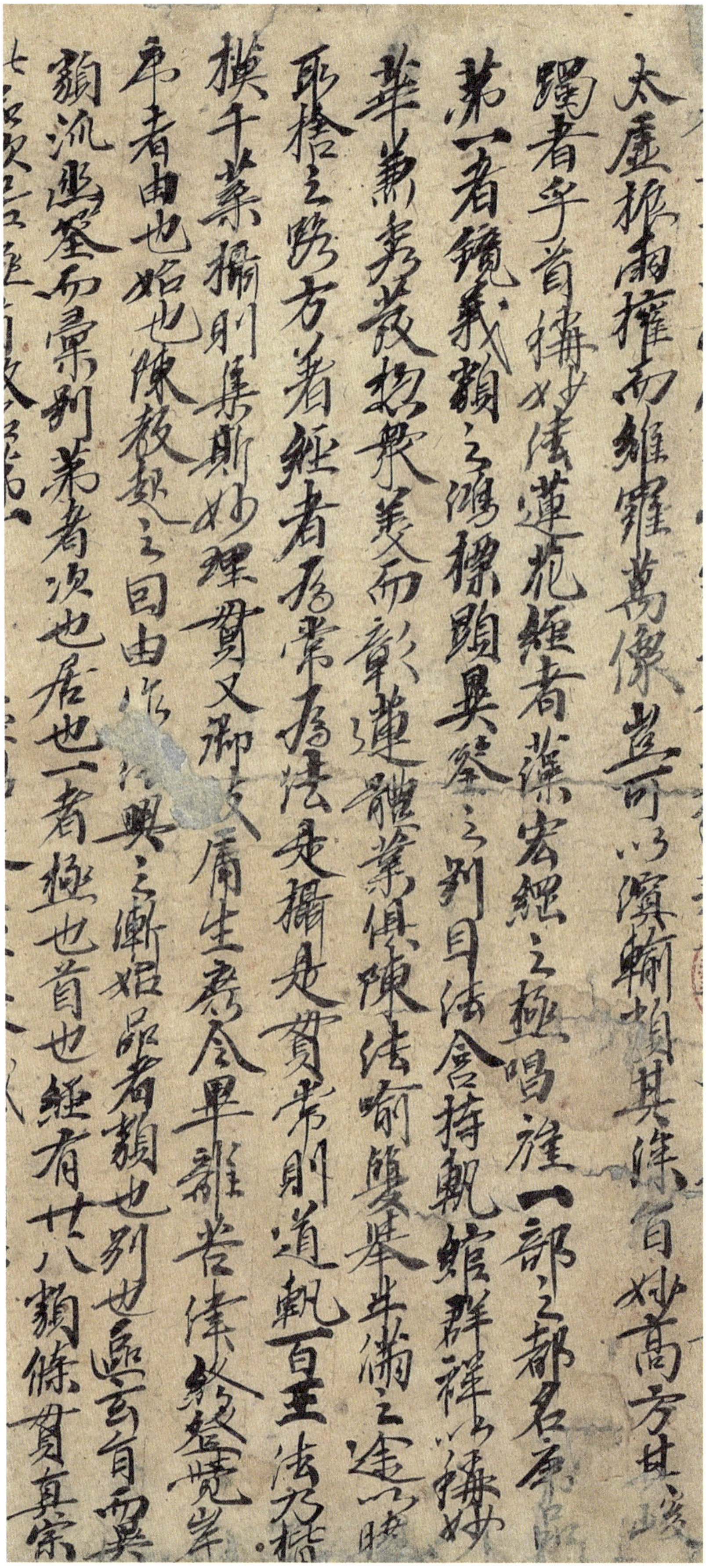

八 太虛，振兩權而維[一]羅萬像[二]，豈可以濱[三]輸類[四]其深旨[五]，妙高方其峻

九 蹋者乎！首稱《妙法蓮花經》者，藻宏綖[六]之極唱，旌[七]一部之都名。序品

一〇 第一者，鏡義類之鴻標，顯異筌之別目。法含持軌[八]，綰群祥以稱妙；

一一 華兼秀發，揔衆美而彰蓮；體、業俱陳，法、喻雙舉，半滿之途以[九]曉，

一二 取捨之路方著。經者爲常爲法，是攝是貫，常則道軌百王，法乃楷[一〇]

一三 模[一一]千葉[一二]，攝則集斯妙理，貫又御彼[一三]庸生，庶令畢[一四]離苦津，終登覺岸。

一四 序者，由也始也，陳教起之曰[一五]由，作法[一六]興之漸始。品者，類也別也，區玄

㫖而異

一五 類，泒[一七]幽筌而彙別。苐者，次也居也。一者，極也首也。經有廿[一八]八，類條

貫真宗，

校注

【一】「維」，《大正藏》作「遺」。【二】「像」，《大正藏》作「象」。【三】「濵」，乃「溟」之俗字，《大正藏》作「溟」。【四】「類」，唐本左下殘缺，《大正藏》作「類」，從之。【五】「㫖」，《大正藏》作「旨」，字同。【六】「經」，「綱」之俗字。【七】「旌」，唐本右上作「厶」，下作「圭」，乃「旌」之俗字。【八】「軓」，乃「軌」之俗字。敦煌寫卷又有「軓」，亦「軌」之俗字。【九】「以」，《大正藏》作「已」。【一〇】「楷」，《大正藏》作「德」。【一一】「模」，《大正藏》作「摸」。【一二】「葉」，唐本中「世」作「云」，避李世民諱改。【一三】「彼」，依《大正藏》録。【一四】「畢」，唐本少一横，見《蘭亭序》。【一五】「曰」，《大正藏》作「因」，字同。【一六】「法」，依《大正藏》録。【一七】「泒」，《大正藏》作「派」，字同。【一八】「廿」，《大正藏》作「二十」。後不再注。

此品次居極首，故名第一。經曰[一]：「如是至住王舍城耆闍崛山中[二]。」

贊曰：初釋[三]文略以六門料簡：一序[四]經起之意，二明經之宗旨，三解經品得名，四〔顯〕[五]

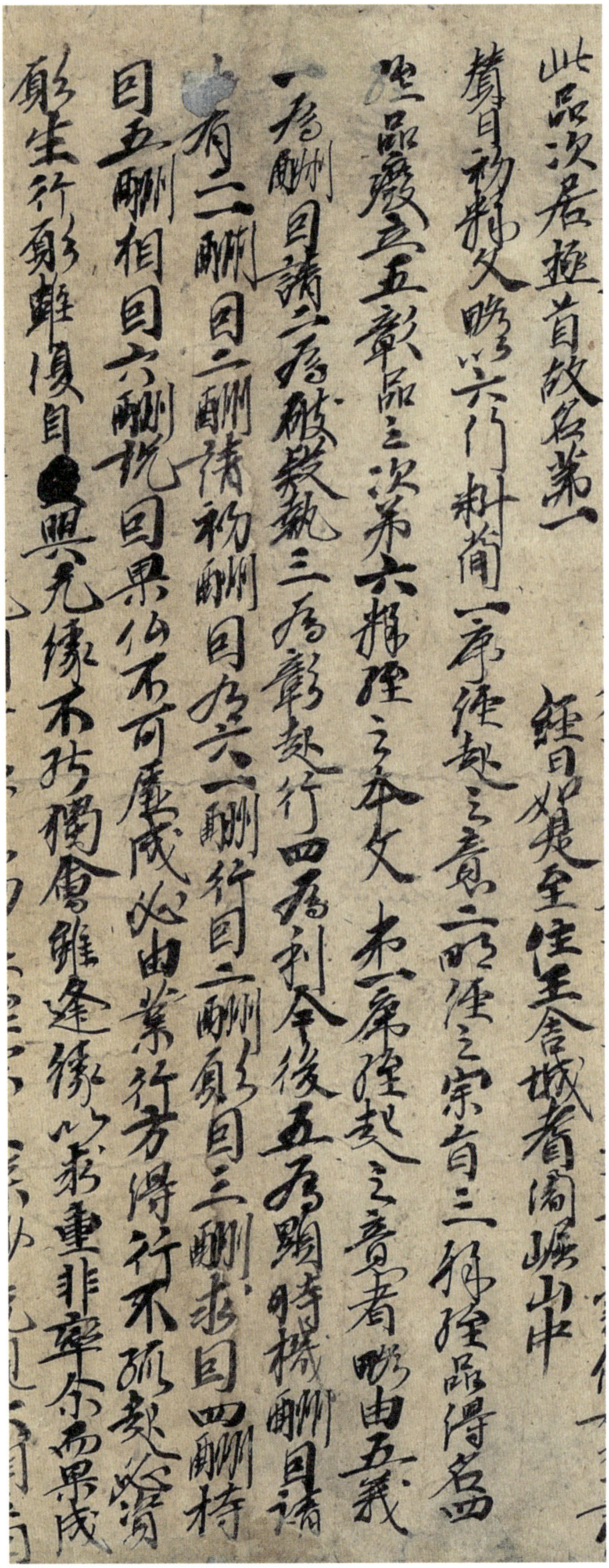

一八 經品廢立，五彰品之次弟，六釋經之本文。弟[六]一序[七]經起之[八]意者，略由五
義：
一九 一爲酬曰請，二爲破疑執，三爲彰起[九]行，四爲利今後，五爲顯時機。酬曰請
二〇 中有二：一酬曰，二酬請。初酬曰有六：一酬行曰，二酬願[一〇]曰，三酬求曰，
四酬持
二一 曰，五酬相曰，六酬說曰。果仏[一一]不可虛成，必由業行方得，行不孤起，必
資[一二]
二二 願[一三]生。行願雖復自興，无[一四]緣[一五]不能獨會，雖逢緣以求重，非卒尒[一六]而果
成，

校注

【一】「曰」，《大正藏》無。【二】「如是至住王舍城者闍崛山中」，《大正藏》作「如是我聞」。【三】「釋」下，《大正藏》有「經」字。【四】「序」，《大正藏》作「叙」。古通。【五】「顯」，據《大正藏》補。【六】「弟」，古「第」字。【七】「序」，《大正藏》作「叙」。【八】「之」，《大正藏》無。【九】「起」，《大正藏》作「記」。【一〇】「願」，唐本左旁「厂」下作「貝」，乃「願」之俗字。【一一】「仏」，古文，《大正藏》作「佛」，字同。此处「果仏」，《大正藏》作「佛果」。【一二】「資」，《大正藏》作「願」。【一三】「願」，《大正藏》作「資」。【一四】「无」，《大正藏》作「無」，字同。【一五】「緣」，唐本「彖」上部「彑」作「彐」，部首同，「緣」「缘」字同。【一六】「尒」，《大正藏》作「爾」，字同。

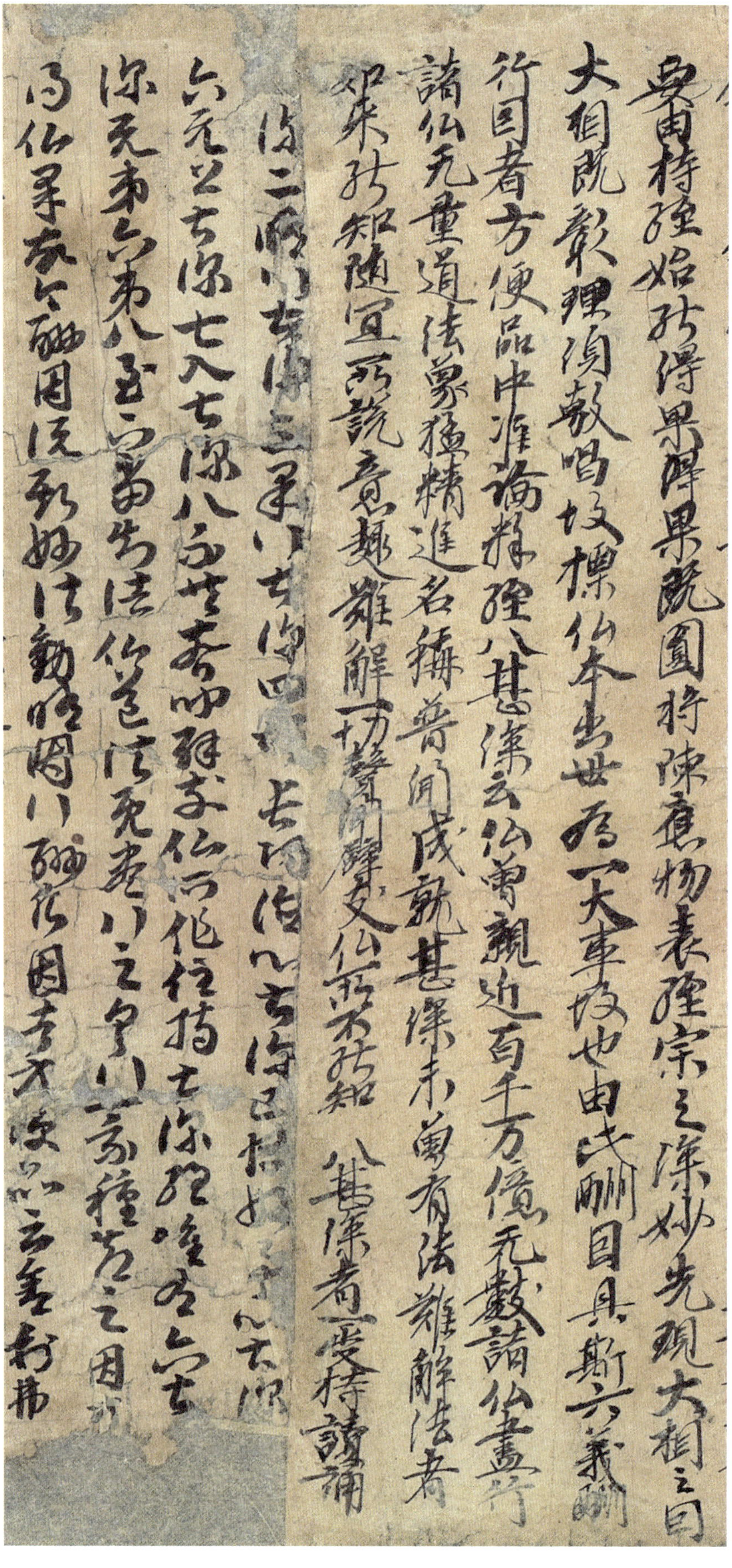

要由持經[一]始能得果，得果既圓將陳應物。表經宗之深妙，先現大相之曰，
大相既彰，理須敷唱，故標仏本出世爲一大事故也。由此酬曰具斯六義。酬

二五 行曰者，《方便品》中准論釋經八甚深云：「仏曾親近百千万億无數諸仏，盡
行
二六 諸仏无量道法，勇[二]猛精進名稱普聞，成就甚深未曾有法。難解法者，
二七 如來能知，隨[三]宜[四]所說，意趣難解，一切聲聞、辟支仏所不能知。」八甚深
者，一受持讀誦
二八 甚[五]深，二脩[六]行甚深[七]，三果行甚深，四增[八]長切[九]德心甚深，五快妙[一〇]事
心甚深，
二九 六无上甚深，七入甚深，八不共聲聞辟支仏所作住持甚深。經唯有六甚
三〇 深[一一]，无弟六弟八，至下當知，諸仏道法既盡行之。具行一乘種智之因方
三一 得仏果，故今酬因說斯妙法勸脩因行。酬願因者，《方便品》云：「舍利弗

校注

【一】「經」，《大正藏》作「學」。【二】「勇」，唐本右訛，似「象」。依文義從《大正藏》作「勇」。【三】「隨」，字同「隨」。唐人碑刻及小楷寫卷多作「隨」。【四】「宜」，《大正藏》作「宜」，字同。【五】「甚」，依《大正藏》補。【六】「脩」，《大正藏》作「修」，字同。【七】「甚深」，《大正藏》無。以下六短句《大正藏》皆省略「甚深」二字，不具注。【八】「增」，依《大正藏》録。【九】「功」，唐本不清楚，【一〇】「快妙」，依《大正藏》録。【一一】「甚深」，《大正藏》無。

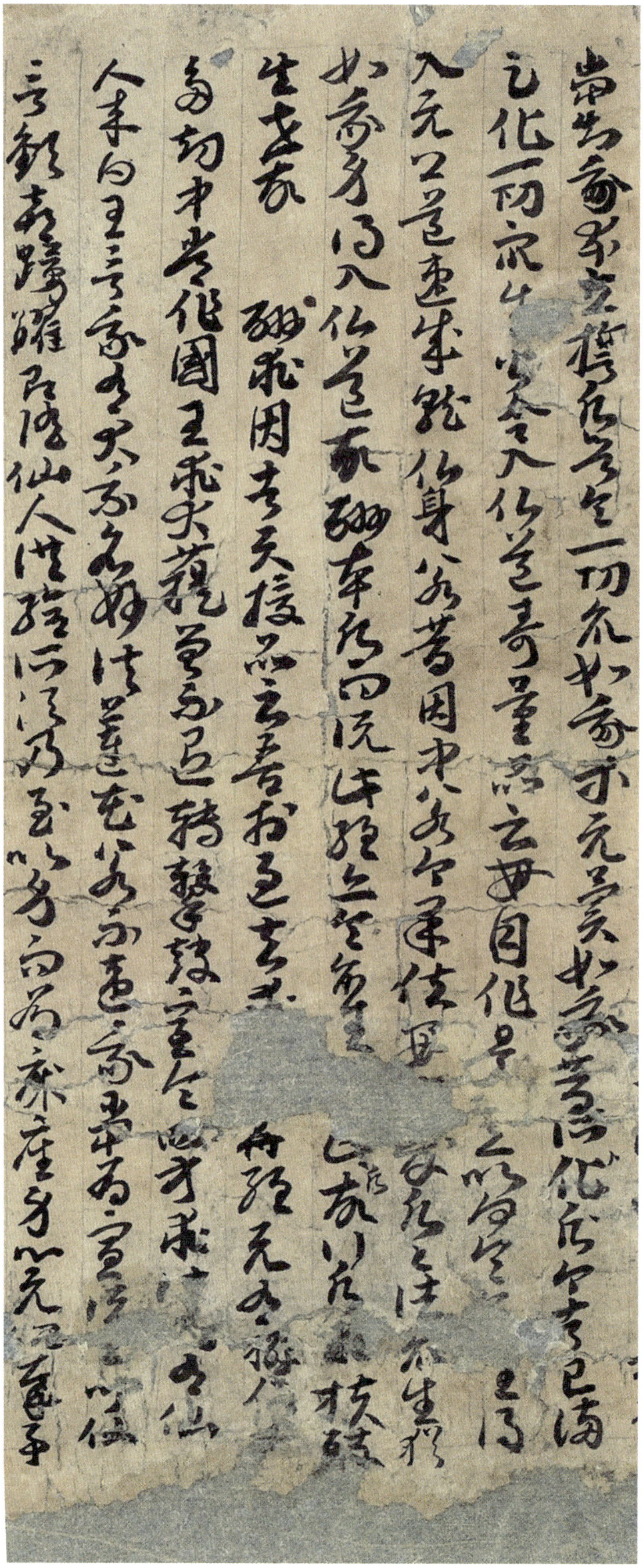

三一 當知[一]，我本立誓願，欲令一切衆，如我等无異。如我昔所[二]願，今者已滿

三二 足，化一㓛[三]衆生，皆[四]令入[五]仏道。」《壽量品》云：「每自作是意[六]，以

何令衆生[七]得

三四 入无上[八]道，速成就仏身。」若昔因中、若今果位，每皆[九]發願願[一〇]諸[一一]衆生

猶

三五 如我身得入仏道，故酬本願而說此經；亦令衆生發[一二]此願故，行願相扶[一三]致

三六 出世故。酬求因者，《天授品》云：「吾於過去求《法[一四]華經》无有懈倦，

於[一五]

三七 多刼[一六]中常作國王，求大菩提曾不退轉。擊鼓宣令四方求法，時[一七]有仙

三八 人來白王言：我有大乘，名《妙法蓮花[一八]》，若不違我，當爲宣說。王聞仙[一九]

三九 言歡喜踴躍，即隨仙人供給所須，乃至以身而爲床座，身心无倦[二〇]，奉事

校注

【一】「當知」，《大正藏》作「善聽」。【二】「所」下，唐本原衍一「化」字，以「卜」字符删去。【三】「刅」，俗字。《大正藏》作「切」，字同。【四】「皆」，《大正藏》無。【五】「入」下，《大正藏》有「於」。【六】「意」，《大正藏》作「念」。【七】「衆生」，依經本録。【八】「无上」，《大正藏》作「於佛」。【九】「皆」，據窺基《阿彌陀經通贊疏》卷一補。「每皆」，《大正藏》作「皆每」。【一〇】「願」，《大正藏》無。【一一】「諸」，《大正藏》作「令」。【一二】「發」，依《大正藏》補。【一三】「扶」，《大正藏》作「符」。【一四】「法」，依經本録。【一五】「於」，依經本補。【一六】「刼」，《大正藏》作「劫」，字同。【一七】「求法时」，「求法」，《大正藏》無；「時」，依經本録。【一八】「花」下，《大正藏》有「經」。【一九】「仙」下，《大正藏》有「人」。【二〇】「倦」，唐本不清楚，依《大正藏》補。羅什本經文作「惓」。

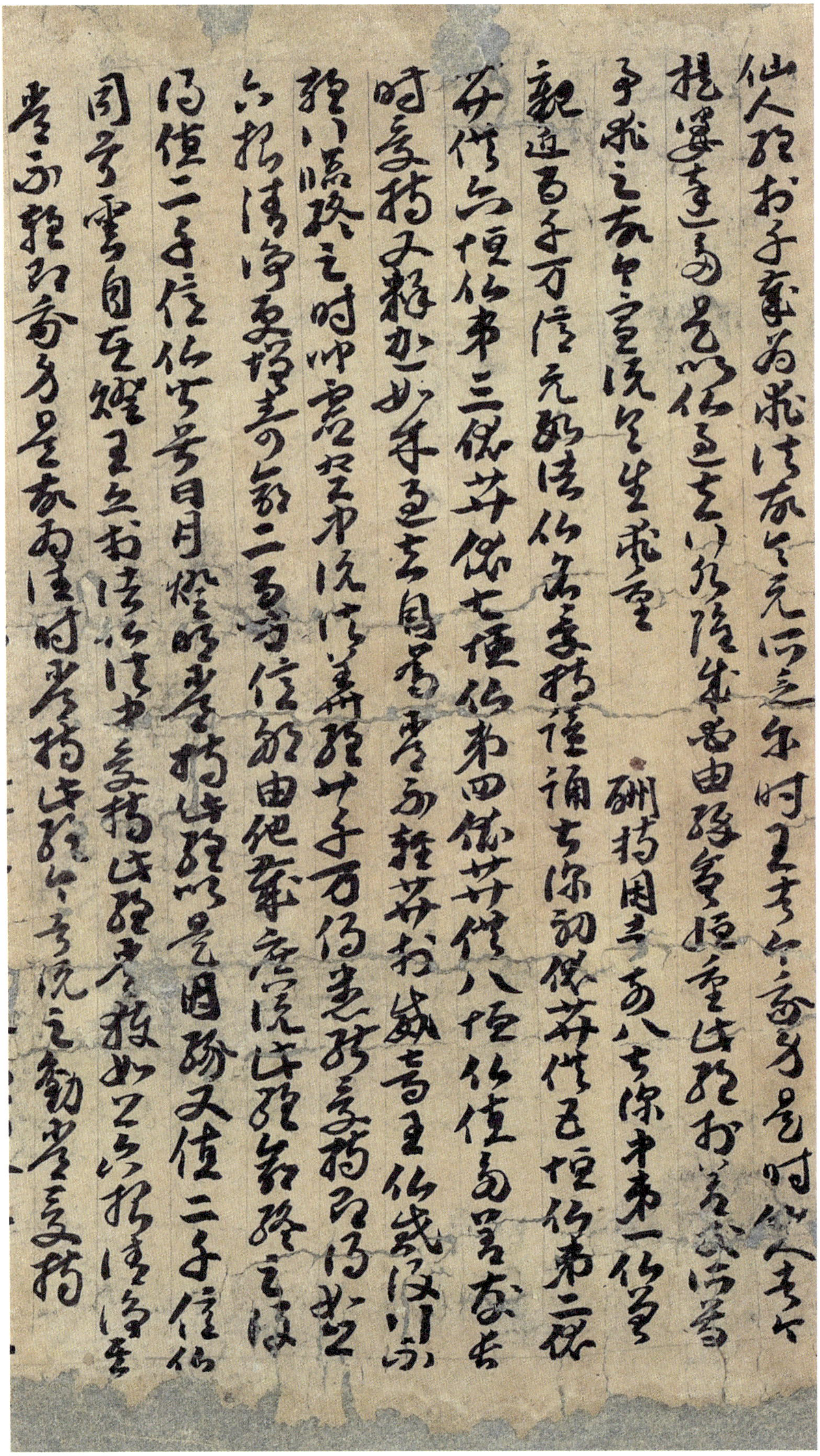

四〇

仙人，經於千歲，爲求法故令无所乏。尔[一]時王者今我身是，時仙人者今提婆達多是。」以仏過去行願[二]雖成必由緣會，恒重此經，於善友所尊[三]事求之。故今宣説，令生求重。酬持因者，前八甚深中，弟一仏曾親近百千万億无數諸仏，名受持讀誦甚深。初依菩薩供五恒仏，弟二依菩薩供六恒仏，弟三依菩薩供[四]七恒仏，弟四依菩薩供八恒仏，値多善友長時受持。又釋迦如來過去自爲常不輕菩薩，於威音王仏威[五]後行不輕行，臨終之時聞虚空中説《法華經》廿[六]千万[七]偈，悉[八]能受持。即得如上六根清浄，更增壽命二百万億那由他歲，廣説此經。命終之後，得値二千億仏皆号[九]日月燈明，常持此經。以是因緣又値二千億仏同号雲自在燈王，亦於[一〇]諸仏法中受持此經，常獲如上六根清浄。其常不輕即我身是，故爲往時常持此經，今者説之勸常受持。

校注

【一】「尒」，同「佘」（爾）。「弥」，右旁「尔」亦多作「尒」。【二】「行願」，《大正藏》作「願行」。【三】「尊」，《大正藏》作「專」。【四】「供」，原作「依」，據《大正藏》改。窺基《金剛般若論會釋》卷二：第三劫供養七恒河沙佛。【五】「威」，《大正藏》作「滅」，字同。【六】「廿」，字同「廿」。【七】「万」下，《大正藏》有「億」。【八】「悉」，唐本作「悉」「悉」，又有「悉」上「采」作「⺷」者，皆是「悉」之俗字。【九】「号」，《大正藏》作「號」，字同。【一〇】「於」下，《大正藏》有「此」。

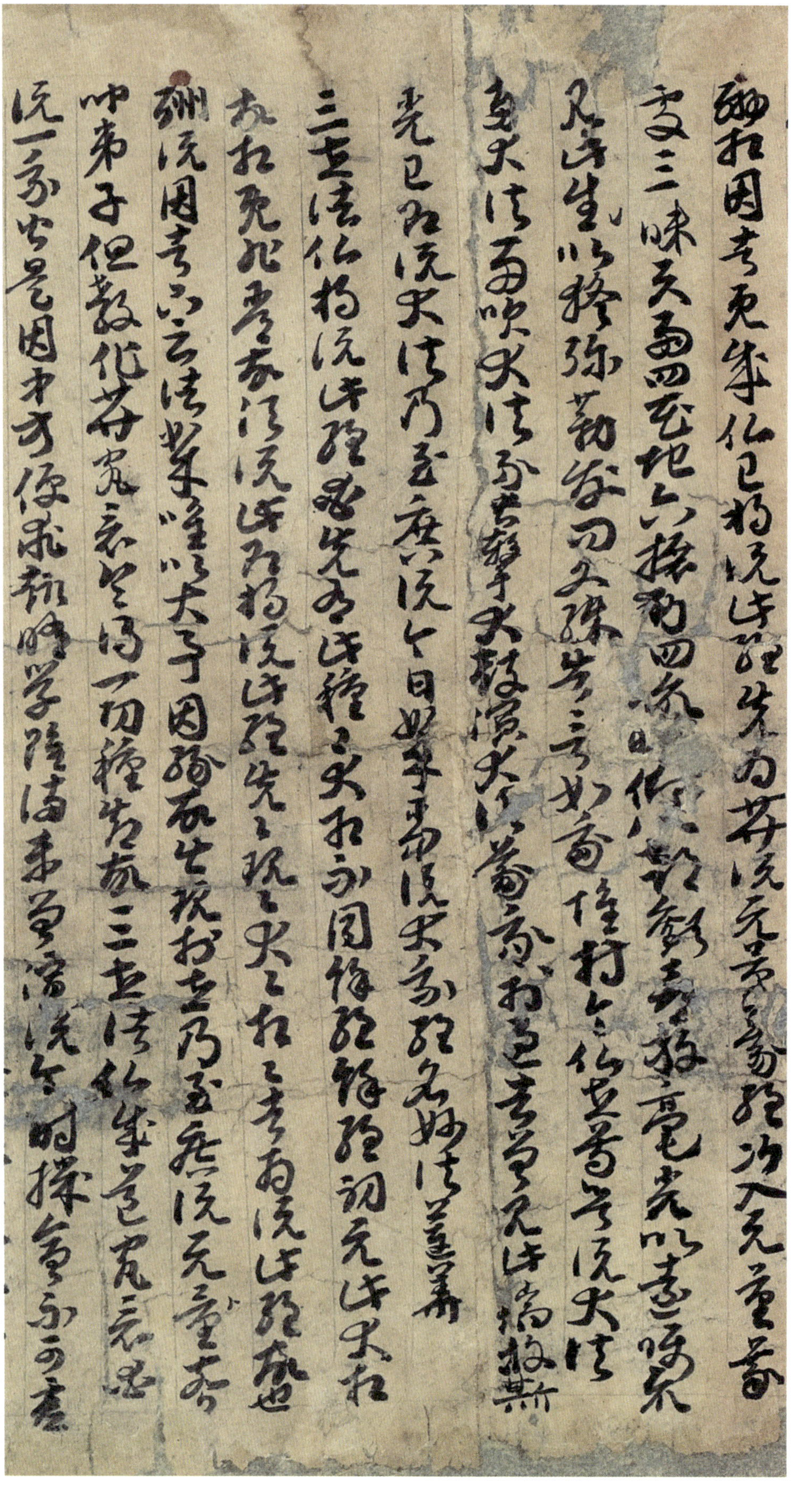

五一 酬相因者，既成仏已將説此經，先爲菩薩説《无量義經》，次入无量義

五二 處三昧。天雨四花，地六振動[一]，四衆瞻[二]仰，八部歡喜，放毫光以遠矚，衆

五三　見此以生疑[三]。弥[四]勒發問，文殊告言：如我惟忖！今仏世尊欲説大法，

五四　雨大法雨，吹大法蚤[五]，擊大〔法〕[六]鼓、演大法義。我於過去曾見此瑞，放

斯

五五　光已即説大法，乃至廣説。今日如來當説大乘經，名《妙法蓮華》。

五六　三世諸仏將説此經必先有此種種大相，不同餘經，餘經初无此[七]大相

五七　故。相既非常，故須説此，即將説此經，先現大相。先現大相者，爲説此經故

也。

五八　酬説因者，下云「諸[八]如來唯以[九]大事因緣故出現於世，乃至廣説。无[一〇]聲

五九　聞弟子但教化菩薩，究[一一]竟令得一切種智。」故三世諸仏成道究竟必

六〇　説一乘，皆是因中方便求趣[一二]。脩學雖滿未曾演説，今時機會不可虚

校注

【一】「地六振動」，《大正藏》作「地振六種」。【二】「瞻」，依《大正藏》録。【三】「以生疑」，唐本作「生以疑」，「生」下有倒乙符。此句《大正藏》作「已疑生」。【四】「弥」，《大正藏》作「彌」，字同。【五】「蚤」，《大正藏》作「螺」。「蚤」「蠡」，字同。【六】「法」，據經本補。【七】「初无此」，《大正藏》作「無此初」。【八】「諸」下，《大正藏》有「佛」。【九】「以」下，《大正藏》有「一」。【一〇】「无」下，唐本原衍一「量」字，以「卜」字符删去。【一一】「究」，唐本作「宄」，乃「究」之俗字。【一二】「求趣」，《大正藏》作「趣求」。

號教歎、宿因說頌妙法以手擊器理子云云也世號緊那在於春吟指遣
•從踊諸者如海中浪茲踊生以七寶羅大光明遍照十方四羅
觀視伽樓羅子說寶說偈言　喬生緣勞者　竟發赤後方
奇已得離說　南海從海教衆生　能是擇已安隱寸大樓進生四足
老病死爲婆那提已云稱觀為飛元空果中教歎家尺法
借人名妃保如婿如是屍際云教遠至家寺庭院藉揵住法天樣
亡救半世緣以十四由旬曇睺御口娑仙人所住林中以刀刺娑猪婬實
所嫉見之爲度志貴遣寺屋瑤權父王已於照達身借以諸外道行為
降伏法衆以達去以勒去色漢日究摩羅敵至九足遍令氣
摩言文云譯學論藉物生金財應以若持見力降伏魔冤等說大權

然，故赴[一]宿因説斯妙法。上來義類經文甚多，恐猒[二]繁廣故略指述。後酬請者，如經中説，菩薩初生即行七步，放大光明遍照十方，四頋[三]觀視作師子吼，而説偈言：「我生胎分盡，是冣[四]末後身，我已得解脱，當復度衆生。」作是誓已，身漸長大，遊出四門，見老、病、死及沙門相。既問識已，欲捨親屬求无上果。中夜觀察，見諸伎人后妃婇女，狀如臰[五]屍深可猒患，即命車匿，令被揵低，諸天捧[六]足，夜半出城，行十四由旬，到跋伽婆仙人所住林中，以刀剃髮，持妙寶服貿鹿皮衣，遣車匿歸報父王已。於熙連河側六師外道所，爲降伏彼故[七]，六年苦行，勤[八]苦過彼，日食麻麦[九]，猒其非道，遂食乳糜。受吉祥草，詣菩提樹坐金剛座，以智慧力降伏魔軍，證大菩提，

校注

【一】「赴」，《大正藏》作「趣」。【二】「猒」，「厭」之俗字。【三】「頋」，《大正藏》作「顧」，字同。【四】「冣」，《大正藏》作「最」，字同。【五】「臰」，《大正藏》作「臭」，字同。【六】「捧」，唐本草法稍訛。【七】「故」，《大正藏》無。【八】「勤」，唐本出現六次，均與傳統草書「勤」字無别，亦與本卷「勒」之字形相同。爲此，本卷釋文依文義而區别釋出。依此知寫手混淆「勤」「勒」。「草聖最爲難」，誠非虚語。【九】「麦」，《大正藏》作「麥」，字同。

及生三界是謂三子火宅無界之及修天求等諸佛所說轉法輪
化佛讚揚勸足擔說時擇未熟足說方便未說實法亦更宣
譬喻求請說為擇實之標文殊求請說為安樂之行彌勒求請說
為出應之果為品之為壽嘆之揚顯揚之在於三七日中思惟
權是事乃覺最之道者佛所行方便力為令所得道之應說三界
但是思惟時十方佛出現梵音慰喻為實未釋於文說法一
切佛所用方便力由是方便至說三乘采擇實教一譬子求請說
暢悲心為說一實教之後世已說熟三諸者皆得示說安樂
小品中文殊發請並為稱說四安樂行壽量品中之後如是彌勒三
請佛說世尊果行經典淨佛之請三通勸請方說分之出應教
為辯請說是法華
破執二一破執二破執初破執者

永出三界。是時三千大千世界主及餘天等，來詣仏所請轉法輪，化仏讚揚勸且權說，時機未熟且說方便未說實法。今既合冝[一]，鶖子等請說乘權實之境，文殊等請說乘安樂之行，弥勒等請說身真應之果。故下經云：「我始坐道塲[二]，觀樹亦經行。於三七日中，常思惟是事。乃至尋念過去仏所行方便力，我今所得道，亦應說三乘。作是思惟時，十方仏皆現梵音慰喻我：善哉釋迦文！隨諸一切仏，而用方便力。」由是方便且說三乘。今機宜熟，鶖子等請演暢真宗顯斯一實。故下經云：「汝已慇懃三請，吾今[三]豈得不說。」《安樂行品》中，文殊發請，世尊廣說四安樂行。《壽量品》中亦復如是，弥勒三請，仏言：汝等當信解如來誠諦之語。三遍勸信，方說身之真應，故爲酬請說是《法華》。破疑執中有二：一破疑，二破執。初[四]破疑者，

校注

【一】「冝」，《大正藏》作「宜」，字同。【二】「塲」，《大正藏》作「場」，字同。【三】「今」，唐本小字旁補。【四】「初」，《大正藏》無。

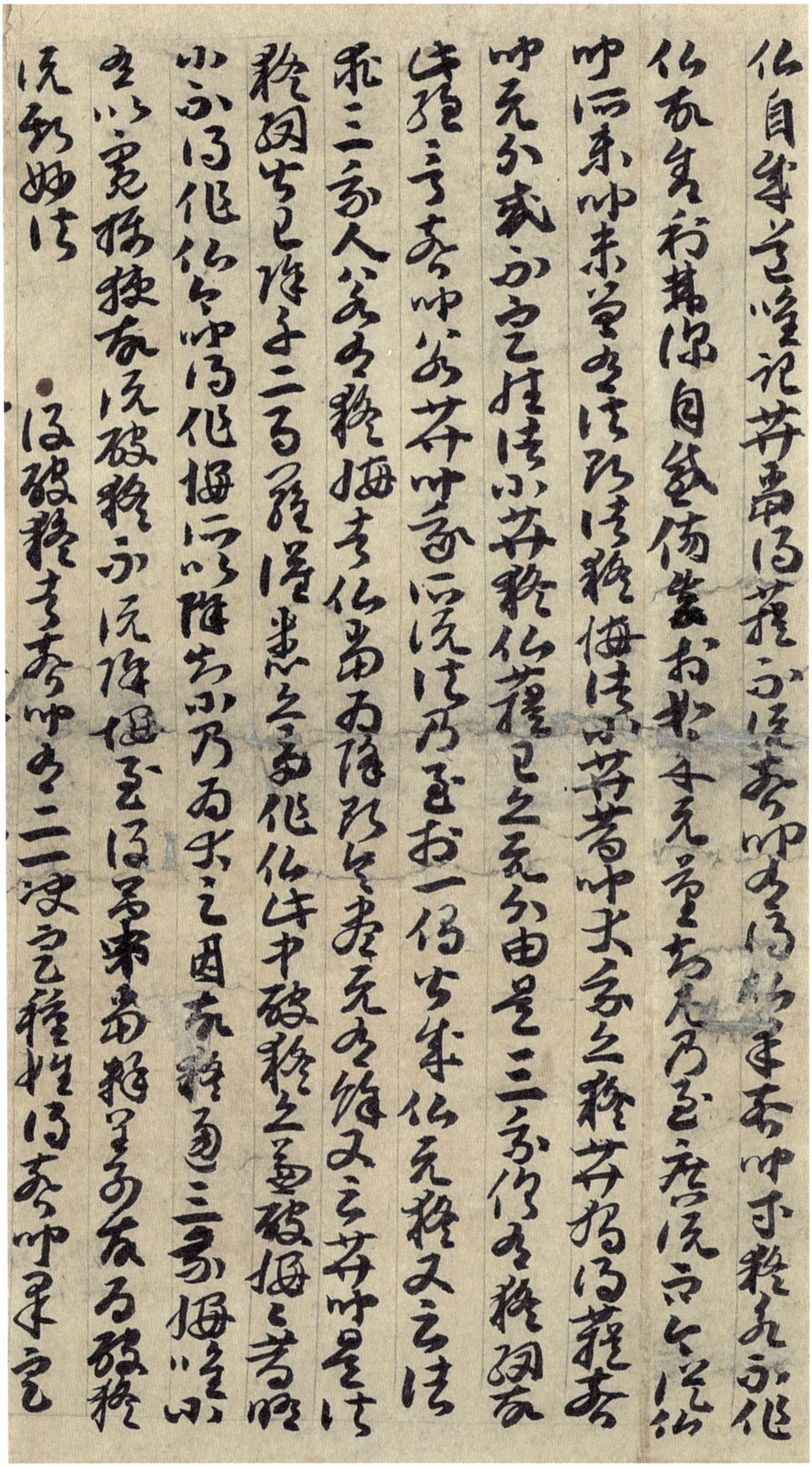

八二

仏自成道唯記菩薩當得菩提，不説聲聞有得仏果。聲聞等疑永不作

八三 仏，故舍利弗深自感傷，失於如來无量知見，乃至廣説。而今從仏

八四 聞所未聞未曾有法，斷諸疑悔。諸小菩薩昔聞大乘，亦疑菩薩獨得菩提，聲

八五 聞无分。或不定性諸小菩薩疑仏菩提己亦无分。由是三乘俱有疑網[一]。故[二]

八六 此經言[三]：「聲聞若菩薩，聞我所説法，乃至於一偈，皆成仏无疑。」又云：

「諸

八七 求三乘人，若有疑悔者，仏當爲除斷，令盡无有餘。」又云：「菩薩聞是法，

八八 疑網皆已除，千二百羅漢，悉亦當作仏。」此中破疑，亦兼破悔，悔昔[四]脩

八九 小不得作仏，今聞得作，悔所以除，知小乃爲大之因故。疑通三乘，悔唯小

九〇 有，以寬攝狹，故[五]説破疑不説除悔，至後弓[六]中[七]當釋差別[八]，故爲破疑

九一 説斯妙法。後破疑[九]者，聲聞有二。一決[一〇]定種姓，得聲聞果定

校注

【一】「網」，《大正藏》作「網」，字同。【二】「故」，《大正藏》作「由」。【三】「言」，《大正藏》作「云」。【四】「悔昔」，《大正藏》作「昔悔」。【五】「故」，《大正藏》作「但」。【六】「弓」，《大正藏》作「卷」，字同。【七】「中」，唐本原作「弟」，改「中」。【八】「差別」，唐本合體連寫。凡草書寫卷中頻繁出現之合成詞，連寫時每省減筆道，且上下共用中間筆道，又各自成字。【九】「疑」，《大正藏》作「執」。

【一〇】「决」，《大正藏》作「決」，字同。《玉篇・冫部》：「决，俗決字」。

入无餘身，依古說，依法花云何人名聲聞菩薩時，若菩薩受記亦名二乘
已曾發大菩提心，羽是定性，說亦定性，後能廻向法華經中
第四決定種姓之名類定二乘攝傍辨是凡夫得第四禪得阿羅
謂三退已曾發大菩提心之人，亦云種姓，且法華會得記前時名
退菩提心聲聞菩提心者，是法華會在自言今聲聞家書故後志
久佛是世尊悉忘而便自謂已得滅之度，信解品說聲聞佛大
衆是說六十劫因施眼故大心難等退求小果鶖子之之乃至已曾
從佛受化之據喻品說十六子而教化衆生道言皆發之始由是而
名退菩提心亦定性者是退轉之子若曰未求於大今者但得小果執
求亦定性故西方言應化之死生等據大乘說法大菩薩及佛所化亦爲

入无餘身灰智烕。故諸經云：餘人善根涅槃時盡，菩薩善根不尔。二退已還發大菩提心。初是定姓，後不定姓。[一]然《瑜伽》及《法華》論[二]聲聞有四。一決定種姓，亦名趣寂。二增上愣[三]，此是凡夫得弟四禪謂阿羅漢。三退已還發大菩提心，亦名不定種姓。且法華會得記聲聞，名退菩提心，舍利弗等皆是此類，故經自云：「告舍利弗：我昔教汝志願仏道，汝今悉忘，而便自謂已得烕度。」《優婆塞經》說：「舍利弗脩大乘道經六十刧，因施眼故，大行難成，退求小果。」鶖子亦言：世世已曾從仏受化。《化城喻品》說十六[四]子所教化衆生過去結緣之始，由是故名退菩提心，非不定姓皆是退類，亦有昔日未求於大，今者但從小果趣大，不定姓故。四者應化，應化非真。《攝大乘》說：「諸大菩薩及仏等化示爲

校注

【一】「姓」下，唐本原有「勝」字，以「卜」字符删去。【二】「論」下，《大正藏》有「説」。《瑜伽》及《法華》論，即《瑜伽師地論》和《法華論》。【三】「愣」，《大正藏》作「慢」，字同。【四】「六」下，《大正藏》有「王」。

一〇二 聲聞，引實聲聞向大乘故，冨〔一〕樓那等即其類也。」《法華論》云：「此中唯

爲

一〇三 二。聲聞〔授〕〔二〕記，謂退心、應化。其趣寂者及增上慢〔三〕，仏不与〔四〕記，根

未熟故。

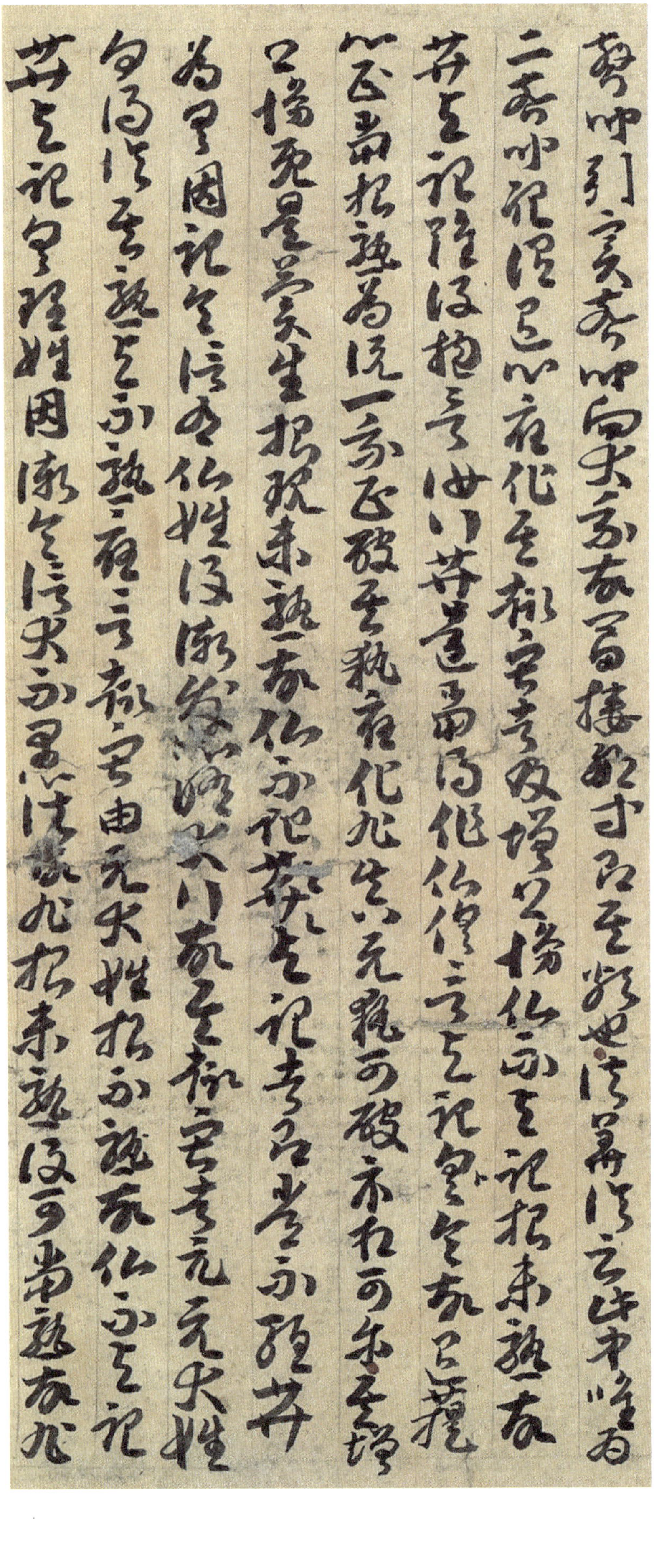

一〇四 菩薩与記，雖後[五]揔言汝行菩薩道當得作仏。」論[六]言与記[七]，令〔發心〕[八]
故。退菩提
一〇五 心正當根熟，爲説一乘正破其執。應化非真，无執可破，示相可尔。其增
一〇六 上慢既是異生，根現未熟，故仏不〔與〕[九]記菩薩[一〇]。菩薩与記者，即常不輕
菩薩[一一]
一〇七 爲具因，記令信有仏姓，後[一二]漸發心脩大行故。其趣寂者，元[一三]无大姓[一四]，
一〇八 何得論其熟与不熟？應言趣寂由无大姓，根不熟故仏不与記。
一〇九 菩薩与記具理姓因，漸令信大，不愚法故。非根未熟，後可當熟，故非

校注

【一】「冨」，《大正藏》作「富」，字同。【二】「授」，唐本及《大正藏》無，據《法華經三大部補注》卷四補。【三】「㥬」，《大正藏》作「慢」，字同。【四】「与」，《大正藏》作「與」，字同。【五】「後」，《大正藏》作「復」。【六】「論」，原作「俱」，據《大正藏》、《法華經三大部補注》卷四改。【七】「記」下，唐本原有「具」字，以「卜」字符删去。【八】「發心」，據《大正藏》、《法華經三大部補注》卷四補。【九】「與」，據《大正藏》、《法華經三大部補注》卷四補。【一〇】「菩薩」，《大正藏》、《法華經三大部補注》卷四無。【一一】「菩薩」，《大正藏》、《法華經三大部補注》卷四無。【一二】「後」，《大正藏》作「復」。【一三】「元」，唐本原作「无」，據《法華經三大部補注》卷四改。《大正藏》作「既」。【一四】「大」下，《大正藏》有「乘」。

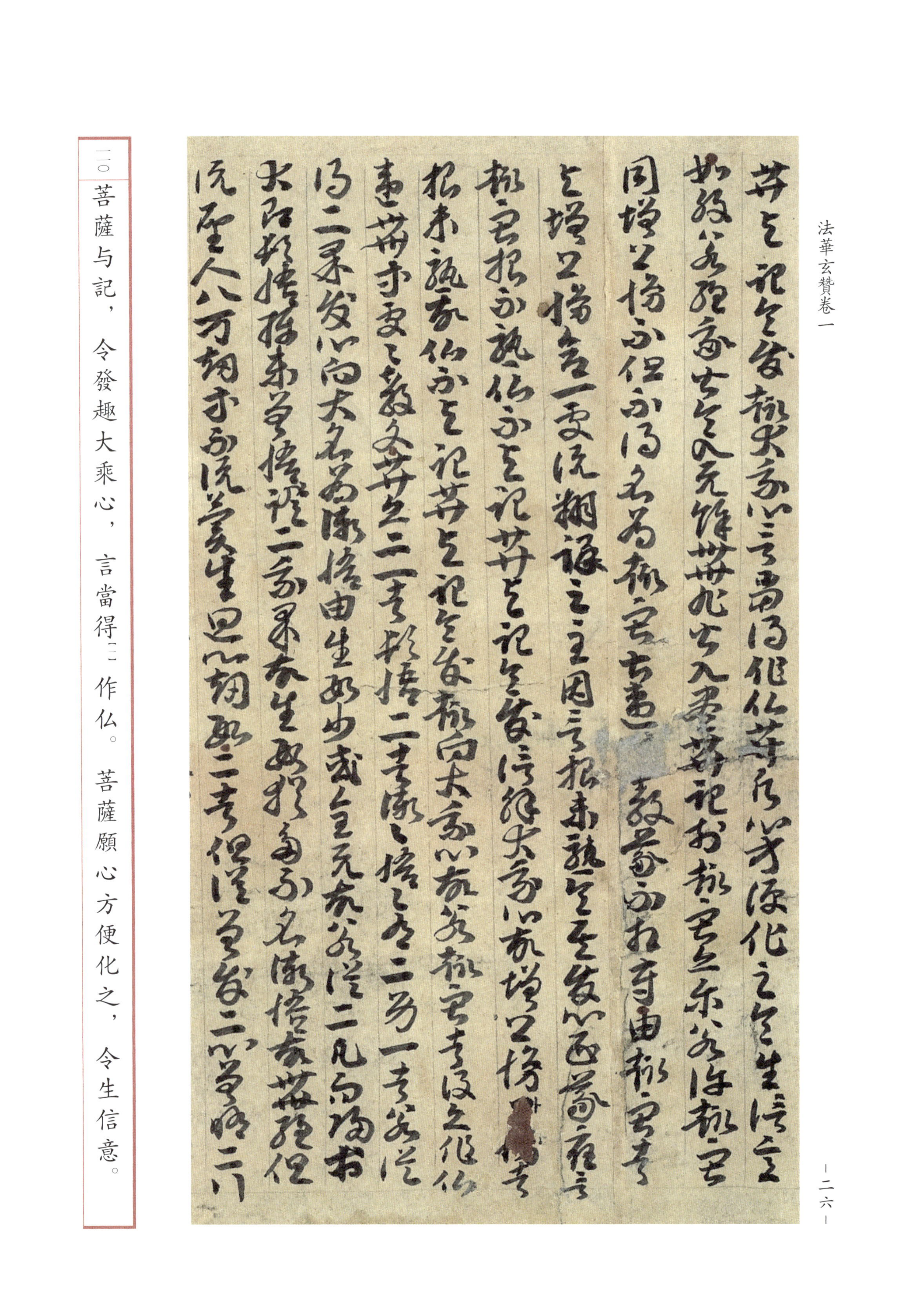

二〇

菩薩与記，令發趣大乘心，言當得[二]作仏。菩薩願心方便化之，令生信意。

如《般若經》「我皆令入无餘涅槃」，非皆入盡，菩薩記於趣寂亦尔。若許趣寂同增上慢，不但不得名爲趣寂，甚違諸[二]教，義不相符[三]。由趣寂者与增上慢合一處說，翻譯之主因[四]言根未熟令其發心，正義應言趣寂根不[五]熟仏[六]不与記，菩薩与記令發信解大乘心故。增上慢[七]者根未熟故，仏不与記；菩薩与記，令發趣向大乘心故。若趣寂者後亦作仏，違《涅槃》等處處教文。菩薩亦二：一者頓悟，二者漸悟。漸悟有二義。一者，若從得二[八]果，發心向大，名爲漸悟，由生數少[九]或全无故。若從二凡而歸於大即頓悟攝，未曾悟證二乘果故。生數猶多不名漸悟，故《涅槃經》但說聖人八万刧[一〇]等，不說異生迴心刧數。二者，但從曾發二心，曾脩二行，

校注

【一】「得」，《大正藏》無。【二】「諸」，唐本損，依《大正藏》録。【三】「符」，《大正藏》作「叶」。【四】「因」，《大正藏》作「同」。【五】「不」，《大正藏》作「未」。【六】「仏」，《大正藏》作「故」。【七】「慢」下，唐本塗去兩字。【八】「二」下，《大正藏》有「乘」。【九】「少」，《大正藏》作「小」。【一〇】「刧」，《大正藏》作「劫」，字同。

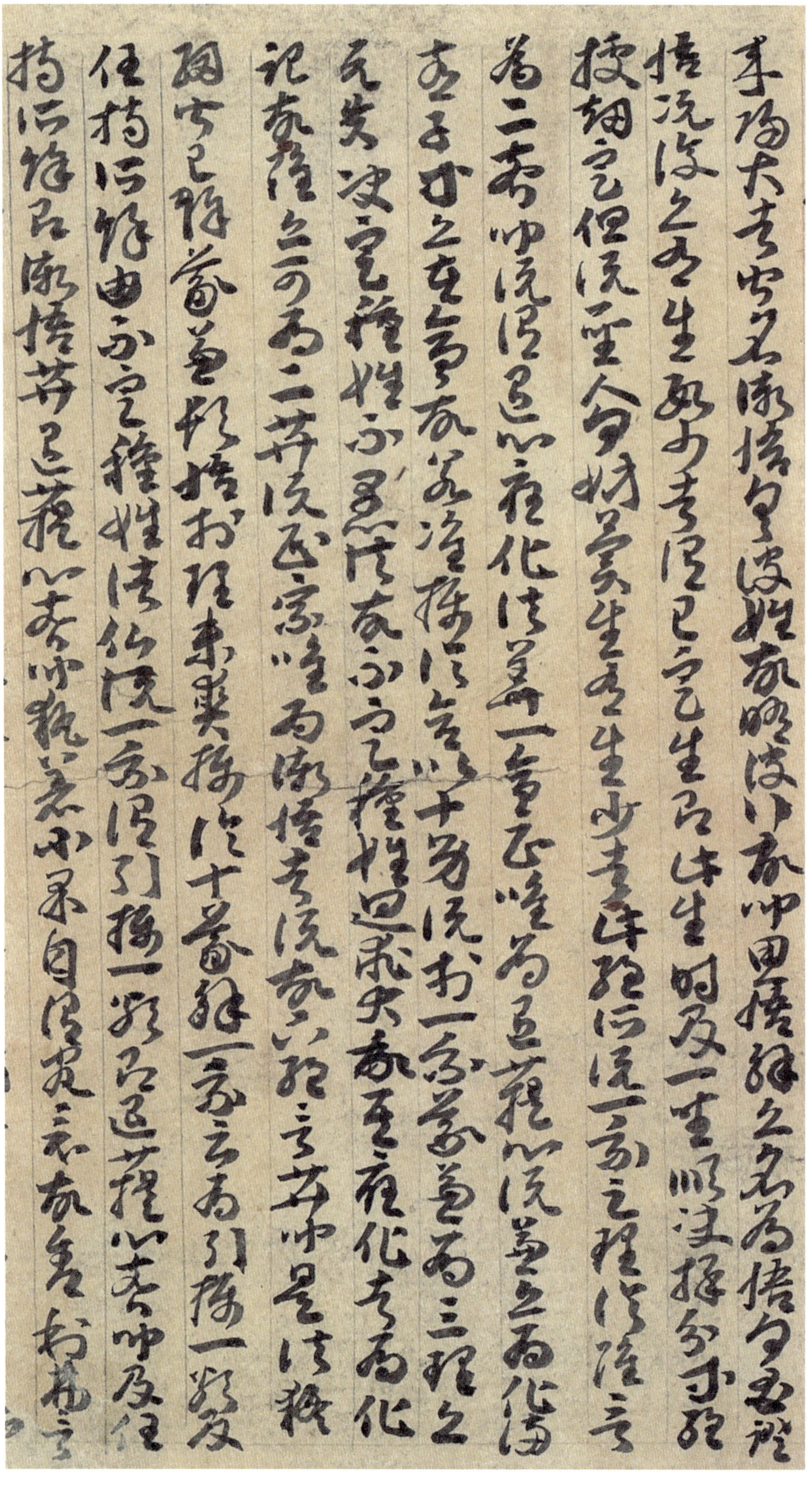

二〇 來歸大者，皆名漸悟。具彼姓故，脩彼行故，聞思悟解亦名爲悟，何必證

悟？况[一]復亦有生數少[二]者，謂已定生即此生時及一坐順决[三]擇分等。經
據刧定但説聖人，何妨異生有生〔數〕[四]少[五]者？此經所説一乘之理，論雖言
爲二聲聞説謂退心、應化，法華一會正唯爲退菩提心説，兼亦爲〔應〕[六]化，
滿
慈子等亦在會故。若准《攝論》，合以十義説於一乘，義兼爲三，理亦
无失，决定種姓不愚法故，不定種姓迴求大故，其應化者爲化
記故。雖亦可爲二菩薩説，正宗唯爲漸悟者説。故下經言[七]「菩薩聞是法，疑
網皆已除」，義兼頓悟，於理未爽[八]。《攝論》十義解一乘云：「爲引攝一
類，及
任持所餘，由不定種姓，諸仏説一乘。」謂[九]引攝一類即退菩提心聲聞，及任
持所餘即漸悟菩薩，退菩提心聲聞執著小果自謂究竟故。舍利弗言：

校注

【一】「况」，《大正藏》作「況」，字同。顔元孫《干禄字書》：「况」「況」，上俗下正。【二】「少」，《大正藏》作「小」。【三】「决」，《大正藏》作「決」，字同。【四】「數」，據一二一行及《大正藏》補。【五】「少」，《大正藏》作「小」。【六】「應」，據《大正藏》補。【七】「言」，《大正藏》作「云」。【八】「爽」，《大正藏》作「爽」，字同。《干禄字書》：「爽」「爽」，上通下正。【九】「謂」，《大正藏》作「所」。

爲悲障於見於空之法爲證爾時心自謂爲至於滅度也第三云佛
云云爲求生於三界爲菩提於菩提亦生一念好樂之心此方菩時類
最不言名增上云三種退菩提心四應化聲聞爲壞四變者
一二乘作之二法種類三於何中異法中云爲於能修亦於尔
四於骨璅乃至菩薩種類分爲二一分者種類二果爲授衣爲記
此爲說是能聽語菩薩種類佛菩薩於已完分定生已改二道住二分爲
住持此爲所作已足又修攝語法小菩薩唯已證大高勝門而得集佛
已住在中亦爲化佛事破此種類二分九種住二分者立得作佛在
流是授由此種法有四變三了一三分作之三三分於能修亦於尔以
此二種法種類無熟不是分也
記記以來有二一記記二記以前記
記者佛自集並來而在中授記記不爲授記衣說是說衣亦授之分

一三〇 我悉除邪見，於空法得證，尒時心自謂，得至於㓕度。迦葉亦言：仏

一三一 令我等出於三界得涅槃證，於菩薩法不生一念好樂之心。此皆昔時執

一三二 著小意。即《攝論》云：「三種練磨心，斷除四處障。」緣法義爲境。四處

者：

一三三 一，二乘作意；二，諸疑離疑；三，於所聞思法中言我能然，餘不能尒；

一三四 四，於骨瑑[一]乃至菩提執著分別。爲[二]二乘[三]者，執二果爲極故，爲斷

一三五 此[四]而說是[五]經，漸悟菩薩執仏菩提於己无分，欲生退敗還住二乘，爲

一三六 任持此而不令退。又復頓悟諸小菩薩，執唯已依大乘脩行可得成仏，

一三七 已住聲聞不得作仏。今破此執，顯二乘非極，住二乘者亦得作仏，故

一三八 說是經。由此《攝論》斷四處言一二乘作意，三[六]言我能然餘不能尒，即

一三九 此二種諸疑離疑，即是前也。彰記行中有二：一彰記，二彰行。初彰

一四〇 記者，仏自成道未爲聲聞授[七]記，今爲授記故說是經。故下經云：「我

校注

【一】「瑑」，《大正藏》作「瑣」，字同。【二】「爲」，《大正藏》無。【三】「乘」下，《大正藏》有「作意」。【四】「此」下，《大正藏》有「執」。【五】「是」，《大正藏》作「此」。【六】「三」，《大正藏》作「二」。【七】「授」下，《大正藏》有「菩提」。

一四一

設是方便，令得入仏慧，未曾說汝等，當得成仏道，所以未曾說，說時

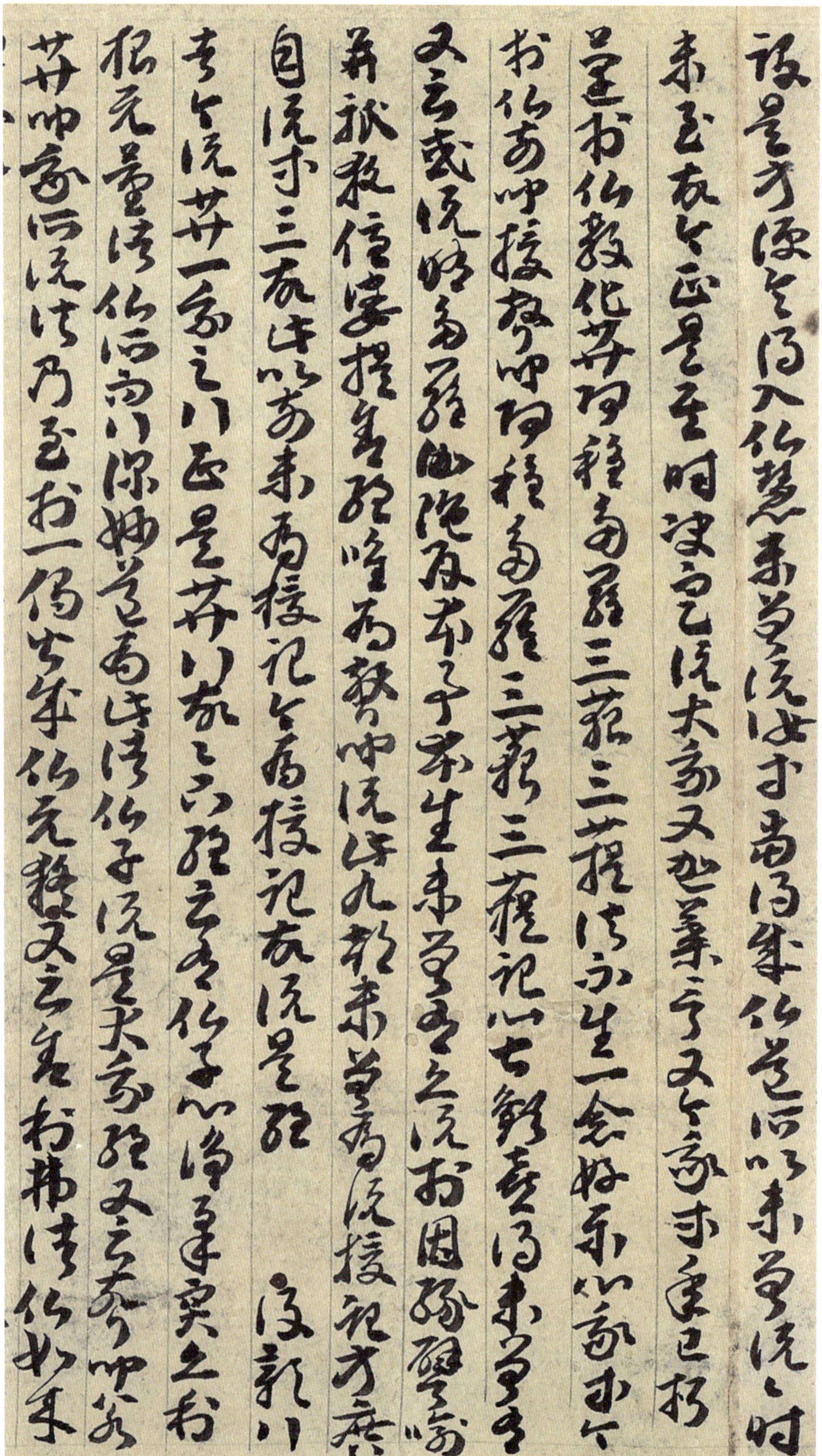

一四二 未至故，今正是其時，決定說大乘。又迦葉言：又今我等年已朽

一四三 邁，於仏教化菩薩阿耨[一]多羅三藐[二]三菩提法，不生一念好樂[三]心，我等今

一四四 於仏前聞授聲聞阿耨多羅三藐三菩提記，心甚[四]歡喜，得未曾有。」

一四五 又云：「或說脩多羅，伽陁及本事，本生未曾有，亦說於因緣，譬喻

一四六 并祇夜，優婆提舍經。」唯爲聲聞說此九部，未曾爲[五]說授記、方廣、

一四七 自說等三[六]，故此以前未爲授記，今爲授記故說是經。後彰行

一四八 者，今說菩薩一乘之行，正[七]是菩薩行故。故[八]下經云：「有仏子心浄，柔

耎[九]亦利

一四九 根，无量諸仏所，而行深妙道，爲此諸仏子，說是大乘經。」又云：「聲聞若

一五〇 菩薩，聞我所說法，乃至於一偈，皆成仏无疑。」又云：「舍利弗！諸仏如

來，

校注

【一】「耨」，唐本似「稚」。【二】「藐」，字同「藐」，見於北魏至唐代的寫卷。唐《集王羲之聖教序·心經》行書亦用此形。【三】「樂」下，《大正藏》有「之」。【四】「甚」，《大正藏》作「皆」。【五】「未曾爲」，《大正藏》作「不」。【六】「等三」，《大正藏》無。【七】「正」上，《大正藏》有「一乘」。【八】「故」，《大正藏》無。【九】「耎」，《大正藏》作「軟」，字同。

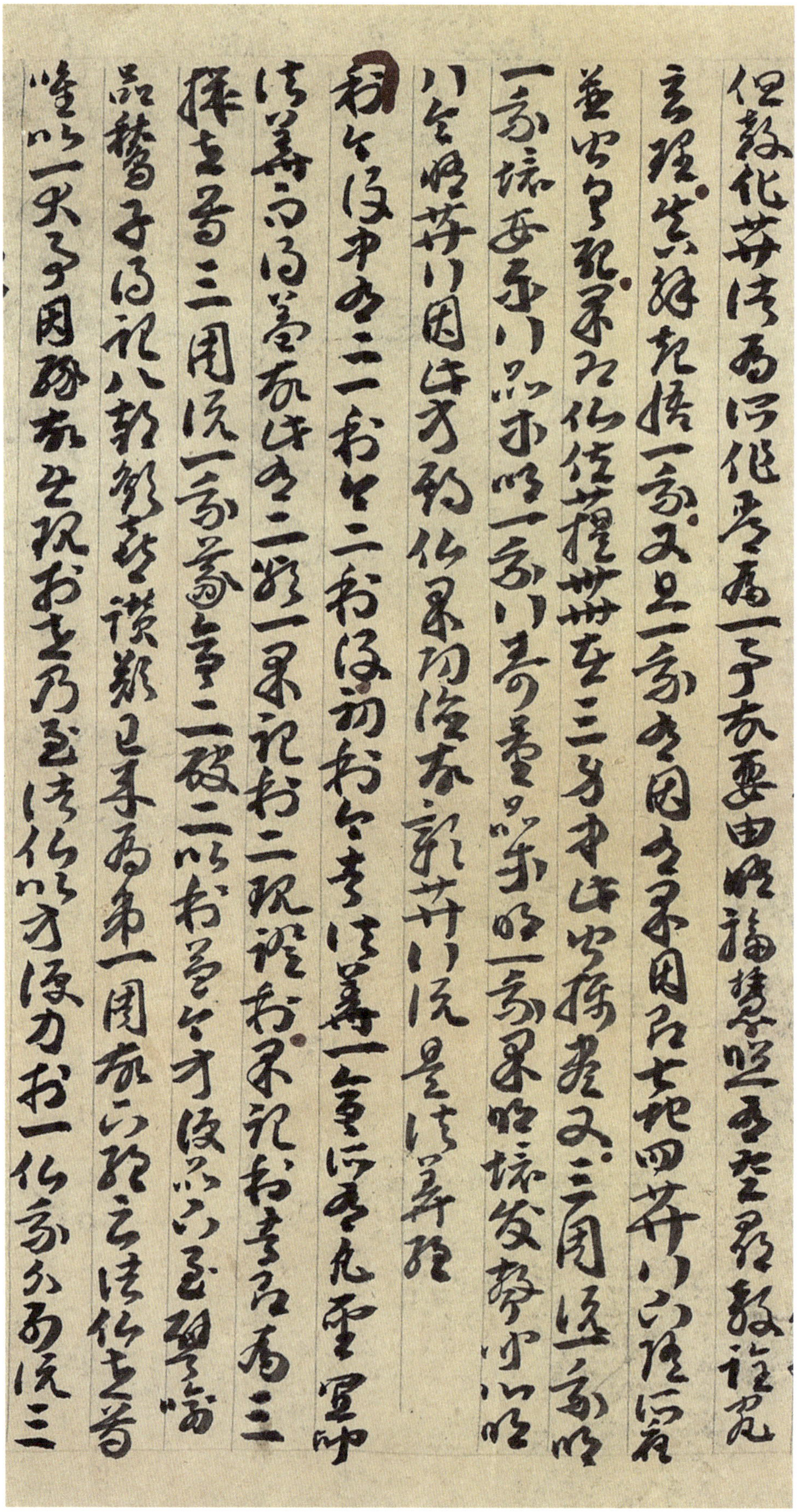

一五一

但教化菩薩，諸爲[二]所作常爲一事故。」要由脩福慧，照有空，尋教詮，究

一五二 玄理，真解起，悟一乘。又且一乘有因有果，因即七地四菩薩行，下隨所應

一五三 並皆具配；果即仏位菩提、涅槃。在三身中此皆攝盡。又三周說一乘，明

一五四 一乘境，《安樂行品》等明一乘行，《壽量品》等明一乘果，明境[二]發聲聞

心，明

一五五 行令脩菩薩行，因此方期仏果㓛[三]德，故[四]彰菩薩行說是《法華經》。

一五六 利今後中有二：一利今，二利後。初利今者，法華一會，所有凡聖，宜聞

一五七 法華而得益故，此有二類：一果記利，二現證利。果記利者，即爲三

一五八 機世尊三周說一乘義，會二破二以利益今。《方便品》下至《譬喻

一五九 品》鶖子得記八部歡喜讚歎[五]已來爲弟一周。故下[六]經云：「諸仏世尊

一六〇 唯以一大事因緣故出現於世，乃至諸仏以方便力於一仏乘分別說三。」

校注

【一】「爲」，《大正藏》作「有」。【二】「境」下，《大正藏》有「欲」。【三】「㓛」，乃「功」之俗體。見於漢隸、魏碑、唐楷。【四】「故」下，《大正藏》有「為」。【五】「歡喜讚歎」，《大正藏》作「喜讚」。【六】「故下」，《大正藏》無。

故舍利弗聞是說已，譬喻品中深生領解，佛述成已，便得授記。至譬喻品中，舍利弗請已，佛說譬喻，信解品、藥草喻品、授記品為第二周。譬喻品云：如來亦復如是，為一切眾生之父，乃至云：舍利弗，以是因緣當知諸佛方便力故，於一佛乘分別說三。大迦葉等聞是說已，信解品中深生領悟，藥草喻品佛為述成，授記品中佛便為大迦葉、須菩提、摩訶迦旃延、大目揵連四人授記。至化城喻品、五百弟子授記品、授學無學人記品為第三周。化城喻品初說大通智勝佛事，至請往生，復云法出之後，若如來自知涅槃時到，乃至但是如來方便之力，於一佛乘分別說三。富樓那等聞是說已，於五百弟子授記品中深生領解，佛述成已，便為五百弟子及學無學人授記。由是舍利弗等聞如來為眾生說受示取

一六一 故舍利弗聞是說已，《譬喻品》中深生領解，仏述成已便得授記。
一六二 其《譬喻品》中舍利弗請下仏說譬喻，并《信解品》《藥[一]草喻品》《授
一六三 記品》爲弟二周。《譬喻品》云：「如來亦復如是，爲一切衆生之父」，乃至
「舍
一六四 利弗，以是因緣，當知諸仏方便力故於一仏乘分別說三」。大迦葉
一六五 等聞是說已，《信解品》中方生領悟，《藥草喻品》仏重述成，《授記品》
一六六 中仏便爲大迦葉、須菩提、摩訶迦旃延、大目揵連等[二]四人授記。其
一六七 《化城喻品》《五百弟子授記品》《授學无學人記品》爲弟三周。《化城
一六八 喻品》初說大通智勝仏事令其憶念[三]，後[四]云：「諸比丘！若如來自知
一六九 涅槃時到，乃至但是如來方便之力，於一仏乘分別說三。」富樓那
一七〇 等聞是說已，於《五百弟子授記品》中深生領解，仏述成已便爲五
一七一 百弟子及學无學人等[五]授記，即是利今聲聞衆也。雖知[六]六處示現

校注

【一】「藥」，原作「葉」，據《大正藏》改。【二】「等」，《大正藏》無。【三】「念」，唐本字形似「會」，釋從《大正藏》。【四】「後」，《大正藏》作「復」。【五】「等」，《大正藏》無。【六】「雖知」，《大正藏》作「經出」。

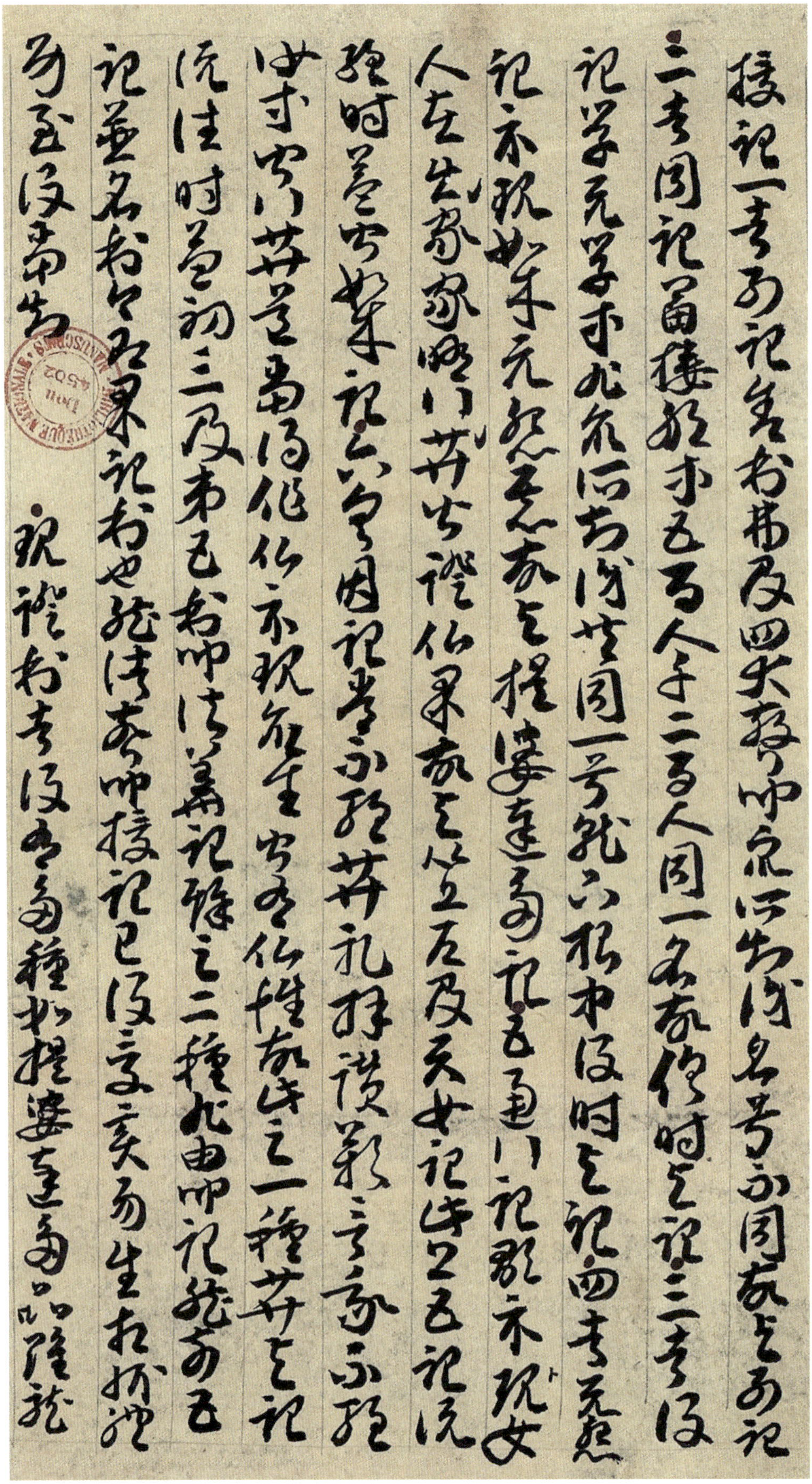

〔七三〕授記。一者別記，舍利弗及四大聲聞衆所知識，名号不同，故与別記。

一七三 二者同記，富樓那等五百人千二百人，同一名故，俱時与記。三者後
一七四 記，學、无學等非衆所知識，共同一号，就下根中後時与記。四者[一]无惡[二]
一七五 記，示現如來无惡惡故，与提婆達多記。五通行記，顯示[三]女
一七六 人在家出[四]家脩菩薩行[五]皆證仏果，故与比丘尼及天女記。此上五記説
一七七 經[六]時益皆如來記。六具因記，常不輕菩薩礼拜讚歎言，我不輕
一七八 汝[七]等皆行菩薩道[八]，當得[九]作仏，示現衆生皆有仏性故，此之一種菩薩与
記，
一七九 説往時益。初三及弟五利聞《法華》記，餘之二種非由聞[一〇]記。然前五
一八〇 記並名利今，即果記利也。然諸聲聞授記已[一一]後，受變易生，相狀體
一八一 義至後當知。現證利者，後[一二]有多種，如《提婆達多品》雖龍

校注

【一】「者」，《大正藏》無。【二】「惡」，《大正藏》作「惡」，字同。【三】「示」下，唐本原有「現」字，以「卜」字符刪去。【四】「家出」，唐本原作「出家」，中有倒乙符。【五】「菩薩行」，唐本原作「行廾（菩薩）」，中有倒乙符。【六】「經」，《大正藏》作「今」。【七】「汝」下，《大正藏》有「汝」。【八】「行菩薩道」，《大正藏》無。【九】「得」，《大正藏》無。【一〇】「聞」下，《大正藏》有「此」。【一一】「已」，《大正藏》作「以」。【一二】「後」，《大正藏》作「復」。

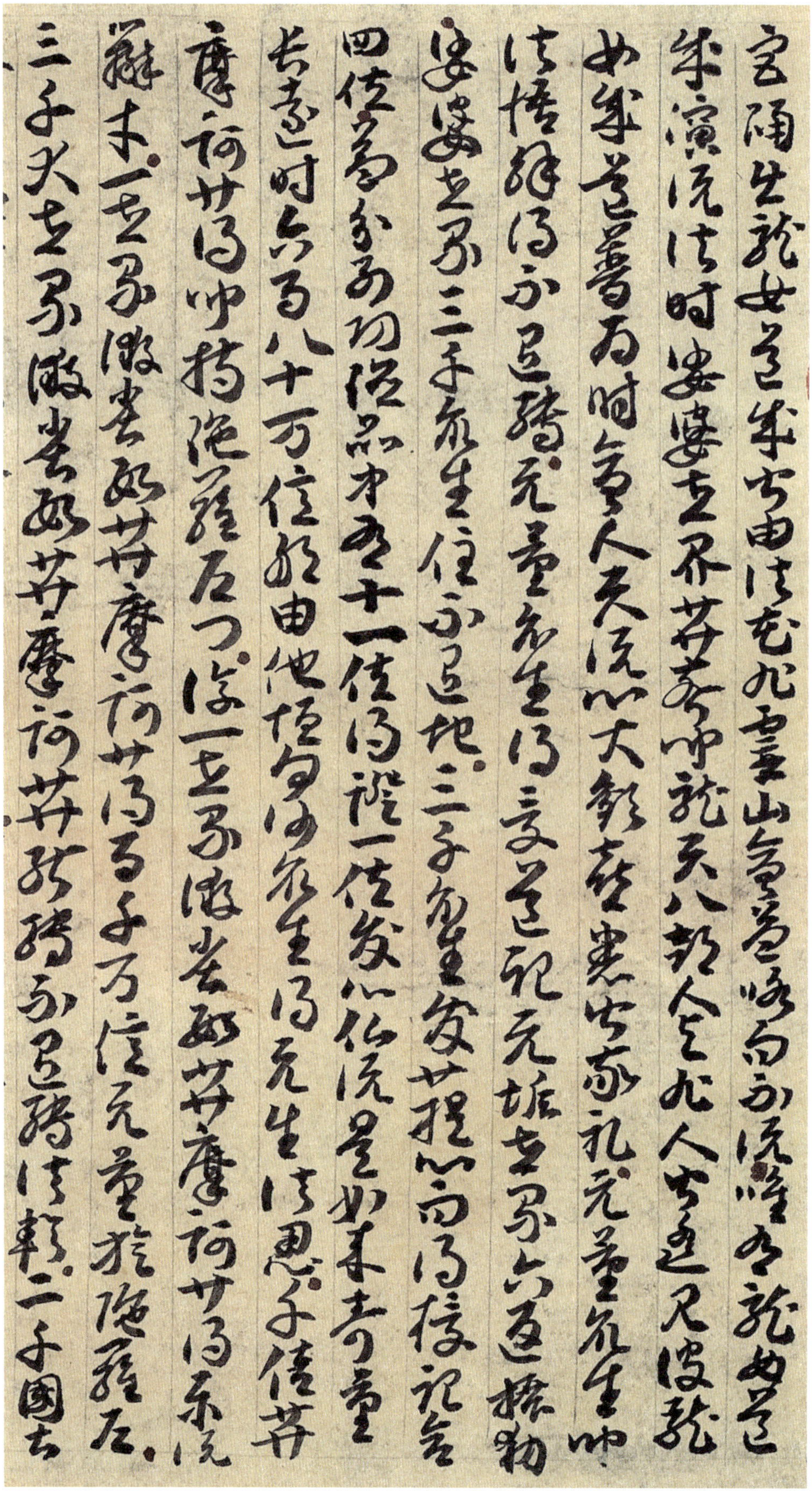

〔八二〕

宫踊〔一〕出，龍女道成，皆由法花，非靈〔二〕山會益，略而不説。唯有龍女道

一八三 成[三]演説法時，娑婆世界菩薩、聲聞、龍天[四]、八部、人与非人皆遥見彼龍

一八四 女成道[五]，普爲時會人天説〔法〕[六]，心大歡喜悉皆[七]敬礼。无量衆生聞

一八五 法悟解得不退轉，无量衆生得受道記，无垢世界六返振[八]動，

一八六 娑婆世界三千衆生住不退地，三千衆生發菩提心而得授[九]記，合

一八七 四位益。《分别功德品》中[一〇]有十一位得證，一位發心。仏説是如來壽量

一八八 長遠時，六百八十万億那由他恒河沙衆生得无生法忍，千倍[一一]菩薩

一八九 摩訶薩得聞持陁[一二]羅尼門；復一世界微尘[一三]數菩薩摩訶薩得樂説

一九〇 辯才，一世界微尘數菩薩摩訶薩得百千萬億无量旋陀羅尼，

一九一 三千大〔千〕[一四]世界微尘數菩薩摩訶薩[一五]能轉不退轉法輪，二千國土

校注

【一】「踊」，《大正藏》作「涌」。【二】「霊」，同「靈」，見《隸辨・青韻》。《大正藏》作「靈」。【三】「道成」，《大正藏》作「成道」。【四】「龍天」，《大正藏》作「天龍」。【五】「道」，《大正藏》作「佛」。【六】「法」，據《大正藏》補。【七】「皆」，《大正藏》作「遥」。【八】「振」，《大正藏》作「震」。【九】「授」，《大正藏》作「受」。【一〇】「中」，《大正藏》無。【一一】「倍」，《大正藏》作「億」。【一二】「陁」，《大正藏》作「陀」，字同。【一三】「尘」，乃「塵」之俗字，《大正藏》作「塵」，字同。【一四】「千」，據《大正藏》補。【一五】「薩」，唐本原作「卄」（菩薩），據《大正藏》改。

微塵數菩薩摩訶薩能轉清淨法輪小千國土微塵數菩薩摩訶薩
八生當得四四天下四生當得三四天下三生當得二四天下二生
當得一四天下一生當得微塵數菩薩摩訶薩一生當得阿耨多
羅三藐三菩提復八世界微塵數眾生皆發阿耨多羅三藐三
菩提心如說藥王品八萬四千菩薩得解一切眾生語言陀羅尼說妙
音品八萬四千人得現一切色身三昧四萬二千天子得無生法
忍華德菩薩得法華三昧說觀音品八萬四千眾生發無等
等阿耨多羅三藐三菩提心說陀羅尼品六萬八千人得無生法
忍說妙莊嚴王本事品八萬四千人遠塵離垢得法眼淨說
普賢勸發品恒河沙等無量無邊菩薩得百千萬億旋陀羅
尼三千大千世界微塵數菩薩具普賢道亦受記當得作

微塵數菩薩摩訶薩能轉清淨法輪，小千國土微尘數菩薩摩訶薩八生當得，四四天下四生當得，三四天下三生當得，二四天下二生當得，一四天下[一]微尘數菩薩摩訶薩卅[二]一生當得阿耨多羅三藐三菩提；復[三]八世界微尘數衆生皆發阿耨多羅三藐三菩提心。如說《藥[四]王品》，八万四千菩薩得解一切衆生語言陁羅尼。說《妙音品》，八万四千人得現一阞色身三昧，四万二千天子得无生法忍，華德菩薩得法花三昧。說《觀音品》，八万四千衆生皆發无等等阿耨多羅三藐三菩提心。說《陁羅尼品》，六万八千人得无生法忍。說《妙庄[五]嚴王本事品》，八万四千人遠尘離垢得法眼浄。說《普賢勸發品》，恒河沙等无量无邊菩薩得百千[六]万億[七]旋陁羅尼，三千大千世界微尘等菩薩行普賢道。前之五記記當得仏，

校注

【一】此處唐本原衍「一生當得」，以「卜」字符刪去或點刪。【二】「卅」，《大正藏》無。【三】「復」下，《大正藏》有「有」。【四】「藥」，唐本字形似「葉」，釋從《大正藏》。【五】「庄」，《廣韻·陽韻》：「庄」乃「莊」之俗字。【六】「千」，《大正藏》無。【七】「億」，《大正藏》無。

[二〇三] 此廿五類現證因位，並是利今，故説《法花經[一]》。後利後[二]者，

散席已[三]後因《法華經》所獲㓛德皆是利後。《隨喜㓛德品》説弟五十人[四]聞《法華經》隨[五]喜者所得[六]㓛德，過於布施四百万億那由他三千大千世界衆生金銀七寶[七]，又復令得阿羅漢果。若往僧房須臾聽聞《法花經》者，生生常乘鳥[八]馬車乘七寶輦轝及乘天宫；若復分座[九]令他聽者，生生常得帝釋坐處梵王坐處；若復勸人往聽法花，生生常与陁羅尼菩薩共生一處，終不瘖瘂，乃至當來見仏聞法信受教誨。《法師㓛德品》説有能[一〇]受持[一一]《法華經》，若讀、若誦、若解説、若書冩[一二]，是人[一三]得八百眼㓛德，千二百耳㓛德，八百鼻㓛德，千二百舌㓛德，八百身㓛德，千二百意㓛德，以是㓛德庄嚴六根，皆令清浄。乃至《普賢品》云：「若

校注

【一】「經」，《大正藏》無。【二】「後利後」，唐本原作「利今後」，據一五六、二〇四、二一七行及《大正藏》改。【三】「已」，《大正藏》作「以」。【四】「人」下，《大正藏》有「一」。【五】「隨」上，《大正藏》有「能」。【六】「所得」，《大正藏》無。【七】「七寶」，唐本原作「寶七」，中有倒乙符。【八】「鳥」，《大正藏》作「象」。【九】「座」，《大正藏》作「坐」。【一〇】「有能」，《大正藏》作「若善男子善女人」。【一一】「持」下，《大正藏》有「是」。【一二】「冩」，《大正藏》作「寫」，字同。【一三】「人」下，《大正藏》有「當」。

於後世受持讀誦是經典者是人不復貪著衣服臥具飲
食資生之物所願不虛亦於現世得其福報是以造教經云
所度者去已度說至未度者之去已化得度因由說此
經而已來未化大有益是名有得承說是經
經時機中有二一經時二經機初經時者諸佛說教略有二種一頓
二漸頓即設淺大機頓從凡夫以求佛果如華嚴經說一乘一乘是
權四乘是實漸即設淺從小至大如法華所說一乘一乘是實三乘
是權此經為設從漸二乘以求佛果為是漸教大乘所攝者今
釋之教有五時第一時者佛初成道為提謂等五百賈人但
說三歸五戒十善世間因果之教名提謂經等五戒求小經是來

於[一]後世受持讀誦是經典者，是人不復貪著衣服、卧具、飲食、資生之物，所願不虛，亦於現世得其福報。」是以《遺教經》云[二]：「所應度者皆已度訖，其未度者亦皆[三]已作得度因緣。」由[四]說此經[五]而与未來作大利益，是名利後，故說是經。

顯時機中有二：一顯時，二顯機。初顯時者，諸仏說[六]教略有二種：一頓，二漸。頓即被彼大機，頓從凡夫以求仏果，如《勝鬘[七]經》所說一乘，一乘是權，四乘是實[八]。漸即被彼從小至大[九]，如此[一〇]中所說一乘，一乘是實，二乘是[一一]權[一二]。此經多被從彼二乘以求仏果，多是漸教大乘所攝。古有釋言：教有五時。第一時者，仏初成道，爲提謂等五百價[一三]人但說三歸五戒十善世間因果之[一四]教，即《提謂》等五戒本行經是，未

校注

【一】「於」，《大正藏》作「有」。【二】「云」，《大正藏》作「言」。【三】「亦皆」，《大正藏》作「皆亦」。【四】「由」上，《大正藏》有「故」。

【五】「經」，《大正藏》無。【六】「說」，《大正藏》作「設」。【七】「鬘」，《大正藏》作「鬘」，字同。【八】「是實」，《大正藏》作「實故」。

【九】「大」下，《大正藏》有「機」。【一〇】「此」下，《大正藏》有「經」。【一一】「是」，《大正藏》無。【一二】「權」下，《大正藏》有「故」。

【一三】「價」，《大正藏》作「賈」。下不再注。【一四】「之」，《大正藏》無。

衆生去以善根熟故。第二時者，佛成道已三七日後十二年中唯
說三乘各以言教未曾說空有無求小乘經是。第三時者
佛成道已三十年中說空三乘同以空教即般若維摩思益大品宗
是。第四時者佛成道已三十年中說之一乘辨來不明說流
佛性常住實相因果說元常佛果所為生死實已元量萬法
雙樹是以論唯一乘為教經中猶未分明演說常住佛性故
第五時者說涅槃經中說諸衆生悉有佛性常住佛教已畢大
般若經是第觀可余理已示說提得般說已為價人指受已
或先懺悔後已逢十惡誦經求救得四大本淨已離菩薩淨六
也第淨已處菩淨時提得求得亦記說思三為價人得度脫
思二為價人得滅除極果四天王求得羣脫思三為說王

二二四 有出世善根器故。弟二時者，仏成道竟三七日外，十二年中唯
二二五 説三乘有行之教，未爲説空，即《阿含》等小乘經是。弟三時者，
二二六 仏成道竟卅[一]年中，説彼三乘同行空教，即《維摩》《思益》《大品》等
二二七 是。弟四時者，仏成道竟卌[二]年中，説有一乘，猶未分明演説
二二八 仏性常住實相，當[三]説无常仏果以爲真實，即《无量義》《法
二二九 花》等是，以前未[四]明一乘義故，此中猶未分明演説常住仏性故。
二三〇 弟五時者，謂雙林中説諸衆生悉有仏性常住仏教，即《涅槃[五]》《大
二三一 悲經》等是。乍觀可尔，理即不然。《提謂經》説五百賈人將受五
二三二 戒，先懺悔[六]彼五逆[七]十惡謗法等罪，得四大本浄、五蔭[八]本浄、六
二三三 坐本浄、五[九]我本浄，時提謂等得不起法忍，三百賈人得柔順
二三四 忍，二百賈人得須陁洹果，四天王等得柔順忍，三百龍王

校注

【一】「卅」，《大正藏》作「三十」。【二】「卌」，《大正藏》作「四十」。【三】「當」，《大正藏》作「尚」。【四】「未」，唐本小楷補。【五】「槃」下，《大正藏》有「經」。【六】「懺悔」，唐本原作「悔懺」，中有倒乙符。【七】「逆」，俗字，《大正藏》作「逆」，字同。【八】「蔭」，《大正藏》作「陰」。【九】「五」，《大正藏》作「吾」。

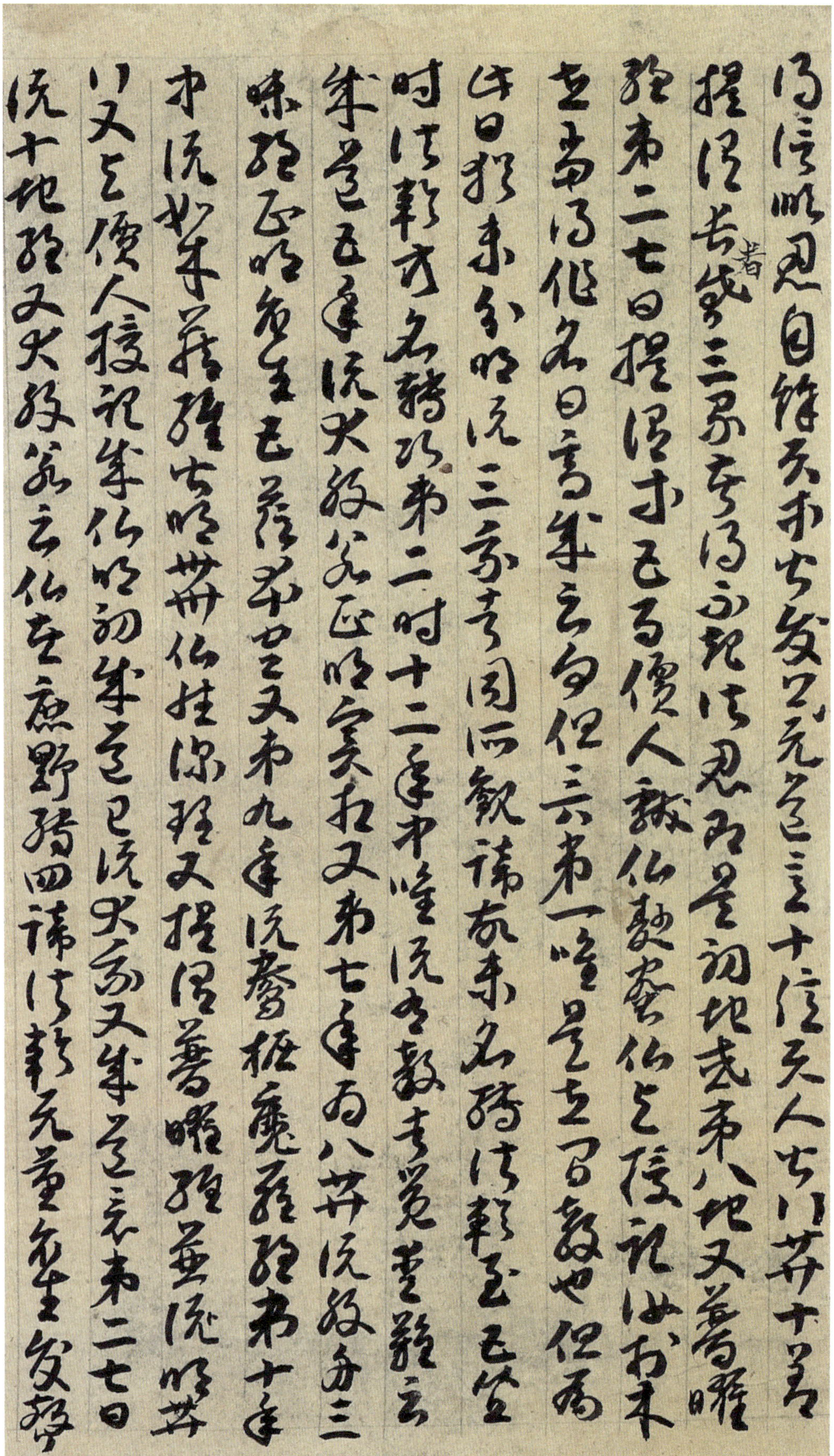

三五

得信順[二]忍，自餘天等皆發无上[三]道意，十億天人皆行菩薩十善。

提謂長者[三]威三界苦得不起法忍，即是初地或弟八地。又《普曜經》，弟二七日，提謂等五百賈人獻仏麨[四]蜜，仏与授記：汝於來世當得作〔佛〕[五]，名曰齊成。云何但言弟一唯是世間教也？但爲此日猶未分明說三乘者同所觀諦，故未名轉法輪，至五比丘時法輪方名轉次[六]。弟二時十二年中唯說有教者，覺愛難云：成道五年說《大般若》，正明實相；又弟七年爲八菩薩說《般舟三昧經》，正明衆生五蔭[七]本空；又弟九年說《鴦掘魔[八]羅[九]經》，弟十年中說《如來藏經》，皆明涅槃仏性深理；又《提謂》《普曜經》並[一〇]明菩薩行，又与賈人授記成仏，明初成道已說大乘；又成道竟弟二七日說《十地經》；又《大般若》云「仏在鹿野轉四諦法[一一]輪，无量衆生發聲

校注

【一】「順」，《大正藏》無。【二】「无上」，唐本原作「上无」，中有倒乙符。【三】「者」，唐本小楷補。【四】「麨」，《大正藏》作「麪」，字同。查「麦」自漢隸至唐楷基本不作「麥」而作「麦」。【五】「佛」，據《大正藏》補。【六】「法輪方名轉次」，《大正藏》作「方名轉法輪」。【七】「蔭」，《大正藏》作「陰」。【八】「魔」，《大正藏》作「摩」。【九】「羅」下，《大正藏》有「三昧」。【一〇】「並」下，唐本原有「說」，以「卜」字符刪去。【一一】「法」，《大正藏》無。

聞心无量衆生發獨覺心无量衆生發阿耨多羅三藐三菩
提心得六波羅蜜无量菩薩得无生法忍住於初地二地三地乃
至十地无量一生補處菩薩一時成佛亦自乃言第二時說三乘
之教是當一分善根然經亦同亦可說佛教密意先後俱依
古判足破二時復經三時豈其破哉雖可爲理不能正
破文煩足略舉此令依新羅般若家但唯一時大揀亦說小
乘教說唯一乘後漸次教乃至三時經深密經中佛爲勝
義生菩薩依於三性說三无性出是遍計所執性已勝義生菩
薩生作經意說无自性涅槃雜染者地熟藉意也已法故言
喻已立爲證唯[illegible]經何說勝義生白言佛初於一時在婆羅痆

聞心，无量衆生發獨覺心，无量衆生發阿耨多羅三藐三菩提心，行六波羅蜜，无量菩薩得无生法忍，住於初地二地三地乃至十地，无量一生補處菩薩一時成仏」；云何乃言弟二時唯說三乘有教？是知一雨普潤禀[一]解不同，不可說仏教必有先後。今依古義且破二時，後餘三時並如古[二]破，故[三]雖可尔，理即不然，恐猒文繁且略應止。今依[四]新經，頓教大乘但唯一時，大[五]機不從小起，教被唯一，故若[六]漸次大教乃有三時。《解深蜜經》中，「仏爲勝義生菩薩依於三性說三无性皆是遍計所執性已，勝義生菩薩深生領解，廣說世間毗濕縛[七]藥、雜綵畫[八]地、熟蘓虛空諸譬喻已，世尊讚嘆善解所說。勝義生白言：仏初於一時在波羅痆

校注

【一】「禀」，唐本似「京」，釋從《大正藏》。【二】「古」下，《大正藏》有「人」。【三】「故」，《大正藏》作「乍」。【四】「今依」，《大正藏》作「依今」。【五】「大」上，《大正藏》有「與一」。【六】「若」，《大正藏》無。【七】「縛」，唐本似「轉」，依《大正藏》釋「縛」。此後六六〇、九七七、九七九、一〇一九、一〇五六、一〇六九行之「縛」，不復再注。【八】「畫」，唐本原作「盡」，據《大般涅槃經》改。《大正藏》作「書」。

於仙人墮處施鹿林中唯為發趣聲聞乘者以四諦相轉正法
輪雖是甚奇甚為希有一切世間無能轉者而於彼時所轉法輪
有上有容是未了義是諸諍論安足處所世尊在昔第二時
中唯為發趣修大乘者依一切法皆無自性無生無滅本來寂
靜自性涅槃以隱密相轉正法輪雖更甚奇甚為希有而於彼時
所轉法輪亦是有上有容是未了義是諸諍論安足處
所世尊於今第三時中普為發趣一切乘者依一切法皆無自性無
生滅本來寂靜自性涅槃無自性性以顯了相轉正法輪第一甚
奇最為希有于今世尊所轉法輪無上無容是真了義非諸
諍論安足處所依此經文阿含為第一時般若說空為第二時

斯仙人墮處施鹿林中，唯爲發趣聲聞乘者，以四諦相轉正法輪，雖是甚奇甚爲希有，一切世間无能轉者，而於彼時所轉法輪有上有容，是未了義，是諸諍論安足處所。世尊在昔弟二時中，唯爲發趣脩大乘者，依一切法皆无自性、无生无烕、本來寂静自性涅槃，以隱密相轉正法輪，雖更甚奇甚爲希有，而於彼時所轉法輪亦是有上[一]有所容受，猶未了義，亦諸諍論安足處所。世尊于今弟三時中，普爲發趣一切乘者，依一刅法皆无自性、无生滅[二]、本來寂静、自性涅槃无自性性，以顯了相轉正法輪，弟一甚奇寂爲希有。于今，世尊所轉法輪无上无容[三]，是真了義，非諸諍論安足處所」。依此經文，《阿含[四]》等爲弟一時，揔[五]蜜[六]說有，不明有者有

校注

【一】「有上」，《大正藏》無。【二】「滅」上，《大正藏》有「無」。【三】「无容」，《大正藏》作「無所容受」。【四】「含」下，《大正藏》有「經」。【五】「揔」，《大正藏》作「總」，字同。【六】「蜜」，《大正藏》作「密」。

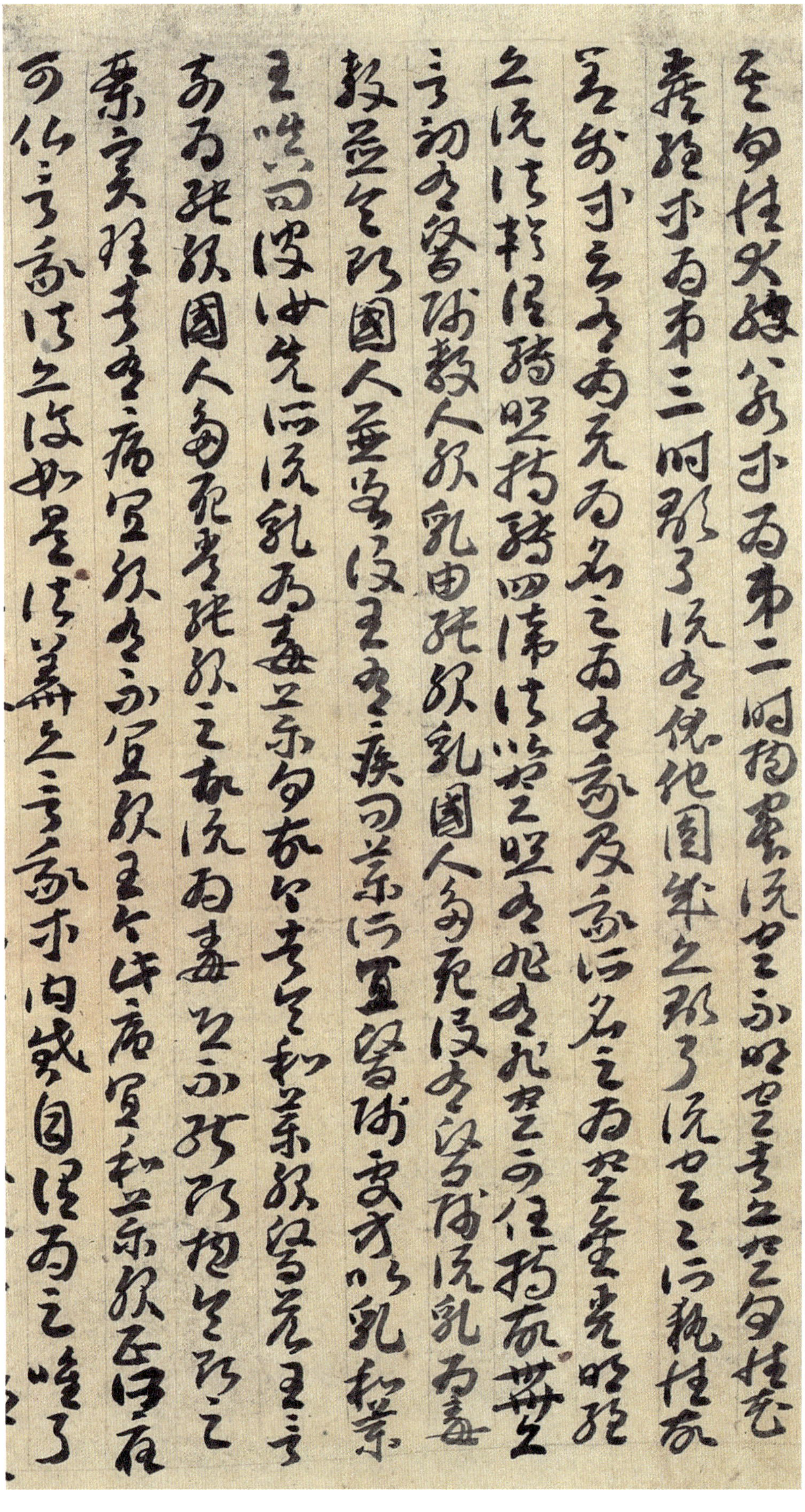

二六 其何性。《大般[一]若》等爲弟二時，揔蜜[二]説空，不明空者亦空何性。《花

二六七 嚴經》等爲弟三時，顯了說有[三]依他、圓成，亦顯了說空空所執性。故

二六八 《善戒[四]》等云：「有爲无爲名之[五]爲有，我及我所名之[六]爲空。」《金光明
經》

二六九 亦說法[七]輪，謂轉、照、持。轉四諦法，以空照有，非有非空可任持故。《涅
槃》亦

二七〇 言：「初有醫師教人服乳，由純服乳，國人多死。後有醫師說乳爲毒，

二七一 教並令斷，國人並差。後王有疾，問藥所宜。醫師處[八]方以乳和藥。

二七二 王嗔問彼：汝先所說乳爲毒藥，何故今者令和藥服？醫答王言：

二七三 前爲純服，國人多死，常純服之，故說爲毒，恐不能斷，揔令斷之。

二七四 案實理者，有病宜服，有不宜服[九]；王今此病宜和藥服，正所應

二七五 可。仏言：我法亦復如是。」《法華》亦言：「我等內感，自謂爲足，唯了

校注

【一】「般」，唐本右上塗改，釋從《大正藏》。【二】「揔蜜」，《大正藏》作「總密」。【三】「有」下，《大正藏》有「有」。【四】「戒」下，《大正藏》有「經」。【五】「之」，《大正藏》無。【六】「之」，《大正藏》無。【七】「法」上，《大正藏》有「三」。【八】「師處」，《大正藏》作「更藥」。【九】「不宜服」，《大正藏》作「病不宜」。

時事更無諍了初時教也為于八地中得佛國土教化衆生教無
所示第二時教也佛之如是現前事者示不可以方便力調
伏其心乃教大乘者為于今日得未曾有凡說法空自得第三
時教也既同金光明經深密等三時教也然以偏負擇宜漸次
教但三時非一切時可雖以一為菩薩三學亦同教唯在一至
頓悟之機一衆之證然依經無三時之教然攝等漸次大
從小生教宣有三種攝說有將經會教名為一乘將教能
攝說三乘法通三乘一乘示知此經三周說一乘更為二教
密中先說般若已教至世之破法後有二施後亦是法無二說已今
說第三時會其機器之化頓悟因得發心得通分中證誰無生
如前所說之通頓教是前一乘證是前教為頓第三時其宗

此事，更无餘事。」初時教也。「我等若聞，浄仏國土，教化衆生，都无欣樂。」弟二時教也。「仏亦如是，現希有事，知樂小者，以方便力，調伏其心，乃教大智，我等今日，得未曾有，非先所望，而今自得。」弟三時教也。即同《金光明》《解深密》等三時教也。若以偏員[一]機宜漸次，教但三時非一五等，不可難以一雨普潤三草不同。教唯有一，其頓悟之機一果之證，若[二]依〔此〕[三]理无三時之教。若機成漸次，大從小生，教定有三，應機説故。將理會教，名爲一雨；將教就機，説三乘法。或三或一，理不相違。此經三周説一乘處，多被聲聞，先説《般若》已教其空，破彼有病；彼不愚法，既信解已，今説弟三時會[四]其歸趣，亦化頓悟，因得發心。流通分中證獲无生[五]，如前所説，亦通頓教，是知一雨滋益別故，爲顯弟三時真實

校注

【一】「員」，《大正藏》作「圓」，古通。【二】「若」，《大正藏》作「即」。【三】「此」，唐本無，據《大正藏》補。【四】「會」，《大正藏》作「令」。【五】「生」下，《大正藏》有「也」。

二六七

之教，故説此經。後顯機者，依《涅槃經》唯有一機。故彼經云：

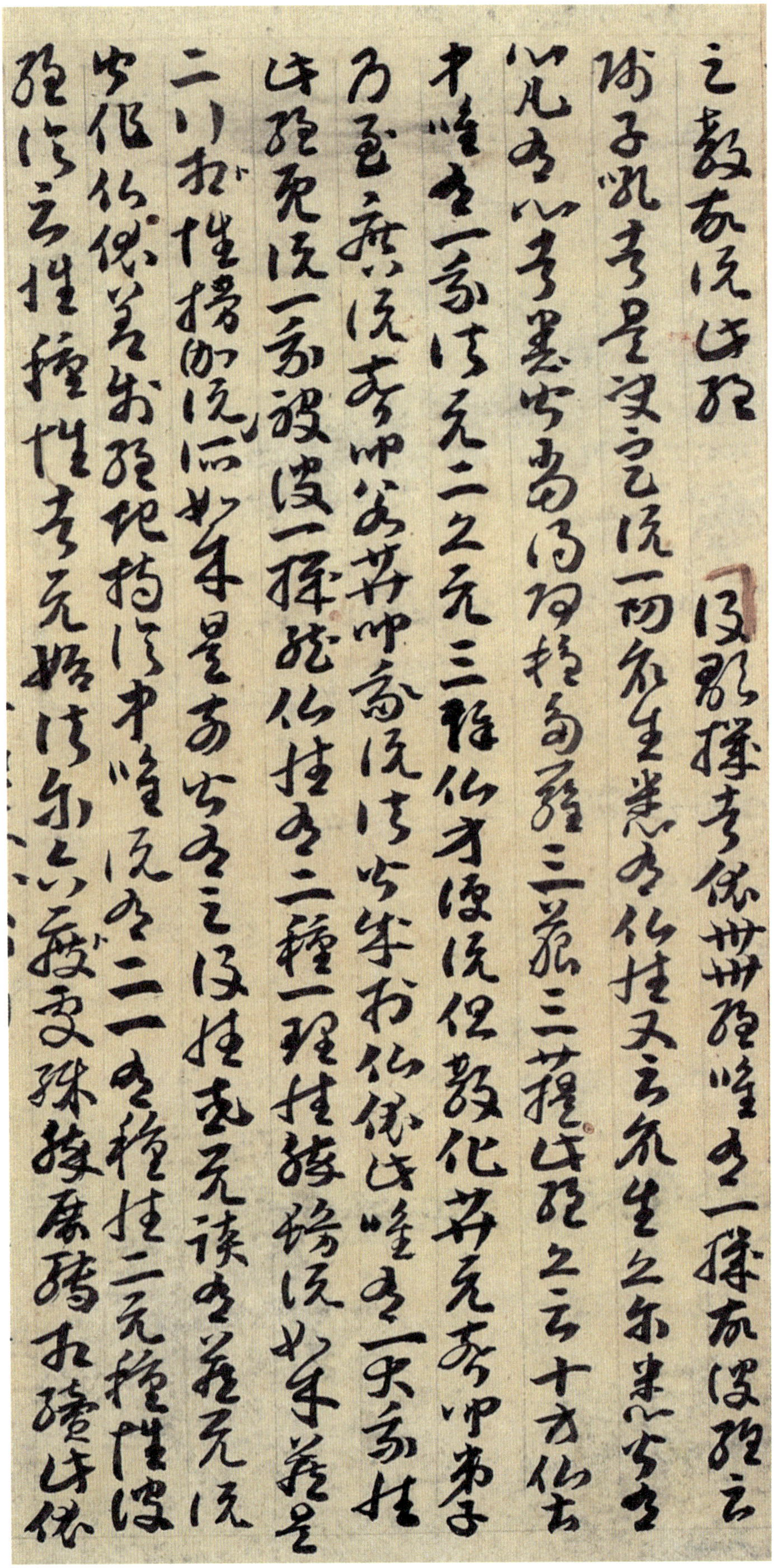

二八八　「師子吼者是決定說，一刕衆生悉有仏性。」又云：「衆生亦尒，悉皆有
二八九　心，凡有心者悉皆當得阿耨多羅三藐三菩提。」此經亦云：「十方仏土
二九〇　中，唯有一乘法，无二亦无三，除仏方便說，但教化菩薩，无聲聞弟子。
二九一　乃至廣說，聲[一]聞若菩薩，聞我說法皆成於仏。」依此，唯有一大乘性。
二九二　此經既說一乘被彼一機[二]，然仏[三]性有二種[四]：一理性，《勝鬘[五]》說如來藏
是；
二九三　二行[六]性，《楞伽》所說[七]如來〔藏〕[八]是。前皆有之，後性或无，談有藏
无，說
二九四　皆作仏。依《善戒經》《地持論》中唯說有二：一有種性[九]，二无種性。彼
二九五　經論云性種性者，无始法尒，六[一〇]處殊勝展轉相續。此依

校注

【一】「聲」上，《大正藏》有「若」。【二】「一機」，《大正藏》作「大乘根法」。【三】「仏」，《大正藏》無。【四】「種」，《大正藏》無。
【五】「鬘」下，《大正藏》有「所」。【六】「行」下，唐本原有「相」，以「卜」字符删去。【七】「所説」，唐本原作「説所」，中有倒乙符。
【八】「藏」，據《大正藏》補。【九】「性」，《大正藏》作「姓」。以下二「性」字同此。【一〇】「六」下，唐本原有「度」，以「卜」字符删去。

一性有種姓也人无種姓故雖復發心勤行精進終不能得阿耨
菩提但以人天善而成熟之名无性也此彼有性九彼有无性依
一性以說有无已上為依一性而說理性為有為依有凡无幾當
業故天親攝論說道以前以前為有可乘菩薩中分三種
又更說如來十力中有根以上智力性乃以下為菩薩根攝彼以根
故依有九无依業九因以通能為性故又三乘為聲聞乘中者說
在四諦說為聲聞緣覺者說在十二因緣說為菩薩者說在
六波羅蜜法性能說一乘又為聲菩薩者說在六波羅蜜法性能
亦如妙莊嚴王品八萬四千人遠塵離垢之可三了證授記中
傷我為故有无作親天小乘為依因九業以為攝通世界提云

行性有種性[一]也[二]。人无種性故，雖復發心勤行精進，終不能得阿耨[三]菩提，但以人天善〔根〕[四]而成熟[五]之，即无性也。此被有性非被於无，此依行性以說有无，已下多依行性而說，理性遍有故，依有非无勝劣異故。天親《攝論》亦言[六]：「上乘、下乘有差別故，菩薩、聲聞各分三藏。」又處[七]說如來十力中，有根上下智力，此即上乘菩薩藏攝，被上根故，依有非无，依異非同，以通就別。此經文[八]言：「爲求聲聞者說應四諦法，爲求緣覺者說應十二因緣法，爲求菩薩者說應六波羅蜜法。」此經說一乘，即爲求菩薩者說應六波羅蜜法。此經下文《妙庄嚴王品》八万四千人遠尘離垢，亦可言正[九]被聲聞傍利益故，有无俱彰大小類別，依同非異，以別攝通。《涅槃經》言：

校注

【一】「性」，《大正藏》作「姓」。【二】「也」下，《大正藏》有「無種姓」。【三】「阿耨」，《大正藏》作「無上」。【四】「根」，據《大正藏》補。【五】「熟」，《大正藏》作「就」。【六】「亦言」，唐本原作「言亦」，中有倒乙符。【七】「處」下，《大正藏》有「處」。【八】「文」，《大正藏》作「又」。【九】「正」，《大正藏》無。

譬如病人者至三種一者決定遇良醫不遇良醫決定差
喻菩薩也二者決定遇良醫乃差不遇良醫乃二乘也三者決定遇良醫不遇良醫決
定不差喻一闡提也此須名言教主釋覺是小乘學者中稱
為是中乘小學大小菩薩若大乘學法並求之因菩薩今時唯依
菩薩人先說是聲聞中復化菩薩家又之三言說法者中如有已說
依者九元通可將美又大發決定菩薩三種住者
知經論求為自了說如來說決定住於聲聞中家住決定
者中時清已速證得自無漏地於獨覺家住決定者中時清
已速於依自家而得生雖於無上家住決定者中時清已速
證無上菩提決定住於已來之後住雖生而於二家住不定

「譬如病人[一]，有其三種。一者若遇良醫，不遇良醫，決定可差，即菩薩也。二者若遇即差，不遇〔不〕[二]差，即二乘也。三者若遇不遇決定不差，即一闡提也[三]。」此經亦言：「輪王、釋、梵是小藥草，聲聞、緣覺是中藥草，大小菩薩名大藥草。」隨迸次弟亦同《涅槃》。今此唯被[四]菩薩性人，先雖是聲聞後作菩薩故。又亦可言被彼聲聞，如前已說，依有非无，通別類異。又《大般若》「善勇猛菩薩言：唯願世尊哀愍我等，爲具宣說如來境智，若有情類於聲聞乘性[五]決定者，聞此法已，速能證得自无漏地；於獨覺乘性決定者，聞此法已，速[六]依自乘而得出離；於无上乘性決定者，聞此法已，速證无上[七]菩提。若有情類雖未已[八]入正性離生，而於三乘性不定

校注

【一】「人」，唐本小楷補。【二】「不」，據《大正藏》補。【三】「也」，《大正藏》無。【四】「被」，原作「依」，據三三四行及《大正藏》改。【五】「性」，《大正藏》作「姓」。以下三行之「性」字同此。【六】「速」下，唐本原有「於」，以「卜」字符刪去。【七】「上」下，《大正藏》有「正等」。【八】「未已」，原作「已未」，據《大正藏》改。或依《顯揚聖教論》《阿毗達磨大毗婆沙論》等，刪去「已」字。

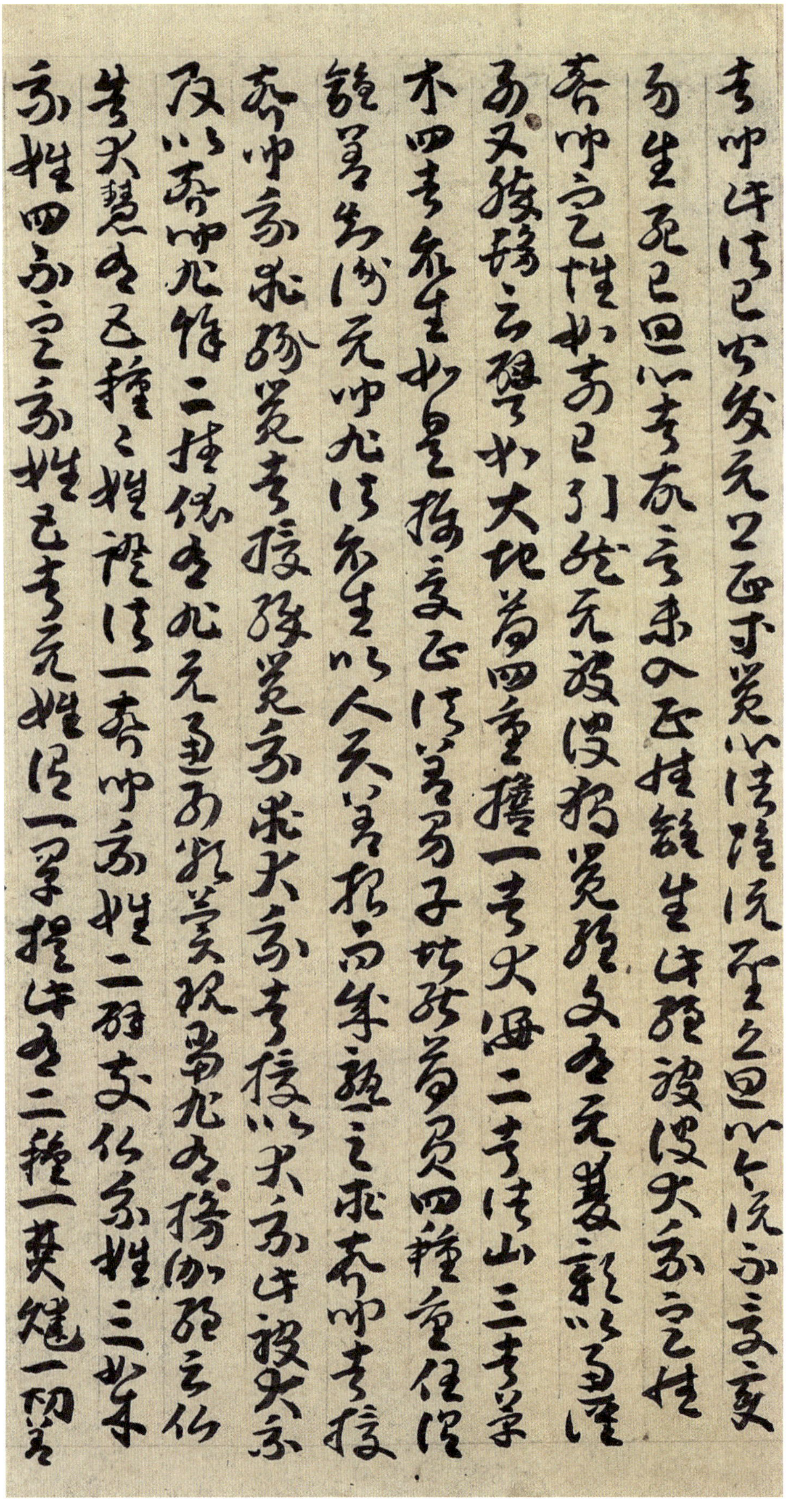

三二六 者，聞此法已，皆發无上正等覺心。」諸〔一〕雖説聖亦迴心，今説不受變

三二七 易生死，已迴心者故，言未入正性離生。此經被彼大乘定性、

二八 聲聞定性[二]，如前已引，然无被彼獨覺，經[三]文有无雙彰，以通從
二九 別。又《勝鬘[四]》云：「譬如大地荷[五]四重擔，一者[六]大海，二者[七]諸山，三
者[八]草
三〇 木，四者[九]衆生。如是攝受正法，善男子，堪能荷負四種重任，謂
三一 離善知識无聞非法衆生，以人天善根而成熟[一〇]之，求聲聞者授
三二 聲聞乘，求緣覺者授緣覺乘，求大乘者授以大乘。」此被大乘
三三 及[一一]以[一二]聲聞，非餘二性[一三]，依有非无，通別類異，現當非有。《楞伽經》
云：「仏
三四 告大慧，有五種種姓證法，一聲聞乘姓，二辟支仏乘姓，三如來
三五 乘姓，四不定乘姓，五者无姓謂一闡提。此有二種，一[一四]焚燒一切善

校注

【一】「諸」下，《大正藏》有「論」。【二】「性」下，《大正藏》有「及不定性」。【三】「經」，《大正藏》作「機」。【四】「鬘」下，《大正藏》有「經」。【五】「荷」，《大正藏》作「持」。【六】「者」，《大正藏》無。【七】「者」，《大正藏》無。【八】「者」，《大正藏》無。【九】「者」，《大正藏》無。【一〇】「熟」，《大正藏》作「就」。【一一】「及」上，《大正藏》有「可」。【一二】「以」，《大正藏》無。【一三】「性」，《大正藏》作「姓」。【一四】「一」下，《大正藏》有「者」。

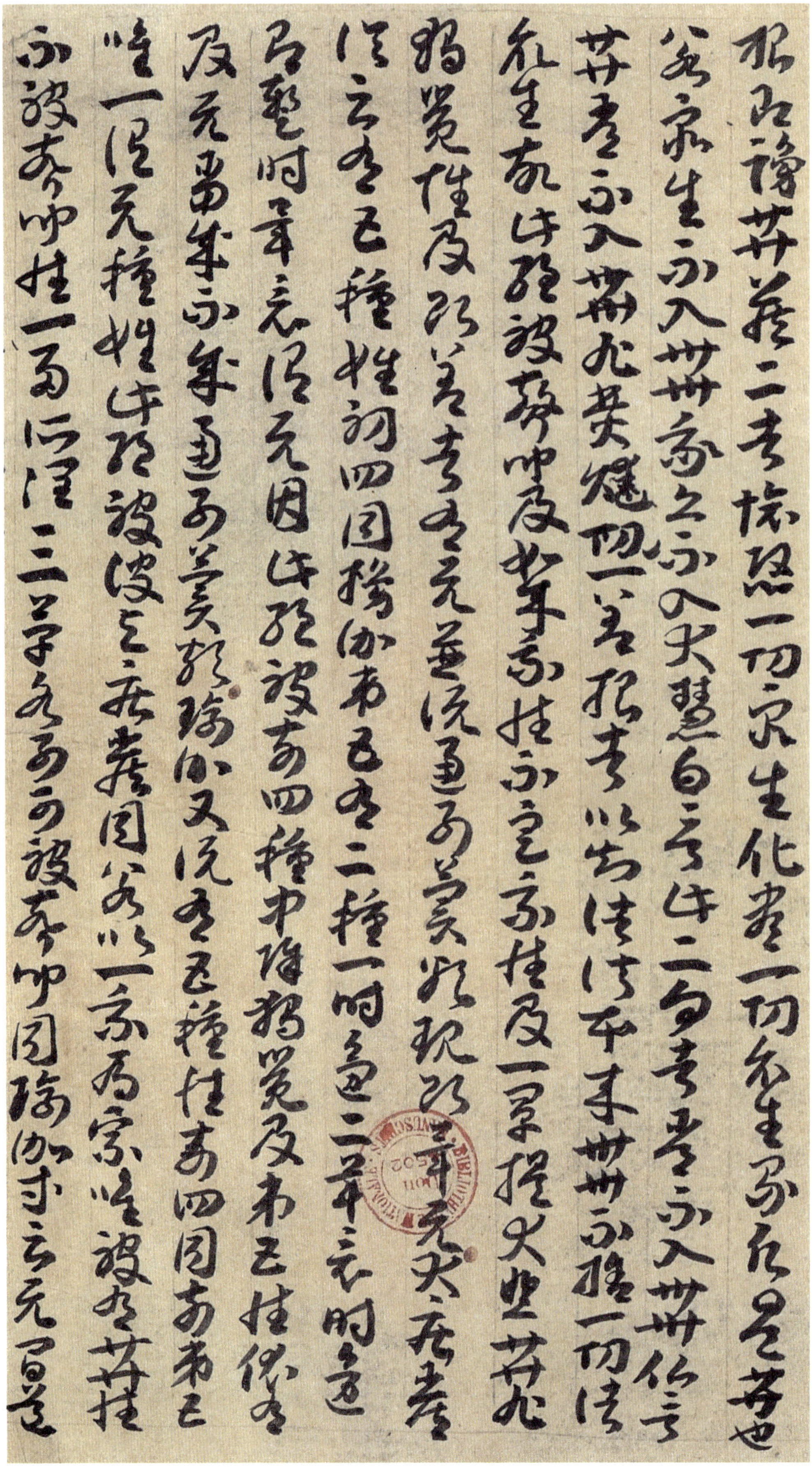

三六

根，即謗菩薩藏，二者懷[二]愍一切衆生，化[三]盡一切衆生界願，是菩薩也。

若衆生不入涅槃，我亦不入。大慧白言：此二何者常不入涅槃？仏言：菩薩常不入涅槃，非焚燒一㓞[三]善根者，以知諸法本來涅槃，不捨一切諸衆生故。」此經被聲聞及如來乘性[四]、不定乘性[五]及一闡提[六]大悲菩薩，非獨覺性及斷善者，有无並說，通別類異[七]，現斷畢无。《大[八]疰嚴論》云：「有五種姓，初四同《楞伽》；弟五有二種，一時邊，二畢竟。時邊即蹔[九]時，畢竟謂无因。」此經被前四種[一〇]，中除獨覺及弟五性[一一]，依有及无，當成不成，通別類異[一二]。《瑜伽》又說有五種性[一三]，前四同前；弟五唯一，謂无種姓。此經被彼与《疰嚴》同。若以一乘爲宗，唯被有菩薩性[一四]，

校注

【一】「懷」，《大正藏》作「憐」。【二】「化」，《大正藏》作「作佛」。【三】「一㓞」，唐本原作「㓞一」，中有倒乙符。【四】「性」，《大正藏》作「姓」。【五】「性」，《大正藏》作「姓」。【六】「提」下，《大正藏》有「中」。【七】「類異」，唐本原作「異類」，據三一一、三二三行及《大正藏》改。【八】「大」上，《大正藏》有「又」。【九】「蹔」，《大正藏》作「暫」。字同。【一〇】「種」，《大正藏》無。【一一】「性」，《大正藏》作「姓」。【一二】「類異」，唐本原作「異類」，據三一一、三二三行及《大正藏》改。【一三】「性」，《大正藏》作「姓」。【一四】「性」，《大正藏》作「姓」。

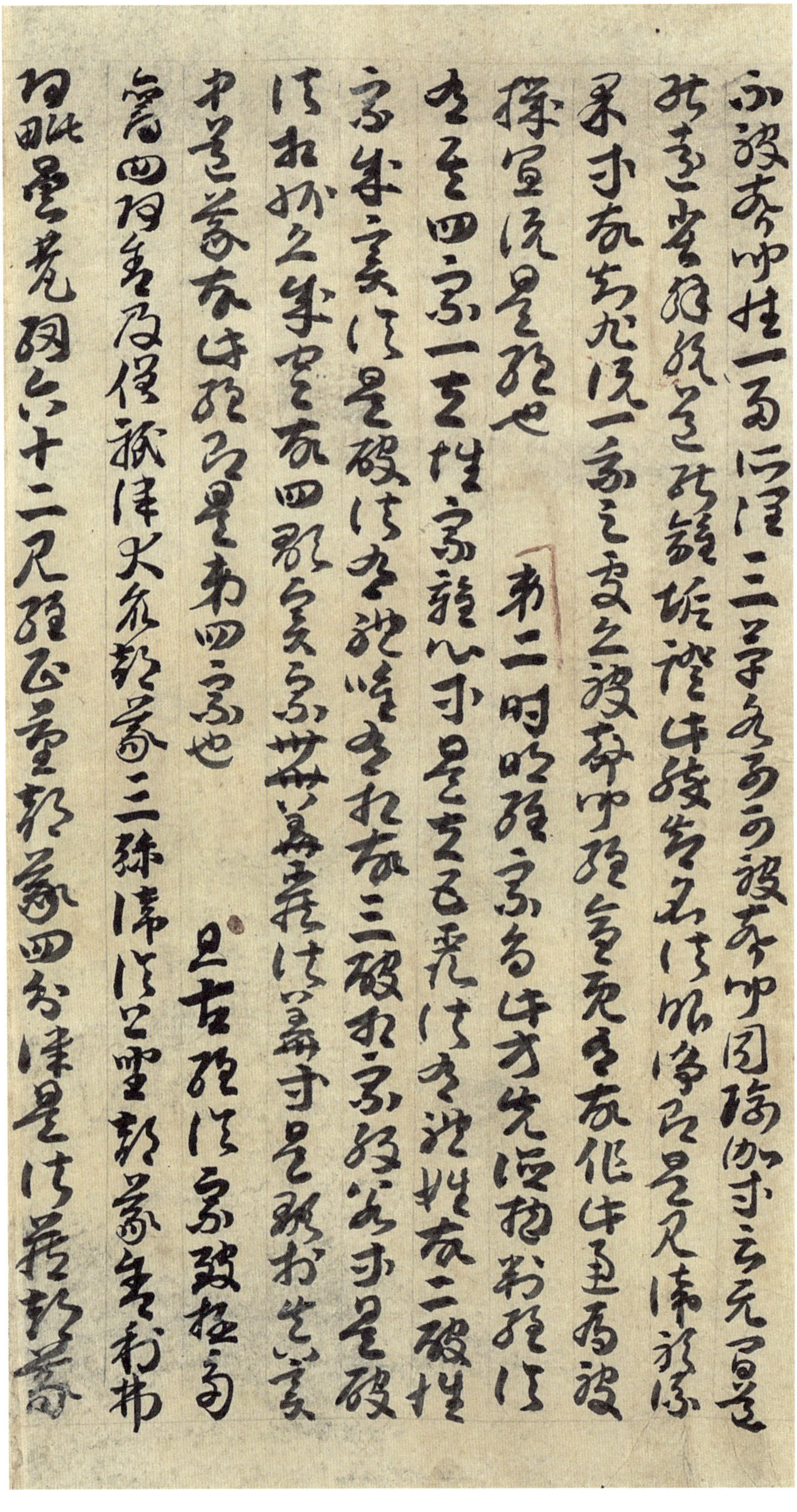

三五

不被[一]聲聞性[二]，一雨所潤三草各別，可被聲聞。同[三]《瑜伽》等云「无間道

三三六 能遠坐，解脱道能離垢，證此勝智名法眼淨，即是見諦聽[四]流

三三七 果等」，故知非説一乘之處亦被聲聞。經會既有，故作此通，爲被

三三八 機宜説是經也。弟二時[五]明經宗旨，此方先德揔判經論

三三九 有其四宗。一立性宗，《雜心》等是，立五聚法有體姓[六]故。二破性

三四〇 宗，《成實論》是，破法有體唯有相故。三破相宗，《般若》等是，破

三四一 法相狀亦成空故。四顯實宗，《涅槃》《華嚴》《法華》等是，顯於真實

三四二 中道義故。此經即是弟四宗也。且古經論宗致極多，

三四三 舊四《阿含》及《僧祇律》大衆部義；《三弥諦[七]論》上坐[八]部義；《舍[九]利
弗

三四四 阿毗曇》《梵網六十二見經》正量部義；《四分律》是法藏部義。

校注

【一】「被」下，《大正藏》有「唯」。【二】「性」，《大正藏》作「姓」。【三】「同」，《大正藏》無。【四】「聽」，《大正藏》作「預」。

【五】「時」，《大正藏》無。【六】「姓」，《大正藏》作「性」。【七】「諦」，《大正藏》作「帝」。【八】「坐」，《大正藏》作「座」。【九】「舍」與本行第四字「舍」，唐本草書無區別。寫手混之，今依佛經分別釋之。

三四五 此等經論説[一]是何宗？然《文殊問經》及《宗輪論》説小乘有廿部，大[二]、

三四六 一説[三]、鷄、多、假、制、西、北、有、雪、犢、上、賢、量、密、化、經、

法、光，并大乘二部[四]，

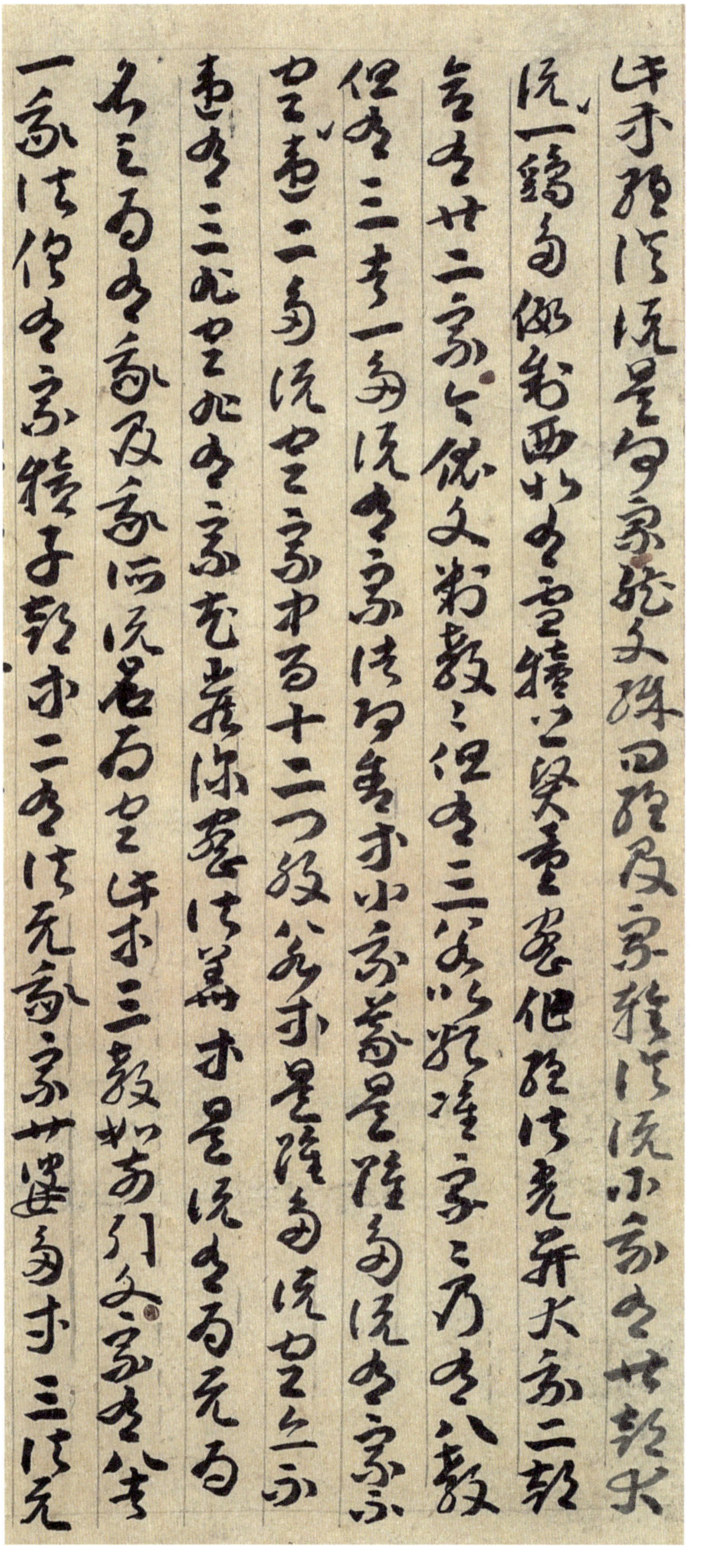

三四七 合有[五]廿二宗。今依文判教，教但有三；若以類准宗，宗乃有八。教

三四八 但有[六]三者：一多説有宗，諸《阿含》等小乘義是，雖多説有宗[七]不

三四九 違空[八]；二多説空宗，《中》《百》《十二門》《般若》等是，雖多説空，亦
不

三五〇 違有；三非空非[九]有宗，《花嚴》《深密》《法華》等是，説有爲、无爲

三五一 名之爲有，我及我所説[一〇]名爲空[一一]。此等三教如前引文。宗有八者：

三五二 一我法俱有宗[一二]，犢子部等；二有法无我宗，薩婆多等；三法无

校注

【一】「説」，《大正藏》作「復」。【二】「大」上，《大正藏》有「謂」。「大」下，《大正藏》有「衆部」。【三】「一説」，唐本原作「説一」，中有倒乙符。【四】此行《大正藏》作「一説部、説出世部、雞胤部、多聞部、説假部、制多山部、西山住部、北山住部、説一切有部、雪轉部、犢子部、法上部、賢胄部、正量部、密林山部、化地部、法藏部、飲光部、經量部。并大乘二」。唐本行末「部」，《大正藏》無。

【五】「有」，《大正藏》無。【六】「有」，《大正藏》無。【七】「宗」，《大正藏》作「亦」。【八】「違空」，唐本原作「空違」，中有倒乙符。

【九】「非」，《大正藏》無。【一〇】「説」，《大正藏》無。【一一】「空」下，《大正藏》有「故」。【一二】「宗」，《大正藏》無。以下七項，《大正藏》均無「宗」字。

言大乘宗說有四現量依實宗說依說有五依妄生實
實說生色說有六法法但名實一說說有七種識生實宗說有
有說就攝有說有八依理圓實宗法法但以有說無善
有說有異故也然實法門說有法此品第四現量依實
隨實所說有廿二根根生所實色八種等云如牟以
一語之中演說無邊契經海無邊稱說云佛以一音演說法
衆生隨類各得解無量義經云諸法從本來性相
說法法示生示滅示去來無波無住無得無失一切無和
但由衆生根緣不同得法果異法以所之言一雨普潤三
草二木生長不同偈云三獸渡河得淺深不

去來宗，大衆部等；四現通假實宗，説假部等；五俗妄真實宗，説出世部等；六諸法但名宗，一説[一]部等；七勝義皆空宗，《般若》等經，龍樹等説《中》《百》論等；八應理圓實宗，此《法華經[二]》、无著等説中道教也。《成實論》義、經部師宗，即當第四現通假實，雖差別義合廿二，據理全差莫過此八。然《華嚴》云：「如來以一語言中演説无邊契經海。」《无垢稱經》云[三]：「仏以一音演説法，衆生隨類各得解。」《无量義經》云[四]：「我成道來卌[五]餘年，常説諸法不生不滅不去[六]來、无彼无此[七]无得无失，一切无相，但由衆生悟解不同得諸果異。」《法華》亦言：「一雨普潤，三草二木生長不同。」《優婆塞[八]經》言：「三獸渡河，得淺深別。」《攝

校注

【一】「一説」，《大正藏》作「説一」。【二】「經」，《大正藏》作「等」。【三】「云」，《大正藏》作「言」。【四】「云」，《大正藏》作「言」。【五】「卌」，《大正藏》作「四十」。【六】「去」下，《大正藏》有「不」。【七】「无彼无此」，《大正藏》作「無此無彼」。【八】「塞」下，《大正藏》有「戒」。

從名云如來居天鼓無思等自了故者法鼓本無思而為
由擇示同善分大小乘流之教此經名為大乘之教此說依化
諸有情中喻於大菩之萬流妙莊嚴王本事品中八萬四千
人遠塵離垢乃法眼淨得初果中壽量品中八世界微塵數
菩薩發阿耨多羅三藐三菩提心普門品中八萬四千眾生皆
發無等等阿耨多羅三藐三菩提心可等故教家為說流無
可教乃隱擇以分齊此還攝律滿之教滿家行攝生法二空
還二教攝其化無化可覺菩乃立偈攝菩薩隱應分二種者
還為乘菩薩分為頓隱為行照一乘為正乘也故以文言今此經
中唯說一乘亦為菩薩故教菩薩法者不來小法者能化眾以大乘

三六三 論》亦云[一]：「如末尼天鼓，无思成自事。」故知諸教本无差別，
三六四 由機不同遂分大小頓漸之教。此經即[二]當大漸之教，此依化
三六五 誘聲聞以歸於大，名之爲漸。《妙荘嚴王本事品》中，八万四千
三六六 人遠尘[三]垢得法眼浄，即初果中[四]。《壽量品》中，八世界微尘數
三六七 菩薩[五]發阿耨多羅三藐三菩提心。《普門品》中，八万四千衆生皆
三六八 發无等等阿耨多羅三藐三菩提心，可成頓教。故知頓、漸无
三六九 別教門，隨機以分，故此通釋[六]。半、滿之[七]教，滿宗所收；生、法二空，
三七〇 通二教攝；有作、无作可貫兩門，世俗、勝義隨應分二。雖知
三七一 宗[八]義若斯，隨別所明一乘爲正[九]宗也。故下文言：「今此經
三七二 中唯説一乘，而昔於菩薩前毀呰聲[一〇]樂小法者，然仏實以大乘

校注

【一】「云」，《大正藏》作「言」。【二】「即」，《大正藏》作「且」。【三】「尘」下，《大正藏》有「離」。【四】「中」，《大正藏》作「等」。【五】「菩薩」，《大正藏》作「衆生」。【六】「釋」，《大正藏》作「也」。【七】「之」，《大正藏》作「二」。【八】「宗」上，唐本原有「通旨」，以「卜」字符删去。《大正藏》有「通旨」。【九】「爲正」，《大正藏》作「正爲」。【一〇】「聲」下，《大正藏》有「聞」。

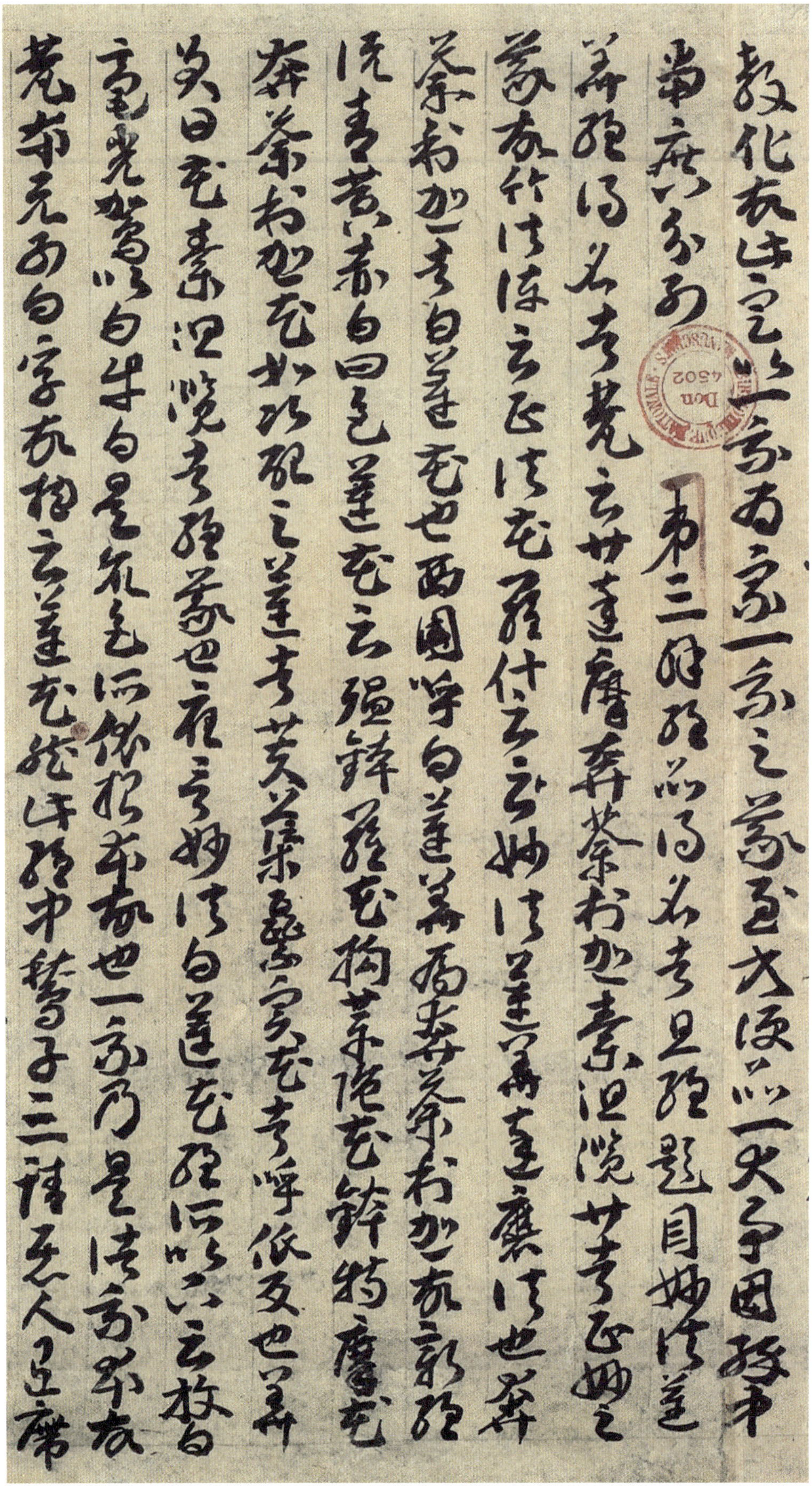

三七三 教化。」故此定以一乘爲宗。一乘之義，至《方便品》「一大事因緣」中

三七四 當廣分別。弟三解經品得名者，且經題目妙法蓮
三七五 華經得[一]名者，梵云薩達摩奔荼利迦素泹灠[二]。薩者，正妙之
三七六 義。故竹[三]法護云正法花，羅什云[四]妙法蓮華。達磨，法也。奔
三七七 荼利迦者，白蓮花也。西圍[五]呼白蓮華爲奔荼利迦，故新經
三七八 説青黄赤白四色蓮花，云殟鉢羅花、拘某陁花、鉢特摩花、
三七九 奔荼利迦[六]花，如次配之。蓮者，芙蕖桑[七]實。花者，呼瓜反[八]也，華
三八〇 美曰花[九]。素泹灠者，經義也[一〇]。應言[一一]妙法白蓮花經。所以下云放白
三八一 毫[一二]光駕[一三]以白牛，白是衆色所依根本故也[一四]，一乘乃是諸乘本故。
三八二 梵本无別白字，故揔云蓮花。然此經中鶖子三請惡人退席，

校注

【一】「得」，《大正藏》無。【二】「泹灠」，《大正藏》作「呾攬」。任繼愈《佛教大辭典》九八三頁有「素怛纜」。《漢語大字典》無「泹」字。【三】「竹」，《大正藏》無。【四】「云」，唐本原衍作「云云」，以「卜」字符删一字。【五】「圍」，《大正藏》作「域」。「圍」，唐本不清，亦似「國」。【六】「迦」，《大正藏》無。【七】「桑」，《大正藏》作「之」。【八】「呼瓜反」，《大正藏》作「華」。【九】「花」下，《大正藏》有「也」。【一〇】「也」，《大正藏》無。【一一】「言」，《大正藏》作「云」。【一二】「毫」，《大正藏》作「豪」。【一三】「駕」，唐本之「馬」如「鳥」。【一四】「故也」，《大正藏》無。

已復次說一乘深旨顯中道佛因果理者以名法花開佛知見
慕覺理者諸教二乘二種無上生折教示佛知見是法乘
理示佛會因證悟佛知見是教乘者勸覺悟悟入三種[illegible]
佛果諸教二乘卅卅菩提理者二得入佛知見是悟因門一乘因教[illegible]
果乘示頌生東是一乘因得如是乘之諸子中日教動頭自在
發趣是因乘乘成者化緣引至實行是一乘果大教藏名寶
行乘之難中道三種無上正分教趣證之教名種方便行證者
慧名生以實乘生以實乘中章是二乘以因教果乘說果名為
法華所乘難方便以示自住已示明行說諸因果相由住正
於一乘以果名為諸乘以為佛行難無量義顯十七名中末十六
名妙法蓮花之第二第一生正為行證之理生能二乘得法華矣

已後方說一乘深旨，經中[一]多依因果理智以名法花，開仏知見，雙嘆[二]理智，法、報二身二種无上，令生忻[三]趣。示仏知見是法身理，示[四]令同[五]證；悟仏知見是報身智，勸其脩悟。此上三種歎顯仏果法、報二身，涅槃、菩提理智二德[六]。入仏知見是此因[七]，行一乘因趣極果故。等賜牛車是一乘因，得如是乘与諸子等。日夜劫數自在遊戲是因乘故，戚去化城引至寶所是一乘果，大般涅槃名寶所故。与《辨中邊》三種无上亦不相違。能詮之教名權方便，所詮智慧名真實乘。真實乘中欲令二乘行因趣果，故說因果名爲法華。本論故[八]解《方便品》云[九]：「自此已下明所說法[一〇]因果相，由此正取一乘行果名爲法花。」若依論解《无量義經》十七名中弟十六名妙法蓮花，蓮花有二義：一出水義，所詮之理出離二乘濁湿[一一]水

校注

【一】「經中」，《大正藏》無。【二】「嘆」，《大正藏》作「歎」。「嘆」下，《大正藏》有「顯」。【三】「忻」，《大正藏》作「欣」，字同。【四】「示」下，唐本原有「仏」，以「卜」字符刪去。【五】「令同」，《大正藏》作「同令」。【六】「德」，《大正藏》作「訖」。【七】「因」上，《大正藏》有「二」。【八】「本論故」，《大正藏》作「故本論」。【九】「云」，《大正藏》作「言」。【一〇】「法」，《大正藏》無。【一一】「濁湿」，《大正藏》作「泥濁」。

或二乘教爲以詮教三乘是理或爲所爲理如說爲教如文說
法名爲十四名之名一乘或爲法名之通教理無等斂攝
攝差或說教理所名無量乘請之名法乘或方便以名法
佛智慧甚深無量是智慧門難解難入此自釋云乘二
甚深一證甚深得佛智慧行權智世間無甚深得智慧乃是謂
說教義拂二乘之生處所成從無量劫來畢竟初以教理名
爲法乘攝攬諸文標義而說教理行果修是一乘此名妙法
蓮華教理妙法如次爲說行妙法者解入佛知見云證示
道場地示現之無量劫業或正是佛果之因分也聲聞衆
云爲尊手等力當以成就又以機感從集世之說云唯有一

三九四 故；二開敷義，以勝教言開真理故。前爲理妙，後爲教妙。又彼
三九五 諸名弟十四名亦名一乘，故知法花亦通教、理，欲令菩薩觀機
三九六 授[一]道。故説教理正名无量義，謗[二]亦名法花。故[三]《方便品》云「諸
三九七 仏智慧甚深无量，其智慧門難解難入」。論自釋言：「有二
三九八 甚深，一證甚深，謂仏智恵[四]所證智也；〔二〕[五]阿含甚深，謂智恵門即詮
三九九 彼教，欲拂二乘令生驚問[六]故。」從无量義處定起，初以教、理名
四〇〇 爲法花，揔攬諸文據實而説，教、理、行、果俱是一乘，皆名妙法
四〇一 蓮華。教、理妙法如次前説。行妙法者，釋[七]入仏知見云：「令證不
四〇二 退轉地，示現与无量智業故，正是仏果之因乘也。」《譬喻品》
四〇三 云：「我身手有力，當以衣裓[八]若以[九]机案從舍出之。」復云：「唯有一

校注

【一】「授」，唐本原作「機」，據《大正藏》改。【二】「謗」，《大正藏》作「傍」。【三】「故」，《大正藏》無。【四】「恵」，同「惠」，字形見於秦漢簡帛、碑刻及王羲之《蘭亭序》。《大正藏》作「慧」，古通。【五】「二」，據《大正藏》補。【六】「問」，《大正藏》作「心」。【七】「釋」上，《大正藏》有「論」。【八】「裓」，僧道法衣。【九】「若以」，《大正藏》無。

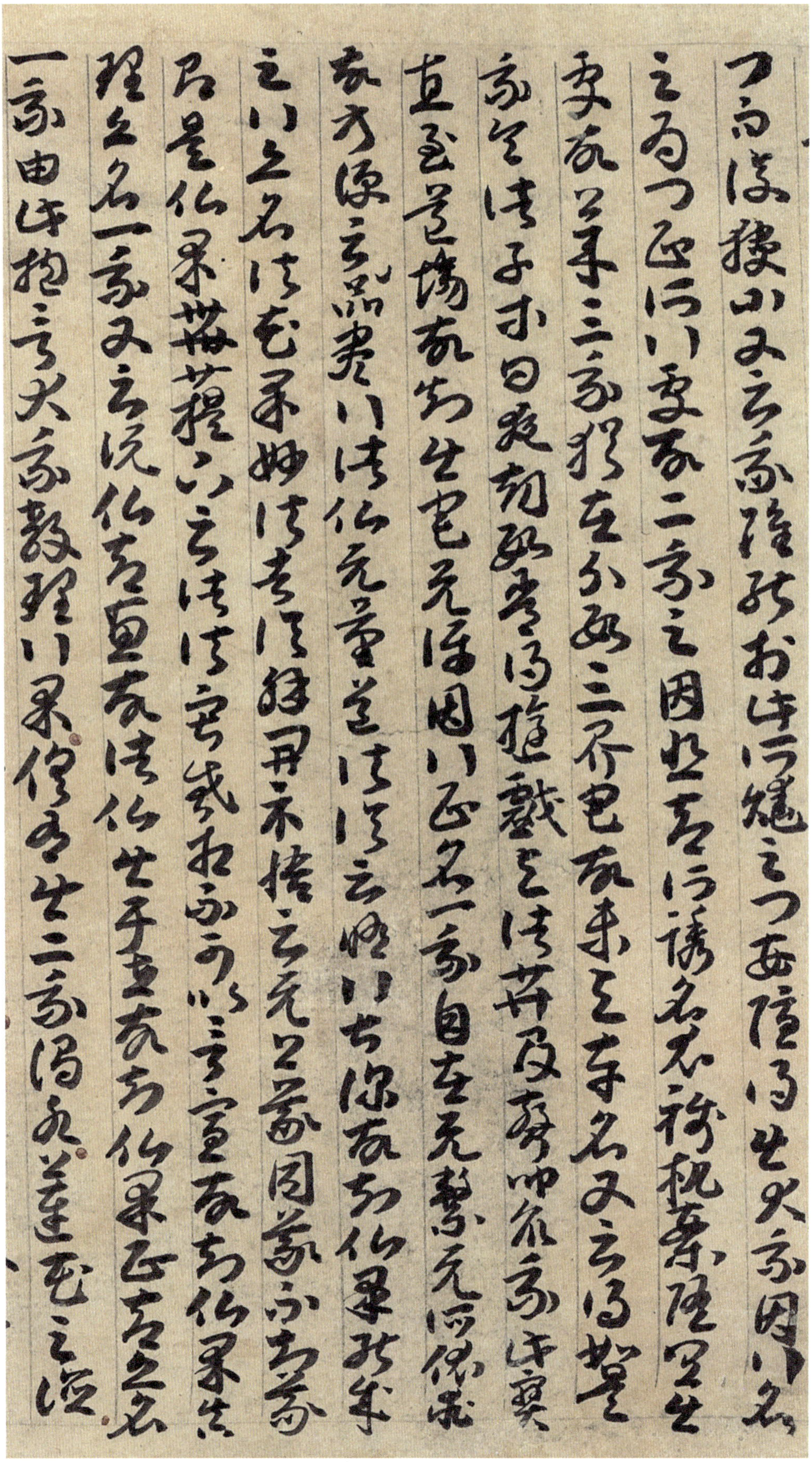

四〇四

門而復狹小。」又云：「我雖能[二]於此所燒之門安隱得出。」大乘因行名

四〇五 之爲門，正所行處故。二乘之因悲智所誘，名衣裓机案，隨宜出
四〇六 處故。上來三乘猶在[二]分段三界宅，故未与車名。又云：「得如是
四〇七 乘，令諸子等日夜劫數常得遊戲，与諸菩薩及聲聞衆，乘此寶
四〇八 直[三]至道場。」故知出宅无漏因行正名一乘，自在无[四]繫无所依求
四〇九 故。《方便品》云[五]「盡行諸仏无量道法」，論云「脩行甚深」，故知仏果能
成
四一〇 之行亦名法花。果妙法者，論解開示悟云「无上義、〔因〕[六]同義、不知
義」，
四一一 即是仏果涅槃、菩提。下云「諸法寂滅相不可以言宣」，故知仏果真
四一二 理亦名一乘。又云「説仏智恵，故諸仏出于世」，故知仏果正智亦名
四一三 一乘。由此摠言大乘教、理、行、果，俱有出二乘濁水蓮花之德，

校注

【一】「能」，《大正藏》無。【二】「在」，《大正藏》作「居」。【三】「直」上，《大正藏》有「乘」。【四】「无」，《大正藏》作「不」。
【五】「品云」，唐本原作「云品」，中有倒乙符。【六】「因」，唐本無，據《大正藏》補。

教之所歎妙理之功，理之行教生起之力。以之因教招果之
教，果之所證實報因之所感也。既以法華喻妙微由善形容儀範
蓮者之玄義況廿達應之果因法兼囊括四分經之包羅
四始清四分者契秘賾之微詮教也　叶幽探之言為理也
斯之象之奧宗也　負至覺之先宗果也　負元亦彈（盡）哀棲
為妙法四義者蓋葉發教以天蓮影教摛揚以結自芬藥
秀生而靈根喻理類始於不運之果為異所得之實證之因花
而果滿擬蓮（白花）實為妙花形似者為喻源表微喻蓮花爰
由是經（二）時經複清四如花之義為經題歡發言題目是四字經
品初言序品曰教稽況三之時會中經義唯一佛所得清古源

四一四 教有能敷妙理之功，理有所敷出水之力，行有因敷趣果之
四一五 相，果有結實酬[一]因之能故也。然即[二]法藉[三]喻明，微由著顯，故假奔
四一六 荼利之花實況薩達磨之果因，法既囊括四義，花亦包羅
四一七 四德。法四義者，契秘賾之微筌，教也。叶幽機之玄旨，理也。
四一八 尅[四]上乘之奥業，行也。員[五]至覺之真宗，果也。美无不盡[六]，故稱
四一九 爲妙。花四義者，萏菼[七]披敷以見蓮，類教揄[八]揚以悟旨；芙蕖
四二〇 秀出於霊沼，喻理穎[九]超於小運；𥝌蘤開而得實，譬因嚴
四二一 而果滿；標白花[一〇]爲花本，顯仏智爲乘源，故假喻蓮花，斯有
四二二 由矣。准此理應法四如花亦應爲勝，然觀經意，經[一一]具有四，《方便
四二三 品》初[一二]意彰昔日教權說三，今此會中理實唯一，仏所得法甚深

校注

【一】「酬」，《大正藏》作「爲」。【二】「即」，《大正藏》作「則」。【三】「藉」，唐本原作「寂」，後以朱筆改作「藉」。【四】「尅」，同「剋」。【五】「員」，《大正藏》作「圓」，古通。【六】「盡」，唐本原作「殫」，又以朱筆塗之，改寫「盡」。《大正藏》作「殫」。【七】「萏菼」，《大正藏》作「菡萏」。【八】「揄」，《大正藏》作「踰」。【九】「穎」，唐本左下「禾」作「天」，乃俗字。【一〇】「白花」，唐本原作「練實」，後塗去，補寫「白花」。《大正藏》作「實結」。【一一】「經」，《大正藏》作「雖」。【一二】「初」，《大正藏》無。

難解之所說之極難者教以依者爲讚二乘教理二種説
聲聞菩薩乘佛陀二乘之修不生者名之一乘之修生者施常
而言三請已後得至正說一大事因緣爲法乘正說名行
果以爲法乘開示悟爲果乃爲用行家元量爲緣菩薩乘生
見之二爲初分之者緣聲聞悟菩薩往生二乘復當有即入
見中坐那波依教觀一乘理等漸悟者之如菩薩常坐菩薩乘
修爲二乘爲說教理或見量但爲菩薩說爲見生往之以升
見量之乘菩薩以教理二已生揮衣作經十七名中唯教理
二以解菩薩乘生經爲化度二乘之發心我大唯以果二以名菩薩
乘又修生經化二乘者以爲於大之故苦白教授設三个氏
當中理說唯一發心願以解集作果故教理以果修名菩薩

四二四 難解，有所言説意趣難知，故以仏智對誘二乘，教、理二種，取
四二五 譬蓮花，拂彼二乘，令真聖者同[一]取一乘，令假聖者避席
四二六 而去，三請已後許其正説一大事因緣爲法花正體，即取行、
四二七 果以爲法花，開、示、悟爲果，入爲因行故。《无[二]量義》解蓮花出
四二八 水有二義，初不可盡解，譬[三]頓悟菩薩性出二乘，後喻聲聞入
四二九 衆中坐，顯彼依教觀一乘理成漸悟故。亦如菩薩當[四]坐蓮花，
四三〇 傍爲二乘兼説教、理。或《无量[五]經》爲菩薩説，對衆生性，欲以弁[六]
四三一 无量，欲令菩薩以教、理二逗生機。故論解十七名中，唯教、理
四三二 二以解蓮花。此經爲[七]化彼二乘，令[八]發心求大，唯行、果二以名蓮
四三三 花。又復此經化二乘者以歸於大，令知昔日[九]教權設三，今此
四三四 會中[一〇]理體唯一，發心脩行終成仏果，故教、理、行、果俱名蓮

校注

【一】「同」，唐本原作「問」，據《大正藏》改。【二】「无」上，《大正藏》有「故」。【三】「譬」，《大正藏》無。【四】「當」，《大正藏》作「常」。【五】「量」下，《大正藏》有「義」。【六】「弁」，《大正藏》作「辨」。唐草書佛經，兩字每通用。【七】「爲」，《大正藏》無。【八】「令」，《大正藏》無。【九】「昔日」，《大正藏》無。【一〇】「今此會中」，《大正藏》無。

乘教以並開教理果修生死故十七名中又當分為兩但
以此如為之妙法一乘之體蓮花二乘生死開教喻究竟法攝
理果亦能流轉釋名外所法者是妙是蓮之花攝業
佛主二釋如次久可大法之妙是佛主釋妙法名蓮花之
攝業釋以法亦乘為釋蓮花表九成由釋實理為妙體但
是教之妙法蓮花體名佛主釋妙法是教體名是教之
妙法蓮花體名攝業釋之妙法是理體名是理之妙法蓮
花體名攝業釋妙法是教體是理者名佛主釋佛以體為
受中因生自利佛人佛之法之佛喻以為受名如字轉花第
品求第並如意訓受品為名者體為廿八品得序品方便品

花，教、行並開敷，理、果俱出水故。十[一]七名中更當分別。若但以真如爲其妙法一乘之體，蓮花二義出水、開敷喻寬法獱[二]，理必不然，況論釋名非解於此。法即是妙，是蓮之花；持業、依主二釋如次亦可，大法之妙是依主釋，妙[三]法即[四]蓮花亦持業釋。今此不欲別解蓮花，故非相違釋。若理爲妙，經但是教，言妙法蓮花經即依主釋。妙法是教，經亦是教，言妙法蓮花經即持業釋。若妙法是理，經亦是理，言妙法蓮花經亦持業釋。妙法是教，經是理者，亦依主釋。依順體義、處中因、出世報，依人依法，依法依喻，以爲其名，如《宗輪》記[五]。《序品》等義並如音訓。其品得名者，經有廿八品，謂《序品》《方便品》

校注

【一】「十」上，《大正藏》有「下」。【二】「獱」，《大正藏》作「狹」。【三】「妙」上，《大正藏》有「此」。【四】「即」，《大正藏》作「如」。【五】「記」，《大正藏》作「説」。

譬喻品以信解品以藥草喻品授記品以化城喻品以五百弟子
受記品以授學無學人記品以法師品以見寶塔品以提婆達多
品以勸持品安樂行品以從地踊出品以如來壽量品以分別功德品以
隨喜功德品以法師功德品以常不輕菩薩品以如來神力品以囑累品
藥王菩薩本事品以妙音菩薩品以觀世音菩薩普門品以陀羅尼品以妙莊
嚴王本事品以普賢菩薩勸發品以持法以不輕爲四依一分爲
名有十五二義爲名有十三分爲名有一亦色爲名有二
義爲名有十五本法爲四偈經法爲名有四方便以信解以
持品以陀羅尼品以從喻爲名有三譬喻以藥草喻品以化

《譬喻品》《信解品》《藥草喻品》《授記品》《化城喻品》《五百弟子受[一]記品》《授學无學人記品》《法師品》《見寶塔品》《提婆達多品》《勸持品》《安樂行品》《從地踴[二]出品》《如來壽量品》《分別功德品》

《隨喜功德品》《法師功德品》《常不輕菩薩品》《如來神力品》《囑累品》《藥王菩薩本事品》《妙音菩薩品》《觀世音[三]普門品》《陁羅尼品》《妙荘嚴王本事品》《普賢菩薩勸發品》，此[四]諸品等[五]揔爲四例：一義爲名有十五，二義爲名有十，三義爲名有一，不定爲名有二。一義爲名有十五中復有[六]四例。從法爲名有四：《方便品》《信解品》《持品》《陁羅尼品》。從喻爲名有三：《譬喻品》《藥草喻品》《化

校注

【一】「受」，《大正藏》作「授」。【二】「踴」，《大正藏》作「湧」。【三】「音」下，《大正藏》有「菩薩」。【四】「此」上，《大正藏》有「於」。【五】「等」，《大正藏》無。【六】「有」，《大正藏》作「爲」。

塔品。以從人爲名者四：法師品、提婆達多品、常不輕菩薩品、妙
音菩薩品。從法喻品者，法之喻從人爲名者法師，是喻以法爲
喻從法名中，化城可畏，從事爲名者四：弟子以授記品、從地涌
出品、囑累品。二義爲名者十中，法者三，偈從人法爲名者八：授
學無學人記品、如來壽量品、法師功德品、如來神力品、藥王
本事品、觀世音普門品、妙莊嚴王本事品、普賢菩薩勸發
品。 從行爲名者一，分別功德品。 因果爲名者一，隨喜功德品。
三義爲名者一，五百弟子受記品。五百者數，弟子者人，受記
者事，故具三義。示之爲名者二：安樂行品、見寶塔品。安
樂之義通因果，故至見之義通見現故。安樂在因，見者

城[一]品》。從人爲名有四：《法師品》《提婆達多品》《常不輕菩薩品》《妙音菩薩品》。其法師品有法之師從人爲[二]名中，法即是師，以法爲師，從法名中，隨應可悉。從事爲名有四：《序品》《授記品》《從地踴[三]出品》《囑累品》。二義爲名有十中復有三例。從人法爲名有八：《授學无學人記品》《如來壽量品》《法師功德品》《如來神力品》《藥王[四]本事品》《觀世音[五]普門品》《妙莊嚴王本事品》《普賢菩薩勸發品》。能所爲名有一：《分別功德品》。因果爲名有一：《隨喜功德品》。三義爲名有一：《五百弟子受[六]記品》。五百者數，弟子者人，受[七]記者事，故成三義。不定爲名有二：《安[八]樂行品》《見[九]寶塔品》。安樂之義通因果故，其見之義通見、現故。安樂在因，見者

校注

【一】「城」下，《大正藏》有「喻」。【二】「爲」，《大正藏》無。【三】「踴」，《大正藏》作「涌」。【四】「王」下，《大正藏》有「菩薩」。【五】「音」下，《大正藏》有「菩薩」。【六】「受」，《大正藏》作「授」。【七】「受」，《大正藏》作「授」。【八】「安」上，《大正藏》有「一」。【九】「見」上，《大正藏》有「二」。

現也名一萬名中八萬安樂在果見者見也名二萬名中最勝
可建見俱拘翻以翻仍之名之行從生以為稱
第四頞鞞此云度古者舊云頞鞞翻為書撫真時燒摩羅什
行翻廿七以元提婆達多以何之慧見宗言錄云是宗
林言牟傳說於子黑國仍頞覺本者以元安者何之法
之以言之明八年十二月詳生時以頞來安量法元頞洵
云從來西天竺信詳名國何之拘頞羅多時云家化之
云婆羅來流時云生於佛文翻時以如安凡是境得生
徵煌何之經之法依於垂武之表詳正法元至提婆達多品
之安在凡之真境以後什公本元之者古傳譯之云女花已西

現也，即一義名中。若安樂在果，見者見也，即二義名中。思惟[一]可悉，且依揔類以辨得名，得名所從至品當釋。

弟四顯經品廢立者，案此經根本，秦姚興時，鳩摩羅什所翻廿七品，无《提婆達多品》。沙門道慧《宗[二]齊録》云：「上定林寺釋法獻，於于闐國得[三]經梵本，有此[四]品。瓦官寺沙門法意，以齊永明八年十二月譯出此品，猶未安置《法花經》內。至梁末，有西天竺優禪尼國沙門拘那羅多[五]，此云家依，亦云婆羅末陁，此云真諦，又翻此品，始安《見寶塔》後。其[六]燉煌沙門竺法護，於晉[七]武之世譯《正法花》，其《提婆達多品》亦安在《見寶塔品》後。」什公本无之者，古傳解云：蔥嶺已西

校注

【一】「惟」，《大正藏》作「准」。【二】「宗」，唐本原作「宋」，據《大正藏》改。【三】「得」下，《大正藏》有「此」。【四】「此」下，《大正藏》有「一」。【五】「那羅多」，《大正藏》作「羅那陀」。【六】「其」，《大正藏》作「復有」。【七】「晉」，唐本草法初見，四九三行亦如此。釋從《大正藏》。

多是時所為爾時戴於手圖如何得時以年手墨之立安慧後秦存文字錄云據以翻稍而稍以雜翻言勢相接而包羅以天接所文勢隔斯什公之來葉為式何以刪之公爾品非得此文並由羅什刪繁好疏併至一人翻為本可存遂安以翻經者為略經文乃經至失三分為之頌然求羅漢既以義時來代見支本之義是攻手代之以繼云同為為主之亦未從容亦滿事教又接以梵本也者又又接以頌已重法為然以求經力勢失就空翻生經義速疾就世足等證勸於人因亦時復品文稍以但有梵本文之而什公本翻復本翻譯者見時所既以東西判竟之分舊載刪之但

多有此品[一]。若尒，法獻[二]於于闐[三]國如何得此品來[四]？于闐亦在葱嶺東故。又有解云：《塔品》命持，而《持品》應命，言勢相接，而忽間以《天授》，則文勢踈[五]斷，什公恐末葉多惑所以刪之。若尒，即取捨真文並由羅什，刪繁好醜併在一人，斯爲未可。釋道安以翻經者多略經文，乃作五失三不易云：「結集[六]羅漢兢兢若此，末代[七]凡夫平平若是。改千代之上微言，同百王之下末俗，豈不痛哉！」故《天授品》梵本皆有。又《天授品》顯已重法爲牀[八]以求，經力勢大，龍宮踊[九]出，經威速疾，龍女道成，讚勸於人，何不此後即有《持品》？但知梵本有之，而什公本闕，隨[一〇]本翻譯故无此品，既非以東西判定，亦不[一一]義越刪之，但

校注

【一】「品」下，《大正藏》有「已東多無，什公既在龜兹故無此品」。【二】「獻」，唐本原作「戲」，據《大正藏》改。【三】「闐」，唐本小字補。【四】「來」，《大正藏》無。【五】「踈」，《大正藏》作「疎」，字同。【六】「集」下，《大正藏》有「之」。【七】「代」下，《大正藏》有「之」。【八】「牀」，《大正藏》作「床」，字同。【九】「踊」，《大正藏》作「涌」。【一〇】「隨」，此處同「隋」。【一一】「不」下，《大正藏》有「可」。

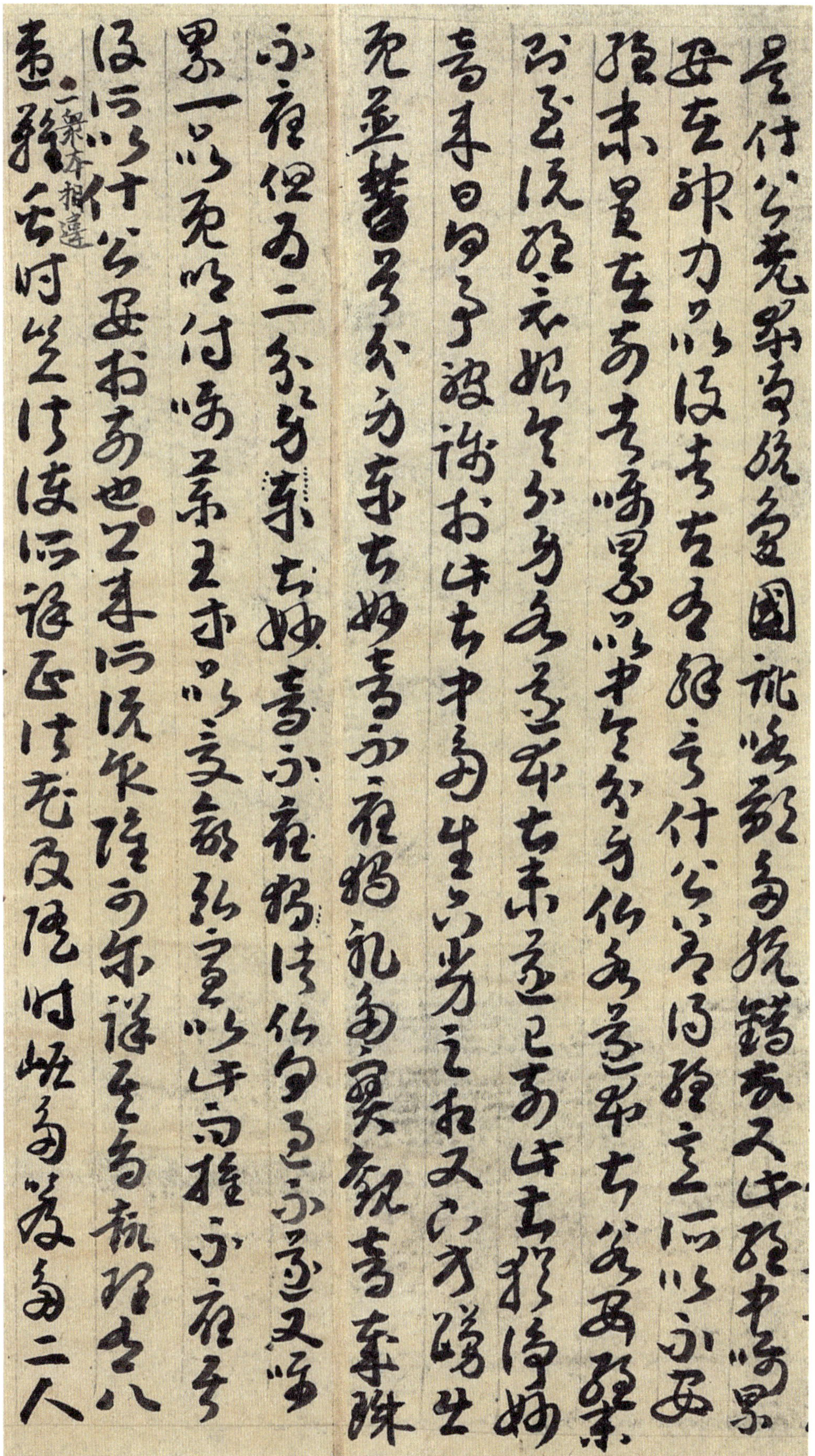

四八四
是什公梵本差脫，邊國訛略[一]鄙多脫錯故。又此經中《囑累[二]》

安在《神力品》後者，古有解言：什公善得經意，所以不安經末置在前者，《囑累品》中令分身仏各還本土，若安經末則至説經竟始令分身各還本土，未還已前此土猶净，妙音來日何事被誡於此土中多[三]生下劣之相[四]。又下方踴[五]出既並稽首分身，東土妙音不應獨礼[六]多寶，觀音奉[七]珠不應但爲二分，分身[八]諸仏何過不還[九]。又《囑累》一品既明付囑，《藥王》等品受命弘宣，以此而推不應居後，所以什公安於前也。上來所説乍雖可尔，詳[一〇]其旨趣，理有八違。一，衆本相違[一一]難。晉時竺法護所譯《正法花》，及隨[一二]時崛多、笈多二人

校注

【一】「略」，《大正藏》無。【二】「累」下，《大正藏》有「品」。【三】「多」，《大正藏》作「勿」。【四】「相」，《大正藏》作「想」。【五】「踴」，《大正藏》作「涌」。【六】「礼」上，《大正藏》有「頂」。【七】「奉」，唐本原作「歲」，據《大正藏》改。草書易混。【八】「身」下，唐本誤抄前行七個字「東土妙音不應獨」，全删。【九】「還」，《大正藏》作「蒙」。【一〇】「詳」，《大正藏》作「窮」。【一一】「一衆本相違」，唐本小字補。【一二】「隨」，《大正藏》作「隋」。唐歐陽詢《九成宫》「随氏」即「隋氏」。

行證涅槃法界中聲聞所要菩薩來二修羅難法華說
中說修行力餘七種一持力法師所安樂勸持所示現二
說力神力所示現三行苦行力藥王所示現四教化衆生行
苦行力妙音所示現五護衆生諸難力觀世音所示現陀羅尼
所示現六功德勝力妙莊嚴王本事所示現七護法力普
賢所示現及後所示現更三法力普賢及後所示現能於聲聞
令至菩提未發心亦令發普賢所後護聲聞所更令退發
神力後品明藥王修七佛以教喜聲聞所發菩薩發
三法教示同離修羅聲聞並菩薩發分教時菩薩持菩薩說
四二乘求菌雜發所分別佛道時方便攝妙音本目教發

四九四 所譯[一]《添法花》中，此《囑累品[二]》安在經末。二，論經相違難。《法花論》

四九五 中說脩行力略有七種：一持力，《法師品》《安樂[三]》《勸持品》示現；二

四九六 說力，《神力品》示現；三行苦行力，《藥王品》示現；四教化衆生行

四九七 苦行力，《妙音品》示現；五護衆生諸難力，《觀世音品》《陁羅尼

四九八 品》示現；六功德勝[四]力，《妙莊嚴王本事品》示現；七護法力，《普

四九九 賢[五]品》及後品示現。既言護[六]力《普賢》及後品示現，明知《囑累》

五〇〇 合[七]居經末；若不尓者，《普賢品》後除《囑累品[八]》更有何品？又

五〇一 《神力[九]》後即明《藥王》，餘皆依次，故知《囑累品》合在經終。

五〇二 三，諸教不同難。餘經囑累並在經終，何故此經獨在前說？

五〇三 四，二事乖[一〇]角難。若以[一一]分身仏還此土便穢，妙音來日故被

校注

【一】「譯」，《大正藏》無。【二】「品」下，《大正藏》有「並」。【三】「樂」下，《大正藏》有「行品」。【四】「勝」，唐本似「緣」，釋從《大正藏》。【五】「賢」下，《大正藏》有「菩薩」。【六】「護」下，《大正藏》有「法」。【七】「合」，《大正藏》作「令」。【八】「除囑累品」，《大正藏》無。【九】「力」下，《大正藏》有「品」。【一〇】「乖」，唐本原作「求」，據《大正藏》改。【一一】「以」下，《大正藏》有「令」。

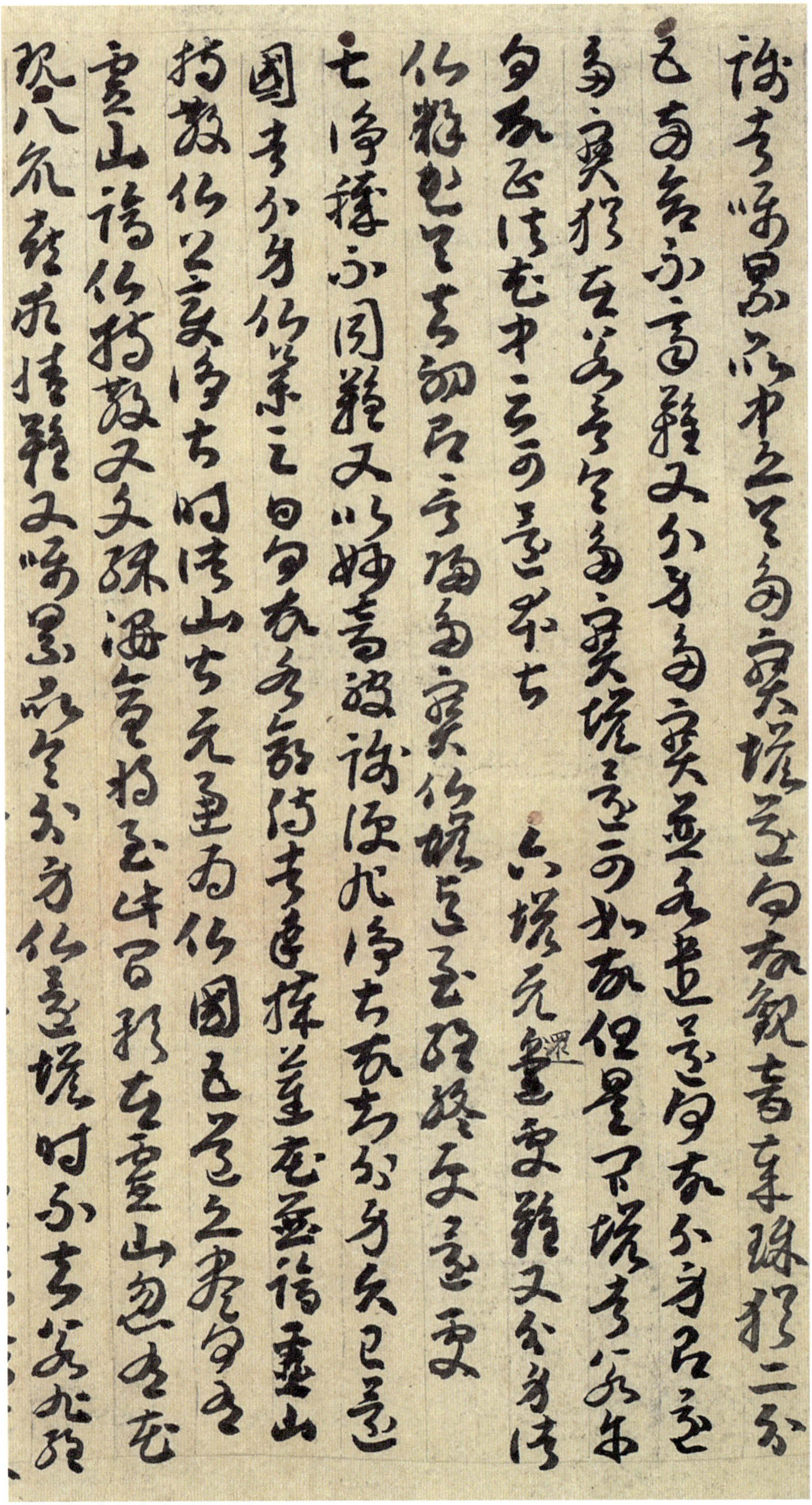

五〇四

誡者，《囑累品》中亦令多寶塔還，何故觀音奉珠猶[二]二分？

五〇五 五，兩合[二]不齊難。又[三]分身多寶並各遣還，何故分身即還，
五〇六 多寶[四]猶在？若言令[五]多寶塔還可如故，但是閇[六]塔者，若尒，
五〇七 何故《正法花》中[七]云可還本土？六，塔无還[八]處難。又分身諸
五〇八 仏，釋迦令[九]去，初即言歸，多寶仏塔迄至經終更〔無〕[一〇]還處。
五〇九 七，浄穢不同[一一]難。又以妙音被誡便非浄土，故知分身久[一二]已還
五一〇 國者，分身仏集之日，何故各命侍者手捧蓮花並詣霊山，
五一一 持散仏上變浄土時，諸山皆无通爲仏國，五道亦盡，何有
五一二 霊山詣仏持散？又文殊海會將至此間，預在霊山忽有花
五一三 現。八，衆喜乖情難。又《囑累品》令分身仏還塔時不去，若非經

校注

【一】「猶」下，《大正藏》有「爲」。【二】「合」，《大正藏》作「命」。【三】「又」，《大正藏》作「若」。【四】「寶」下，《大正藏》有「佛塔」。【五】「令」，《大正藏》作「命」。【六】「閇」，《大正藏》作「閉」，字同。【七】「中」，《大正藏》無。【八】「還」，唐本原作「遥」，塗改之不清晰，在旁寫「還」。【九】「令」，《大正藏》作「命」。【一〇】「無」，據《大正藏》補。【一一】「不同」，《大正藏》作「有殊」。【一二】「久」，《大正藏》作「各」。

未來唯眾者阿修羅求三大難故易早生死地中情實
以表生乃是見眾仂者而錯題深本可怪但是先教禪
力故現淨者由此者架梯道妙音菩薩見華者梯而生深發行
以後談此妙音至分身已遠而去唯諸如說淨者遠見靈
山文殊唯淨華見梯故又見行故因此此二佛同坐妙音
發乳觀音菩薩珠乳隱此二化主而言而無雄化只如天
接而中文殊發而生于乳處中二世尊之爾時分身來至
舉者文殊手時而乳分身故者璃菩薩二言而白得何生主
故者唯眾合至璃路錯者菩薩八萬五萬又歎音菩薩同此
舉者无欲惑者安者後人深之從母稱三寶仂記者云而
經之白之妙而菩得菩无者之言此乃路家孫宗而得如

五一四 末方囑累者，阿脩羅等皆大歡喜何太早生？既非聞法寶
五一五 以喜生，乃是見客仏去而[一]歡[二]慰，深成可怪。但是先放神
五一六 力故現浄土，由此土本穢恐妙音兼見本土穢相而生譏毁，所
五一七 以被誡，非妙音至，分身已還，而土唯穢。如雖浄土還見霊
五一八 山，變不唯浄兼見穢故，上見下故，何因不許二仏同坐，妙音
五一九 致礼？觀[三]音奉珠[四]礼贈此二化主，别意不通餘仏，只如《天
五二〇 授品》中文殊[五]龍宫而出，獨礼塔中二世尊足，尒[六]時分身未還
五二一 本土，文殊[七]于時不礼分身，故知歸奉意别，何得例使通歸？
五二二 故知《囑累》合在經終，歡喜奉行並其[八]故。又《觀音普門品》
五二三 本皆无頌，或有安者，後人添足。俗每疑云：若仏説者，云何
五二四 頌言「具足妙相尊，偈答无盡意」，此乃經家結集爲偈。如

校注

【一】「而」，《大正藏》作「以」。【二】「歡」下，《大正藏》有「喜」。【三】「觀」下，《大正藏》有「世」。【四】「珠」，唐本「朱」少一横。《大正藏》作「殊」。【五】「殊」，唐本原作「珠」，據《大正藏》改。【六】「尒」，《大正藏》作「是」。【七】「殊」，唐本原作「珠」，據《大正藏》改。【八】「其」，《大正藏》作「居」。「居」下，《大正藏》有「彼」。

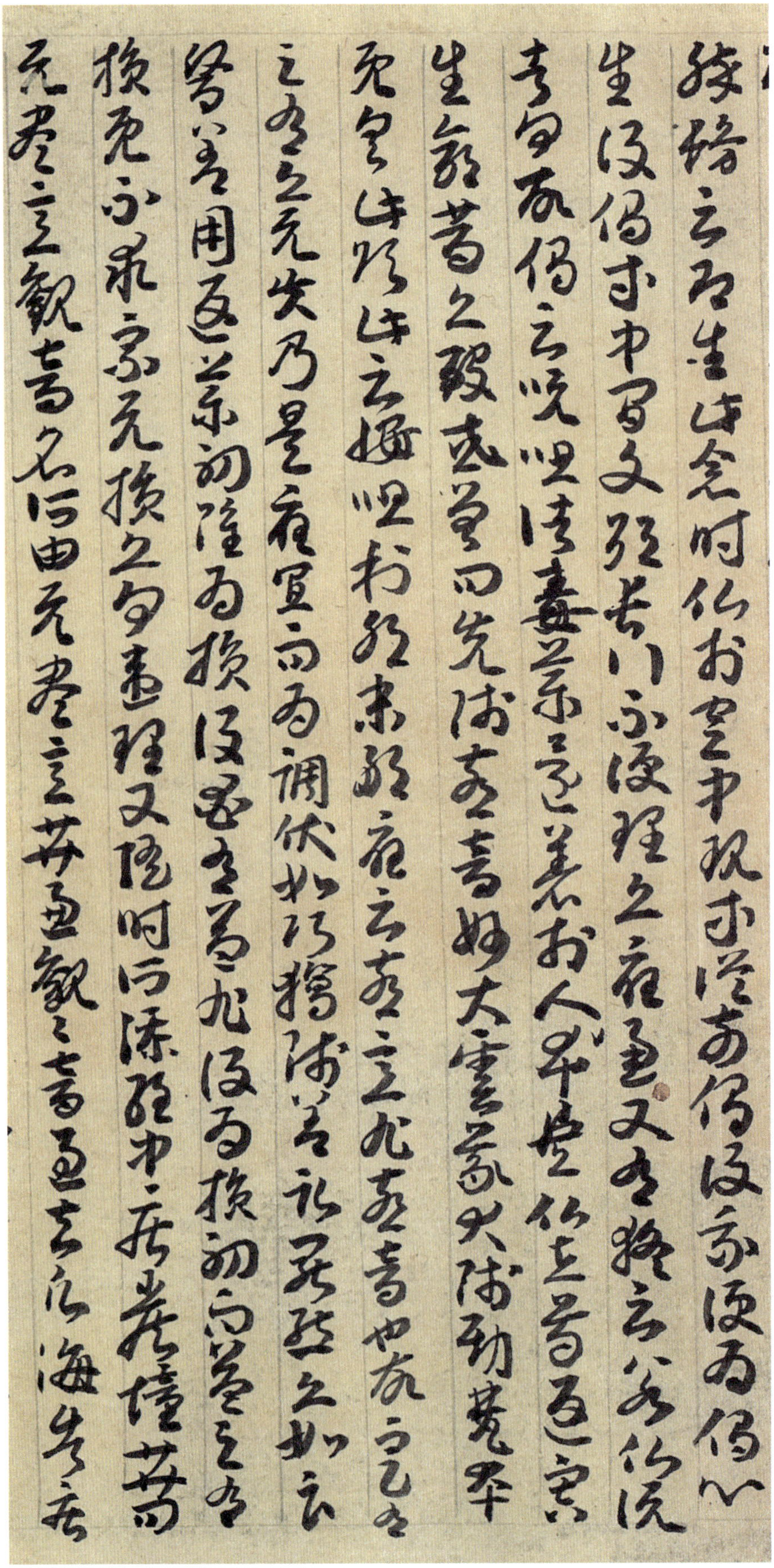

五三五 《勝鬘[一]》云「即生此念時仏於空中現」等，從前偈後乘便爲偈以[二]

五三六 生後偈，等[三]中間文短，長行不便，理亦應通。又有疑云：若仏說

五二七 者，何故偈云呪咀諸毒藥還著於本人[四]，豈仏世尊返害[五]
五二八 生命？昔亦致或[六]，曾問先師慈音妙大雲義，大師勘梵本
五二九 既具此頌，此[七]云梅[八]呾利[九]耶末那，應云[一〇]慈意非慈音也。故定有
五三〇 之。有[一一]亦无失，乃是應宜而爲調伏，如巧獦[一二]師善取罷[一三]熊，亦如良
五三一 醫善用返[一四]藥，初雖爲[一五]損後必有[一六]益，非後爲損初而[一七]益之。有
五三二 損[一八]既不乖宗，无損[一九]亦何違理？又隨時所添經中，疰嚴幢[二〇]菩薩問
五三三 无盡意，觀音名所由？无盡意菩薩遍觀觀音過去願海，告疰

校注

【一】「鬘」下，《大正藏》有「經」。【二】「以」，唐本似「心」，釋從《大正藏》。【三】「等」，《大正藏》無。【四】「本人」，唐本原作「人本」，中有倒乙符。【五】「害」，唐本「宀」下作「吉」，或全字作「害」，乃「害」之俗字。【六】「或」，《大正藏》作「惑」。唐本，每互用之。【七】「此」，《大正藏》作「正」。【八】「梅」，唐本似「悔」。《大正藏》作「梅」，從之。【九】「呾利」，《大正藏》作「怛剌」。【一〇】「云」，《大正藏》作「言」。【一一】「有」上，《大正藏》有「又」。「有」下，《大正藏》無「亦」。【一二】「獦」，《大正藏》作「獵」。【一三】「罷」，《大正藏》作「羆」。【一四】「返」，《大正藏》作「反」。【一五】「爲」，《大正藏》作「有」。【一六】「有」，《大正藏》作「爲」。【一七】「初而」，《大正藏》作「而初」。【一八】「損」，《大正藏》作「頌」。【一九】「无損」，《大正藏》作「設無」。【二〇】「幢」，「巾」旁似「忄」。古人每如此。

堯憧示說於偈義亦云月云主為妙手句云為令重曰讚句云云
妙相為偈義元未云文見於書夜古因殊又讚顯並示等喻以
加至後半攝有喻說教宗一讚說宗同日光為喻顯法妙
法有經但無法又亦解曰從三道互異為建元所以等理讚
顯又以隨難名以安立諸力所後書二界顯及法以弟又云當
攝經及法論二品初出經少見元等文理雖然法又云宣有
廿七以上所攝經品云實境同所四本書三云是為東西
第五釋品以所以弟先說法說先實說覺持攝宗教和乃而在
物實暢陳說之所初名序之以之兒說以難正宗元見宗為
未果法陳宗以訓誨法說一宗為實明開二三達為攝之一實
而甚奇讚達顯二種而出顯發迹者揚智巧妙顯以根悟演論

嚴幢而說於偈。若尔，云何[一]言世尊妙相具？我今重問彼具足妙相尊偈答无盡意，文既相違，故知差舛。又彼經《藥草喻品》加其後半，論釋兩喻破執乘一，彼說乘同，日光爲喻，《正法》《妙法》兩經俱无，論又不解四從三迸，有爽通途无順成理，彼經又以《陁羅尼品》安在《神力品》後，違二本經及論次弟。又云：《冨樓那》及《法師》二品初皆脱少。既无成[二]文，理難依信。又云：合有廿七品，以《天授品》与《寶塔》同品，四本違三，寔爲未可。

弟五彰品次弟[三]，凡欲說法，必先警覺羣情，機集緣和，乃可應物宣暢。陳說之漸[四]，初名序品。序品既說，次辨正宗，衆既集而未開，須陳宗以訓誘，法說一乘爲實，略開二運爲權，言一實而導彼歸[五]途，顯二權而令斯返迹，智揚善巧，妙應上根，悟[六]演神

校注

【一】「何」下，《大正藏》有「偈」。【二】「成」，《大正藏》作「誠」。【三】「弟」下，《大正藏》有「者」。【四】「漸」，唐本「車」似「木」，釋從《大正藏》。【五】「歸」，唐本小字補。【六】「悟」，《大正藏》作「語」。

五四五

功，津冥[一]邃理，故次有《方便品》。上根領悟，仏重述成，方有授記，

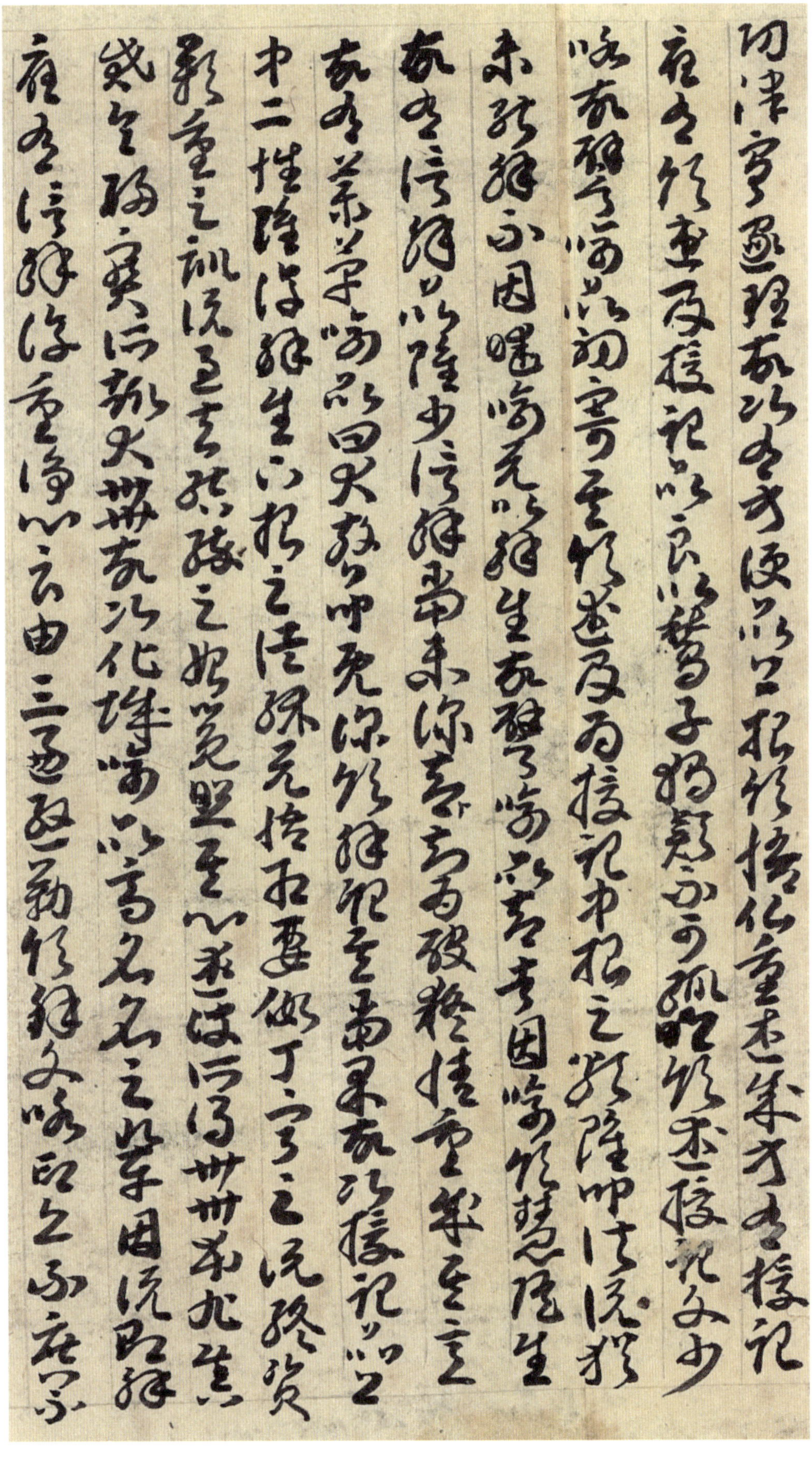

五四六 應有領、述及《授記品》，良以鶖子獨穎不可孤明，領述授記文少[二]
五四七 略故。《譬喻品》初寄其領、述及爲授記。中根之類雖聞法説，猶
五四八 未能解，不因曉喻无以解生，故〔有〕[三]《譬喻品》。智者因喻領慧隨生，
五四九 故有《信解品》。雖少信解，當[四]未深[五]知，爲破疑情，重成其意，
五五〇 故有《藥草喻品》。四大聲聞既深領解，記其當果，故次[六]《授記品》。上
五五一 中二性雖復解生，下根之徒緣[七]无悟相，要[八]假丁寧之説，終[九]資
五五二 歎[一〇]重之訓，説過去結緣之始覺照其心，述彼所得涅槃本非真
五五三 戚，令歸寶所趣大涅槃，故次[一一]《化城喻品》。高名[一二]之輩因説即解，
五五四 應有信解復重浄心，良由三遍慇勤[一三]，領解文略，印亦不廣，不

校注

【一】「㝠」，《大正藏》作「冥」，字同。【二】「少」，《大正藏》作「小」。【三】「有」，唐本無，據《大正藏》補。【四】「當」，《大正藏》作「尚」。【五】「深」下，唐本原有「智」，以「卜」字符删去。【六】「次」下，《大正藏》有「有」。【七】「緣」，《大正藏》作「猶」。【八】「要」，《大正藏》作「必」。【九】「終」，《大正藏》作「欣」。【一〇】「歎」，《大正藏》作「鄭」。【一一】「次」下，《大正藏》有「有」。【一二】「名」下，唐本原衍一「名」，據《大正藏》删去。【一三】「勤」，《大正藏》作「懃」，字同。

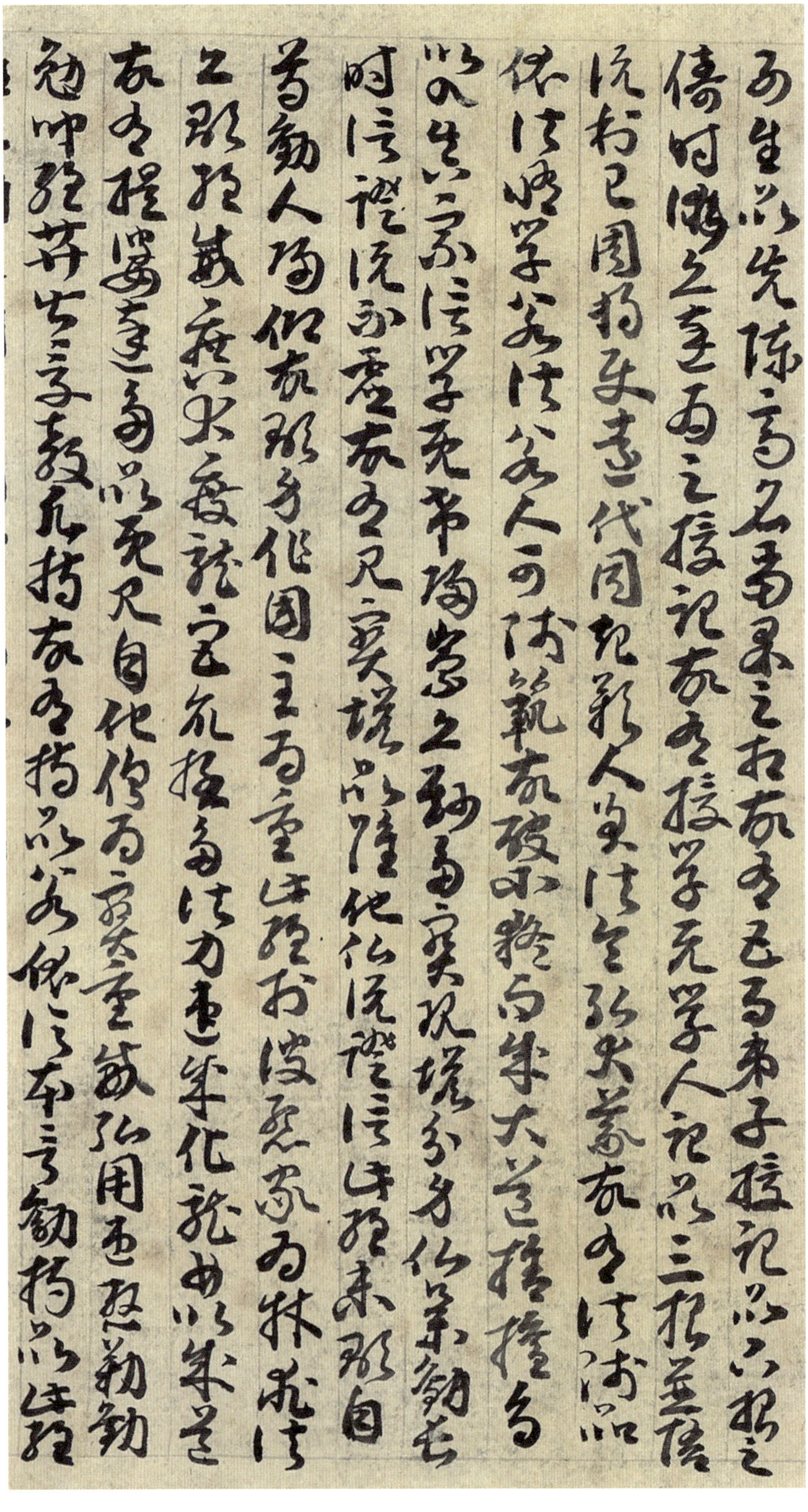

五五五

別生品。先陳高名當果之相，故有《五百弟子授記品》。下根[二]之儔時漸亦達，爲之授記，故有《授學无學人記品》。三根並悟，說利已周，將使遠代同起[二]，歎人美法，令弘大義，故有《法師品》。依法脩學，若法若人可師範[三]故，破小疑[四]而成大道，捨[五]權㫖以入真宗，信學既希，歸崇亦尠。多寶現塔，分身仏集，勸長時[六]信，證說不虛，故有《見寶塔品》。雖他仏說證信此經，未顯自尊勸人歸仰，故顯身作國主[七]，爲重此經，於彼惡家爲牀[八]求法，亦顯經威廣大，度龍宮衆極多，法力速成，化龍女以成道，故有《提婆達多品》。既見[九]自他俱爲寶重，威弘用速[一〇]，慇勤[一一]勸勉，聞經菩薩皆受教[一二]願持，故有《持品》。若依論本言《勸持品》，此經

校注

【一】「根」，《大正藏》作「位」。【二】「起」，《大正藏》作「規」。或係形訛，作「趣」，如《四明尊者教行録》卷五「九世往來，同趣一心」，《朝鮮寺刹史料》卷一「異代同趣」。【三】「範」，唐本右下作「几」，乃俗體。【四】「疑」，《大正藏》作「執」。【五】「捨」，《大正藏》作「會」。【六】「時」下，《大正藏》有「明」。【七】「主」，《大正藏》作「王」。【八】「牀」，《大正藏》作「床」，字同。【九】「見」，《大正藏》作「現」。【一〇】「速」，唐本「束」缺下撇捺，似「迎」。五六二行「速」少撇。釋皆從《大正藏》。【一一】「勤」，《大正藏》作「懃」，字同。【一二】「教」下，《大正藏》有「而」。

隨見勸學因方勸名之持者名勸持經之見要至於末代
以法為勸執據令未儀方之勸言暢法免為以自雜傷惡
次安樂行品八恒菩薩請娑婆世界已後持佛時示許明已於於弘書道
次六萬恒菩薩久離惡傷先佛弘宣勸發時會當衆明從地
踊出品從踊出品兄踊出恒代尚况生六父子少老難於釋加行化
今明遠近久等行化衆定凡少而疑行雜衆多如來壽
量品報佛之身現壽量而去意法身之體之才德以宣揚
衆菩薩加由等化發佛深妙聽法者為利益免弘功德元
量今明時衆得功德分別功德品以時宜分量隨己分
隨喜校隨喜福之示由衆隨喜功德以以傷人隨喜聞而獲福

雖[一]无勸字[二]，因前勸而令[三]持，故名勸持，理亦无爽。其有末代行法多趣[四]軌摸，今示儀方，令易宣暢，法既易行，自離傷毁，故有《安樂行品》。八恒菩薩聞妙道以願持，仏時不許，明已有於[五]弘者，遂有六万恒[六]菩薩久離毁傷先願弘宣，勸發時會，故明[七]《從地踊[八]出品》。衆見踊[九]出，謂此化而非真，父少子[一〇]老，疑非釋迦所化；今明我道久成，所化故宜非少[一一]，爲釋此疑難，故有《如來壽量品》。報仏之身現壽量而長遠，法身之體亦方便以宣揚，故知釋迦由來化質，仏德深妙，聞信者多，利益既弘，功德无量。今明時衆差别獲益，故有《分別功德品》。時宜所益雖已具陳，有能隨喜，福亦不少[一二]，故〔有〕[一三]《隨喜功德品》。傍人隨喜當[一四]獲福

校注

【一】「雖」，《大正藏》無。【二】「字」，《大正藏》無。【三】「令」，《大正藏》作「今」。【四】「趣」，《大正藏》作「越」。【五】「於」，《大正藏》作「持」。【六】「恒」下，《大正藏》有「沙」。【七】「明」，《大正藏》作「有」。【八】「踊」，《大正藏》作「涌」。【九】「踊」，《大正藏》作「涌」。【一〇】「少子」，唐本原作「子少」，中有倒乙符。【一一】「少」，《大正藏》作「小」。【一二】「少」，《大正藏》作「小」。【一三】「有」，唐本無，據《大正藏》補。【一四】「當」，《大正藏》作「尚」。

為正說之因聞功德除衆疑者是法功德以法持經是常作仏
彰法師者滅无量罪已而證故次常不輕菩薩品以如來勸流
通手傳為正之衆生雖得仏靈以顯已三示亦謙為何謂世衆生
證神力以示之故次如來神力以藥王菩薩殉節持經流
傳布勸勉時急故次藥王菩薩本事品依行正法持傳之者
出為藥王以持去弘揚故名妙音至化方傳揚故次妙音菩薩品
衆生持經為法難思德普示法門大悲救護故次觀世音
菩薩普門品雖念觀世音須人救護未持神呪作法加威衆生歸者
然重持經為衆集說故次陀羅尼品以持經之力亦為惡親
經福所資衆生發受邪見者今我正以勸弘於妙音故次妙莊
嚴王本事品以降法去他去此故次弘經來者以方化方便為勸勵故

五七五 多，正能宣闡功德弥衆，故有《法〔師〕[一]功德品》。法師持經必當作仏，
五七六 毁法師者獲罪无量，引已爲證故有《常不輕菩薩[二]品》。如來勸説
五七七 福事俱多，恐衆生疑謂仏虚唱，顯[三]已言不謬，何得誑汝衆生，
五七八 縱神力以示之，故有《如來神力品》。藥王昔者殉命持經，説
五七九 彼本緣勸勉時會，故有《藥王菩薩本事品》。流行正法此彼之土
五八〇 皆通，藥王以[四]此土弘[五]揚，故召妙音令他方傳授，故有《妙音菩薩品》。
五八一 衆生持經多諸鄣難，必假普示[六]法門大悲救護，故有《觀世音
五八二 普[七]門品》。雖念觀音憑人救難，未持神呪仰法加威[八]，欲令廣有
五八三 威靈，持經易可[九]成濟，故有《陁羅尼品》。持經之力不簡怨、親，
五八四 經福所資常生勝處[一〇]，欲明古今相即以勸弘於妙旨，故有《妙荘
五八五 嚴王本事品》。雖此土他土皆有弘經，未有此方他方俱爲勸勵，故

校注

【一】「師」，唐本無，據《大正藏》補。【二】「菩薩」，《大正藏》無。【三】「顯」上，《大正藏》有「欲」。【四】「以」，《大正藏》作「已」。【五】「弘」，《大正藏》作「加」。【六】「示」下，《大正藏》有「諸」。【七】「普」上，《大正藏》有「菩薩」。【八】「加威」，《大正藏》作「威加」。【九】「可」，《大正藏》作「所」。【一〇】「處」，《大正藏》作「所」。

是普賢菩薩勸發品讚勸受周化體已畢故勸付授流通故是

通故是囑累品以住說正法竟後說囑累以前後釋迦至次來為

神力品後即說囑累人情世體未顯通經　第六釋經

解文者古道法師云廿八品分為二分初之一品明如來現化

由序後廿七品顯正化序以除疑由正化明正教當宣

宣龍光公之意云故古之龍法師云初一品名序次十五品半名正

宗至分別功德品格量偈末以來明宗權宗之實宗權宗之實

為正宗宗放鶖子三請明宗權宗之實彌勒三請明方權方之實後

將來二者則中住壽量說緣功德元是後隨喜及六十一品名流通

分論說云初一品名序分次十九品名正宗分神力之下八品名流

有《普賢菩薩勸發品》。讚勸既周，化緣已畢，慇勤付授，遠使流通，故有《囑累品》。此依《正法花》及論《囑累品》居後，釋其次弟。若《神力品》後即説《囑累》，人情曲解未契通途[一]。弟六釋經本文者，古遵法師云：「廿八品分[二]爲二分[三]，初之一品明如來起化由序，餘廿七品辨其正化，《序品》陳其始由，正化明其利益，迄至經末皆有益故。」吉藏師云：「初一品名序[四]，次十五品半名正宗，至《分別功德品》初格量頌末以來，明乘權、乘實、身權、身實爲正宗。故鶖子三請明乘權、實，弥勒三請明身權、實。彼頌弟二長行聞此壽量信解功德无有限量，及下十一品名流通分。浄法師云：初一品名序分，次十九品名正宗，《神力[五]》下有八品名流

校注

【一】「途」下，《大正藏》有「也」。【二】「分」下，唐本原有「别」，以「卜」字符删去。【三】「分」，《大正藏》作「文」。【四】「序」下，《大正藏》有「分」。【五】「力」下，《大正藏》有「品」。

通除大時皆亦精至百由也是為二種謂一說名序分以八然名正
部正說一部積三根記根本所出為生已救若化彼二部生因
又有此部六云中此時中唯說一部而若於世有毀生之薄中乘六
說者從作實說大部教化又提婆達多所名積世自為一異說而
意部去有名子子者如請意說為說一部受正是雞部六
說一部但救為受者正部者為救為中無量世因隨後名二一
子去部微密顯並與普矣並之是亦說一部而救為有生根正
部六名亦名者道法服乃為稽首又爭究來了如有者積中說請
意或善法服於半八於半以為正部以法服於詞積雜現生凡靈
凡中說意者為因攝記有積於隨積現生或正石記說及又亦
記一部有九正部唯十九於物名係通讚禮意文部何生了有或初

五九六 通。」雖有此判，不釋其所由也。今爲二解：初一品名序分，次八品名正
五九七 宗，正說一乘，授三根記，根本所[一]爲皆已獲益，化彼二乘出濁
五九八 水故。此經下云：「今此經中唯說一乘，而昔於菩薩前毀呰聲聞樂小
五九九 法者，然仏實以大乘教化。」又《提婆達多品》：智積菩薩白多寶仏可
六〇〇 還本土。故知事了方始請還，明知說一乘處，正是經宗。若不
六〇一 說一乘但獲益[二]處皆正宗者，《普賢品》中无量菩薩得陁羅尼，三
六〇二 千世界微尘數菩薩行普賢道，亦是不說一乘而獲益故，皆應正
六〇三 宗。若尔，即古遵法[三]師乃爲指南。又事既未了，如何智積中路請
六〇四 還？或並《法師品》半八品半以[四]爲正宗，以《法師品》初授餘現坐[五]凡聖
六〇五 見聞隨喜者，當得[六]菩提記故。《持品》雖授現坐[七]比丘尼記，訖[八]，更不
六〇六 記[九]一乘，故非正宗。餘十九品揔[一〇]名流通，讃證受命付令行故。或初

校注

【一】「所」下，唐本原有「由」，以雙「卜」字符刪去。【二】「益」，唐本原作「兼」，據《大正藏》改。【三】「法」，《大正藏》無。【四】「以」，《大正藏》無。【五】「坐」，《大正藏》作「座」。【六】「得」，《大正藏》無。【七】「坐」，《大正藏》作「座」。【八】「訖」上，《大正藏》有「因請持經，佛便與記，仍言前已總與記」。【九】「記」，《大正藏》作「說」。【一〇】「揔」，唐本右部下少書「心」。

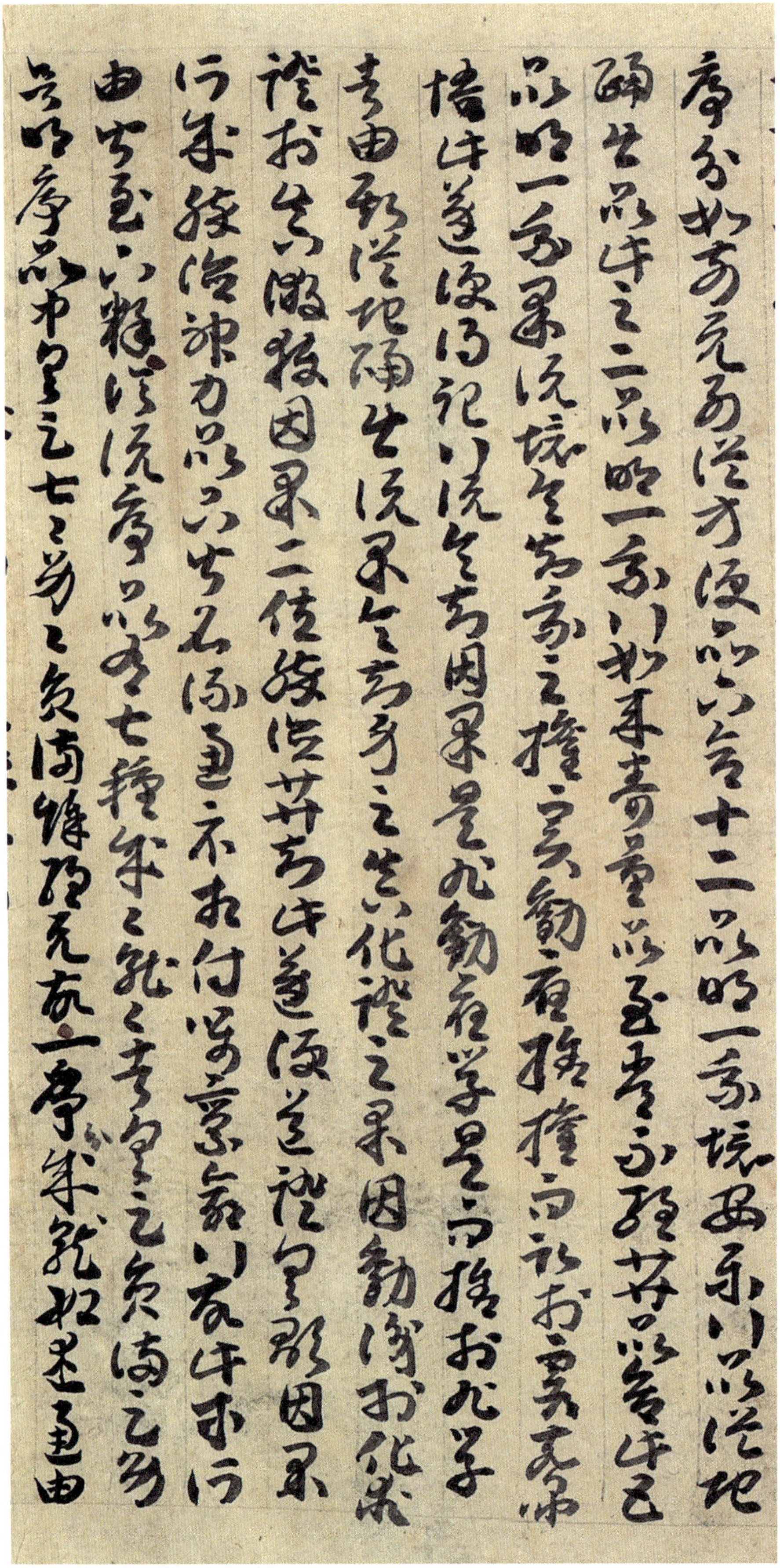

六〇七

序分如前无別，從《方便品》下[一]合十二品，明一乘境，《安樂行品》《從地踊[二]出品》此之二品，明一乘行，《如來壽量品[三]》至《常不輕菩薩[四]品》，合此五品，明[五]一乘果。説境令知乘之權實，勸應捨權而取於實，聲聞悟此遂便得記；説行[六]令知因果[七]是非，勸應學是而捨[八]於非，學者由斯從地踊[九]出，説果令知身之真化、證之果因，勸識於化，求證於真，微[一〇]獲因果二位勝德，菩薩知此遂便道證，具顯因果[一一]所成勝德。《神力品》下皆名流通，示相付囑，稟[一二]命行故，此等所由皆至下釋。論説《序品》有七種成就，成就者具足員[一三]滿之[一四]義，欲明《序品》[一五]中具足七義，七義員[一六]滿餘經无故。一序分[一七]成就，始述通由

校注

【一】「下」下，《大正藏》有「至持品」。【二】「踊」，《大正藏》作「湧」。【三】「品」下，《大正藏》有「下」。【四】「菩薩」，《大正藏》無。【五】「明」，《大正藏》作「説」。【六】「説行」，唐本原作「行説」，據《大正藏》改。【七】「果」，《大正藏》作「之」。【八】「捨」，《大正藏》作「除」。【九】「踊」，《大正藏》作「湧」。【一〇】「微」，《大正藏》作「漸」。【一一】「因果」，《大正藏》作「果因」。【一二】「稟」，唐本「亠」下「回」上有横三點，此形見於魏碑。【一三】「員」，《大正藏》作「圓」，古今字。【一四】「之」，唐本與「足」無異。釋從《大正藏》。【一五】「品」，《大正藏》無。【一六】「員」，《大正藏》作「圓」。【一七】「分」，唐本小字補寫。

皇負滿衆山峰負滿表勝修衆偏同序名處矣七字序了二衆
成就已大聲聞衆六是一數二行三攝功德成就四威儀如法住
負滿修修羅衆三如來欲說法時至成就為諸菩薩說大乘經
六是先說無量義是十七名修羅衆　四所依說法隨順
威儀住成就佛說此經已結跏趺坐六是依正定以身不動坐
自性三種法修羅兌　五依止說因成就爾時佛放眉間白光
六是凡聖之境行眼手生希有心修羅兌衆　六大衆
現前欲聞法成就爾時彌勒作是念此是瑞四一人多人念
中生希有心修羅兌衆　七文殊師利答成就能以宿命智
現見過去因果相成就十種事如現在事是故能答修

六一六 具員[一]滿故，山城員[二]滿表勝餘故偏得序名，實七皆序。二衆
六一七 成就，「与大比丘衆」下是，一數、二行、三攝功德成就[三]、四威儀如法住
六一八 員[四]滿，勝餘經故。三如來欲説法時至成就，「爲諸菩薩説大乘經」
六一九 下是，先説《无量義[五]》具十七名，勝餘經故。四所依説法隨順
六二〇 威儀住成就，「仏説此經已結跏趺坐」下是。依正[六]定、器、衆生世
六二一 間，此三種法餘經无[七]。五依止説因成就，「尒時仏放眉間白[八]光」
六二二 下是，見能照之[九]境、所照等事生希有心，餘經无故。六大衆[一〇]
六二三 現前欲聞法成就，「尒時弥勒[一一]作是念」下是，經[一二]問一人多人欲
六二四 聞生希有心，餘經无故。七者[一三]文殊師利答成就，以宿命智
六二五 現見過去因果相，成就十種事如現在前，是故能答，餘

校注

【一】「員」，《大正藏》作「圓」。【二】「員」，《大正藏》作「圓」。【三】「成就」，《大正藏》無。【四】「員」，《大正藏》作「圓」。【五】「義」下，《大正藏》有「經」。【六】「正」，《大正藏》作「止」。【七】「无」下，《大正藏》有「故」。【八】「白」，《大正藏》無。【九】「之」，《大正藏》作「照」。【一〇】「衆」下，《大正藏》有「生」。【一一】「勒」下，《大正藏》有「菩薩」。【一二】「經」，《大正藏》作「雖」。【一三】「者」，《大正藏》無。

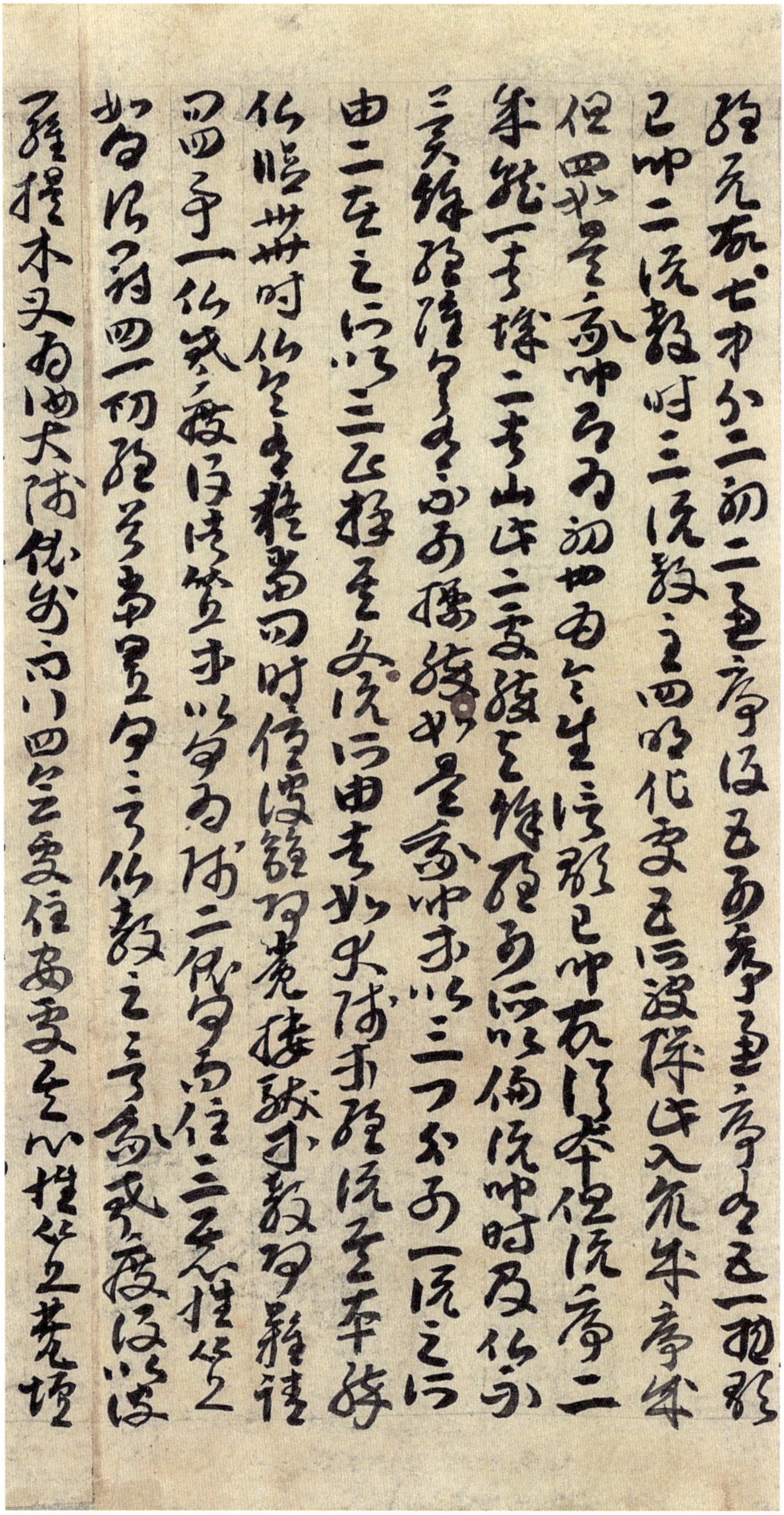

六二六 經无故。七中分二，初二通序，後五別序。通序有五：一摠顯

六二七 已聞，二說教時，三說教主，四明[二]化處，五所被機。此入衆成，序成

但四，「如是我聞」即爲初也，爲令生信顯已聞故。論本但説序二成就：一者城，二者山。此二處勝与餘經別，所以偏説；聞時及仏不異餘經，雖[二]具有不別標勝。「如是我聞」等，以三門分別：一説之所由，二立[三]之所以，三正釋其文。説所由者，如《大術》等經説其本緣[四]，仏臨涅槃時，仏令[五]有疑當問，時優波[六]離、阿嵬樓馱等[七]教阿難請問四事：一仏戚[八]度後諸比丘等以何[九]爲師，二依何而[一〇]住，三惡性比丘如何治罰，四一切經首當置何言。仏教之言[一一]：我戚[一二]度後，以波羅提木叉爲汝大師，依戒而行；四[一三]念處住安處其心；〔惡〕[一四]性比丘梵壇[一五]

校注

【一】「明」，《大正藏》作「所」。【二】「雖」下，《大正藏》有「經」。【三】「立」，唐本原作「在」，據六三七行及《大正藏》改。參見窺基《阿彌陀經通贊疏》卷上。【四】「如《大術》等經説其本緣」，唐本原作「如大師等經説其本勝」，據《大正藏》改。參見窺基《阿彌陀經通贊疏》卷上。【五】「令」，《大正藏》作「命」。【六】「波」，《大正藏》作「婆」。【七】「等」，《大正藏》無。【八】「戚」，《大正藏》作「滅」，字同。【九】「何」，《大正藏》作「誰」。【一〇】「而」，《大正藏》作「處」。【一一】「言」，《大正藏》作「云」。【一二】「戚」，《大正藏》作「滅」。【一三】「四」上，《大正藏》有「依」。【一四】「惡」，據《大正藏》補。參見窺基《阿彌陀經通贊疏》卷上。【一五】「壇」，《大正藏》作「檀」。「壇」，唐本右上少一點，魏碑已有此形。

法之菩提涅槃亦名真打量但涅槃擁亦一切種智等妙果如是妙
即求六度因雖然以菩提依佛教義流行由如所證流出之行
所以者何皆從生之法順所成者教行云如是妙即生法也法之文
等心生者也法為所入者為義法為入法之初至者為覺之
之言佛法諸行之理順之所詮資之道等由法成行流之法
出所順法由順成流顯二法所資建立智慧中修為十種一者
報種果之初因依仁王經求報至信之初因成世所以法為是義
初發現大菩提心始至十信現三賢勤大菩提心所生精進自在所以發
發為發心亦是正為為業發者報名法精進皆言之慧亦
報大乘云　清淨增上力堅固心發進　名為初時　元始三

治之，梵〔檀〕[一]默然故，不應打罵，但默擯故；一㓛經首當置「如是我聞」等言。後阿難結集還依仏教，廣説[二]所由如要疏[三]説。立之所以者，爲令衆生生信順故。《智度論》云：「如是我聞，生信也。信受奉[四]行，生智也。信爲能入，智爲〔能〕[五]度。信爲入法之初基，智爲究竟之玄術。信則所言之理順，順則師資之道成，由信故所説之法皆可順從，由順故説聽二徒師資建立。」於此經[六]中略爲十釋：一者[七]趣極果之初因，依《仁王經》等[八]趣聖位之初因，故卌[九]心以信爲首。冣初發起大菩提心須具十德起三妙觀，大菩提心以善根爲自體，以善發[一〇]爲緣，以不退屈而爲策發。善根即信、精進、念、定、慧。故《攝大乘》云：「清淨增上力，堅固心勝進，名菩薩初脩，无數三

校注

【一】「檀」，唐本無，據《大正藏》補。【二】「説」，《大正藏》作「述」。【三】「如要疏」，《大正藏》作「皆如經」。【四】「奉」，與「歳」之草書似混，唯少一點。【五】「能」，唐本無，據《大正藏》補。【六】「經」，《大正藏》作「信」。【七】「者」，《大正藏》無。【八】「經等」，《大正藏》作「等經」。【九】「卌」，《大正藏》作「四十」。【一〇】「發」，《大正藏》作「友」。本行第十一字《大正藏》作「發」，可互參。

六四六 大劫。」二[一]者[二]入諦理之鴻[三]基漸，諸聖教[四]説將入聖位有信

六四七 根、信力。有信〔根〕[五]故，万善因此而生；有信力故，四魔不能屈伏。由[六]

此

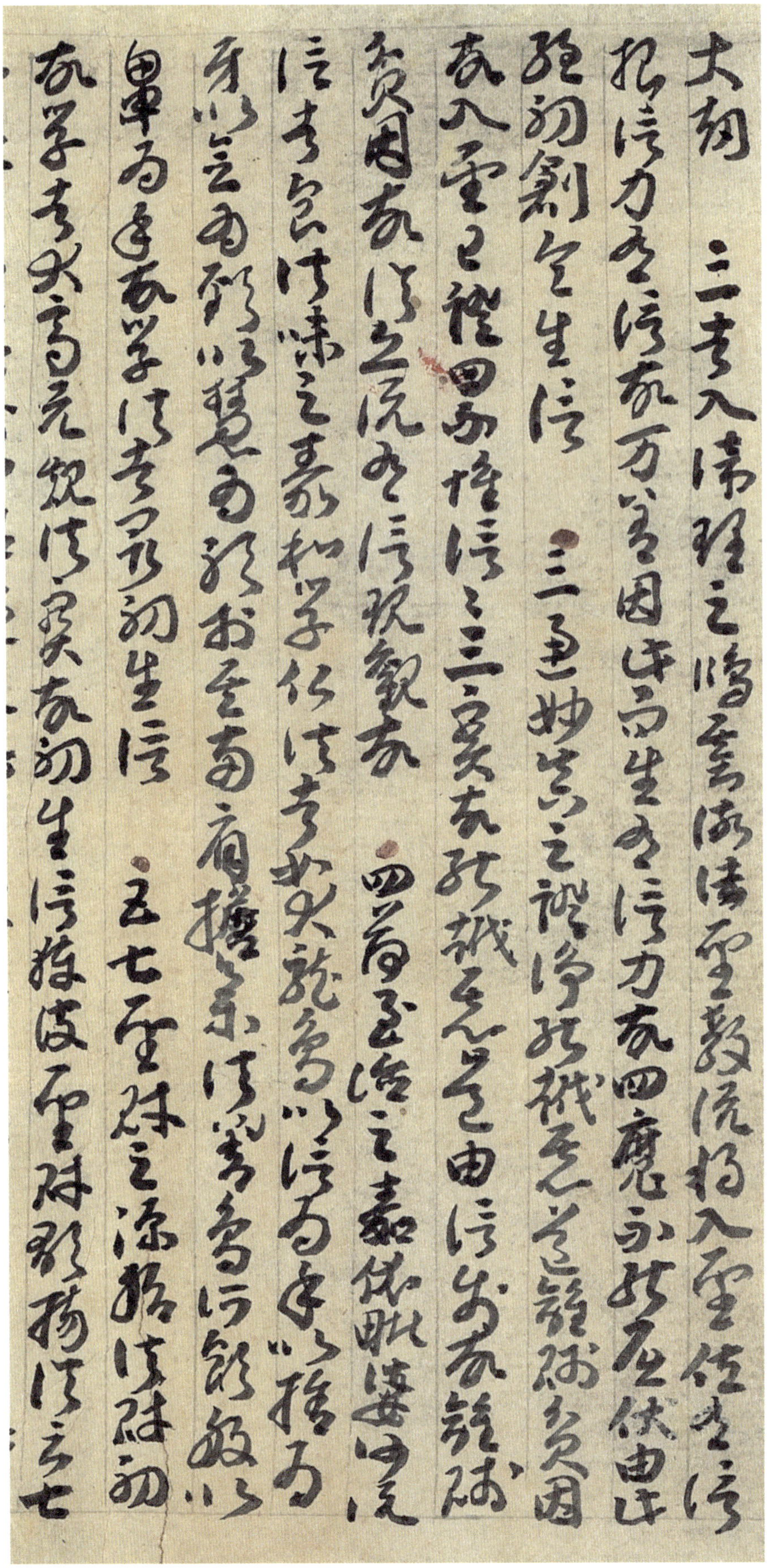

六四八 經初創令生信。三通妙真之證淨，能越惡道離賤貧因，

六四九 故入聖已證四不壞信。信三寶故能越惡道，由信戒故離賤

六五〇 貧因，故論亦説有信現觀故[七]。四荷至德之嘉[八]依，《毗婆沙》説

六五一 信者食法味之嘉和[九]，學仏法者如大龍象[一〇]，以信爲手，以捨爲

六五二 牙，以念爲頸，以慧爲頭[一一]，於其兩肩擔集善法[一二]。象所歓噉[一三]以

六五三 鼻爲手，故學[一四]法者寂初生信。五七聖[一五]財之源[一六]胎，法財初

六五四 故，學者大商[一七]，无[一八]規法寶，故初生信，獲彼聖財[一九]。《顯揚論》云：「七

校注

【一】「二」上，有一墨點。【二】「者」，《大正藏》無。【三】「鴻」，《大正藏》無。【四】「聖教」，《大正藏》作「論皆」。【五】「根」，唐本無，據《大正藏》補。【六】「由」，《大正藏》作「因」。【七】「故」，《大正藏》無。【八】「嘉」，《大正藏》作「喜」。【九】「和」，《大正藏》作「手」。【一〇】「象」，唐本因異體字「𧰼」與「鳥」形近而與「鳥」混。下行「象」字同此。【一一】「頭」，唐本左似「耳」或「身」，釋從《大正藏》。【一二】「善法」，唐本原作「法善」，中有倒乙符。【一三】「噉」，唐本原作「般」，據《大正藏》改。【一四】「學」下，《大正藏》有「佛」。【一五】「七聖」，《大正藏》作「聖七」。【一六】「源」，《大正藏》作「元」。【一七】「商」，從《大正藏》釋，此字與「高」「齊」易混。查《佛説阿彌陀經通贊疏》有：「學者大賣無規法寶教獲聖財，故初生信。」【一八】「无」，《大正藏》作「元」，寫卷「无、元」易混。【一九】「故初生信，獲彼聖財」，《大正藏》作「教獲聖財，故初生信」。參看前二釋。

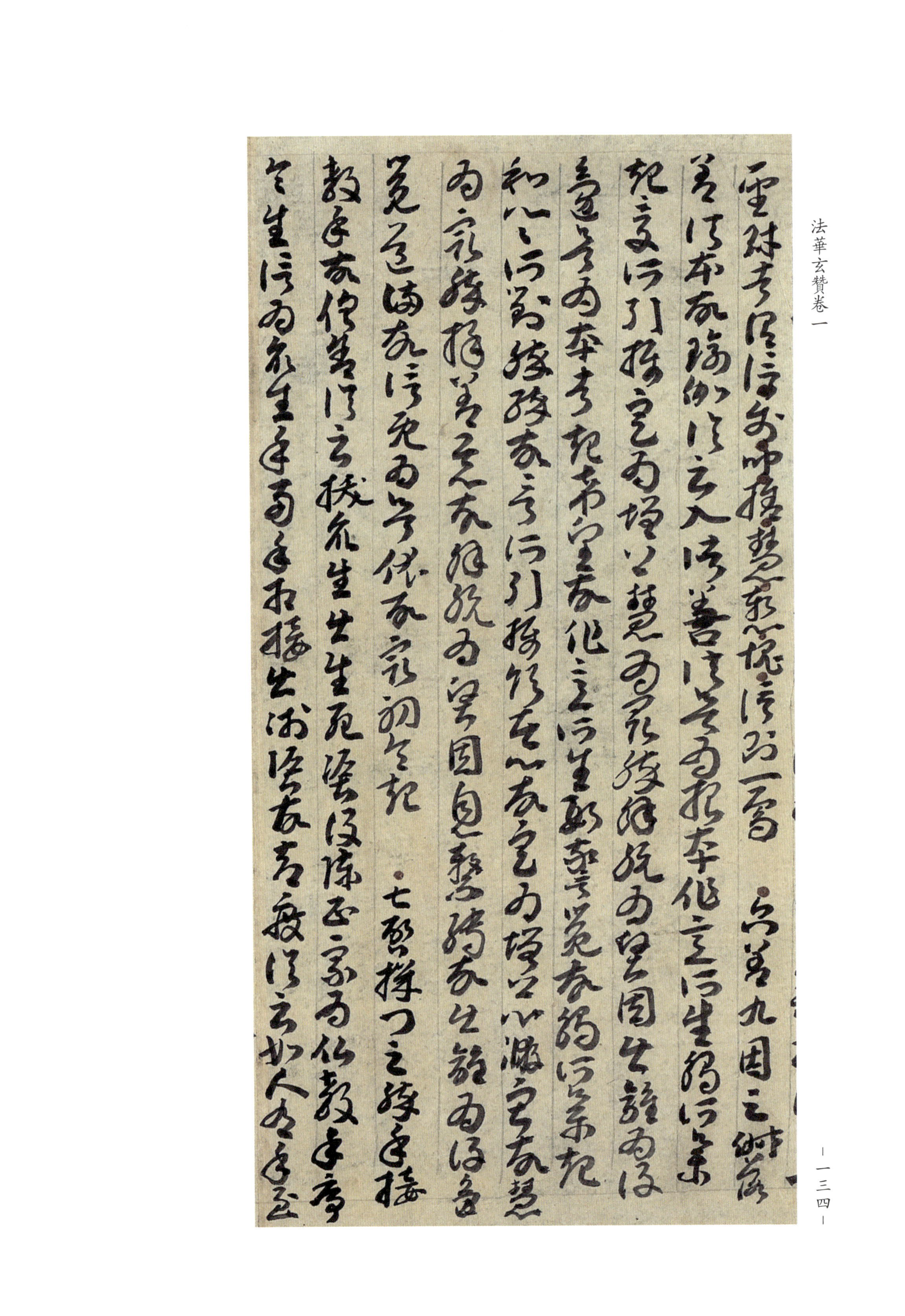

[illegible]

六五五 聖財者，謂信、戒、聞、捨、慧、慙[一]、愧，信則[二]一焉。六善九[三]因之俶
落[四]，
六五六 善法本故。」《瑜伽論》云：「入諸善法，欲爲根本、作意所生、觸所集
六五七 起、受所引攝、定爲增上、慧爲寂勝、解脱爲堅固、出離爲後
六五八 邊。欲爲本者，起希望故，作意所生，數警覺故，觸所集起，
六五九 和心心所對勝緣故，言[五]所引攝領在心故，定爲增上心微[六]寂故，慧
六六〇 爲寂勝擇善惡故，解脱爲堅固息繫[七]縛故，出離爲後邊
六六一 覺道滿故。」信既爲欲依，故寂初令起。七啓機門之勝手，接
六六二 教手故，《俱舍論》云「拔衆生出生死涅[八]」。後陳正宗爲仏教手，序
六六三 令生信爲衆生手，兩手相接出淤涅[九]故。《智[一〇]度論》云：「如人有手，至

校注

【一】「慙」，《大正藏》作「慚」，字同。【二】「則」，《大正藏》作「即」。【三】「九」，《大正藏》作「本」。【四】「俶落」，《大正藏》作「淑路」。【五】「言」，《大正藏》作「受」。【六】「微」，從《大正藏》釋。原字「氵」右加一竪，以補改。【七】「繫」，《大正藏》作「纏」。【八】「涅」，《大正藏》作「泥」，字同。「涅」下，《大正藏》有「又」。【九】「涅」，《大正藏》作「泥」，字同。【一〇】「智」上，《大正藏》有「又」。

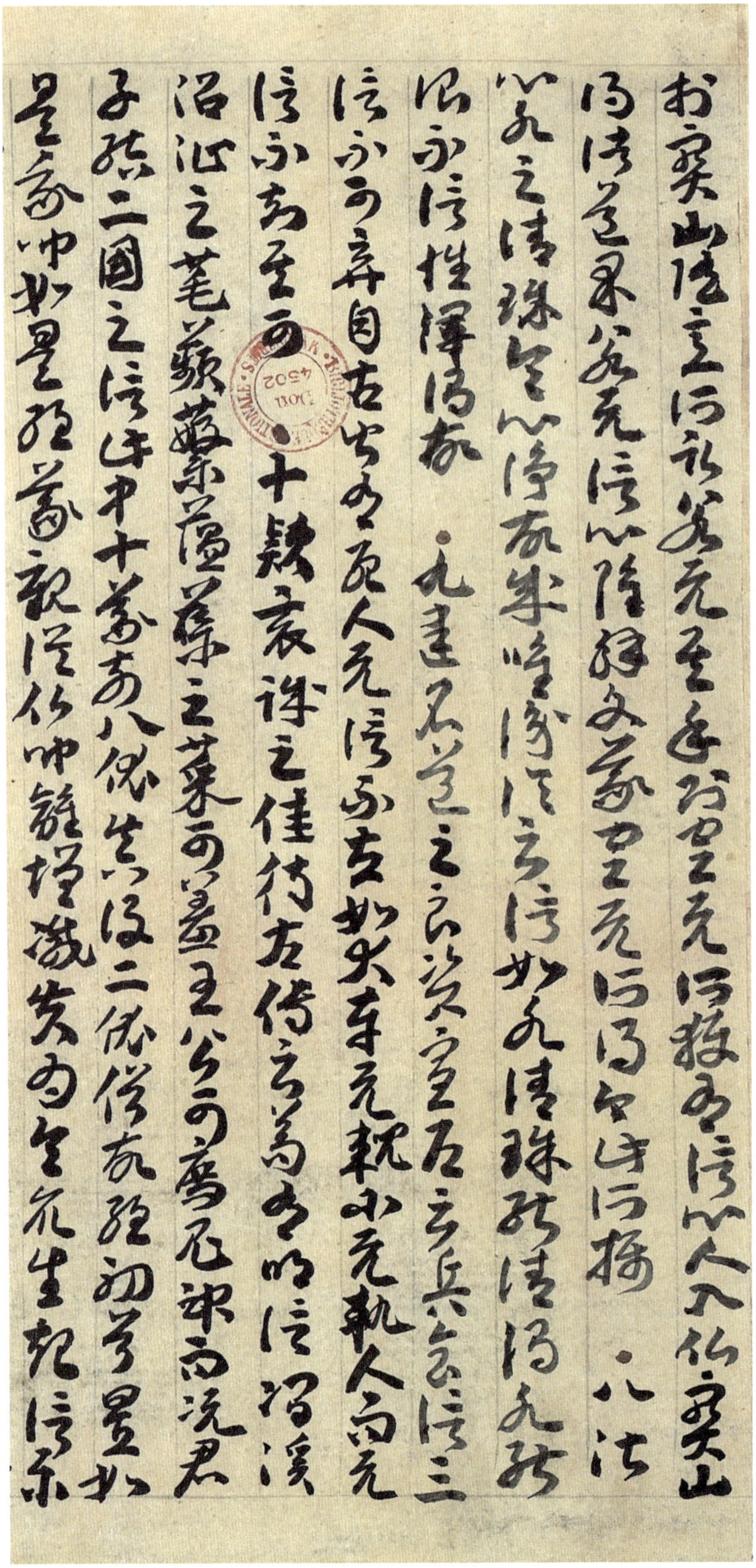

六六四 於寶山隨意所取，若无其[一]手則空无所獲[二]。」有信心人，入仏寶山

六六五 得諸道果，若无信心，雖解文義空无所得[三]。今此所攝[四]。八湛

六六六 心水之清珠，令心净故。《成唯識論[五]》云「信如水[六]珠能清濁水」，能

六六七 治不信性渾濁故。九建名道之良資，宣尼云：兵、食、信三，
六六八 信不可弃[七]，自古皆有死，人无信不立，如大車无輗小車无軏[八]，人而无
六六九 信不知其可。十欵衷[九]誠之佳待[一〇]，《左傳》云[一一]：「苟有明信，澗溪[一二]
六七〇 沼沚之芼[一三]、蘋蘩薀[一四]藻之菜，可羞公王，可廌[一五]鬼神，而況君
六七一 子結二國之信。」此中十義，前[一六]八依真，後二依俗，故經初[一七]首置「如
六七二 是」，我聞如是[一八]經義親從仏聞，離增減[一九]失，爲令衆生起信樂

校注

【一】「无其」，《大正藏》作「其无」。【二】「獲」，《大正藏》作「得」。【三】「得」，《大正藏》作「獲」。【四】「今此所攝」，《大正藏》無。【五】「論」，《大正藏》無。【六】「水」下，唐本原衍一「清」，據《成唯識論》刪去。【七】「弃」，《大正藏》作「棄」，字同。【八】「軏」，唐本如「軏」，依《論語》釋之。【九】「衷」，唐本原作「哀」，據《大正藏》改。參見斯〇〇四七《上生經疏隨新抄科文》：後款衷誠之佳待。「欵衷」，《大正藏》作「顯衷」。【一〇】「待」，《大正藏》作「傳」。【一一】「《左傳》云」，《大正藏》作「《春秋》言」。【一二】「澗溪」，《大正藏》作「𡾊嵠」，字同。【一三】「芼」，《大正藏》作「毛」。《左傳》作「毛」，古通。【一四】「薀」與「蘊」，在唐代寫卷中互通。《大正藏》作「蘊」，字同。【一五】「廌」，《大正藏》作「薦」，此句《大正藏》作「可薦鬼神可羞公王」。《左傳》作「可薦於鬼神，可羞於王公」。【一六】「前」，《大正藏》作「初」。【一七】「初」，《大正藏》無。【一八】「我聞如是」，《大正藏》無。【一九】「減」，《大正藏》作「減」，字同。

以明經字存　正釋經文者佛地論說如是之言依四義
轉一依譬喻如有說言如是富貴猶毗沙門如是所傳所說之
法如佛所說言無差異是爲所求方便之因義當所說如是
文句如爲善中二依教誨如有說言汝當如是讀誦經典中如是遠
所作之誨近所侍學者之教誨也義者時名如是當所爲善行
中三依問答如有問言當行說善言即於義以答言如是
義中　四依許可如說言爲當爲如是所思如是所作如是
所說經說業時諸菩薩生歎善哉三示如所作當如是說傳
諸菩薩便許可示如是當說如義所中哉諸可示是了如是經
如是諸爲善所中以了如是言以當說是無有差由四義故

六七三 心順[一]脩學故。正釋其文者，《仏地論》說：「如是之言，依四義
六七四 轉。一依譬喻，如有說言，如是冨[二]貴如毗沙門，如是所傳所聞之
六七五 法，如仏所說，定无有異，定爲利樂方便之因，或當所說如是
六七六 文句如我昔聞。二依教誨，如有說言，汝當[三]如是讀誦經論，此中『如是』，
遠
六七七 則仏之〔教〕[四]誨，近則傳法者之教誨也；或告時衆，如是當聽我昔所
六七八 聞。三依問[五]答，謂有問言：汝當所說昔定聞耶？故此答言『如是
六七九 我聞』。四依許可，如有說言：我當爲汝如是而思，如是而作，如是
六八〇 而說。謂結集時諸菩薩衆[六]咸共請言：如汝所聞，當如是說。傳
六八一 法菩薩便許可言：如是當說如我所聞。或信可言：是事如是，謂
六八二 如是法我昔所聞，此事如是，齊此當說定无有異。」由四義故，

校注

【一】「順」下，唐本原有「隨」，以「卜」字符刪去。【二】「冨」，《大正藏》作「富」，字同。【三】「汝當」，唐本小字補。【四】「教」，唐本無，據《大正藏》補。【五】「問」下，唐本有「而」，塗刪。【六】「衆」下，唐本原有「生」，以「卜」字符刪去，並點刪。

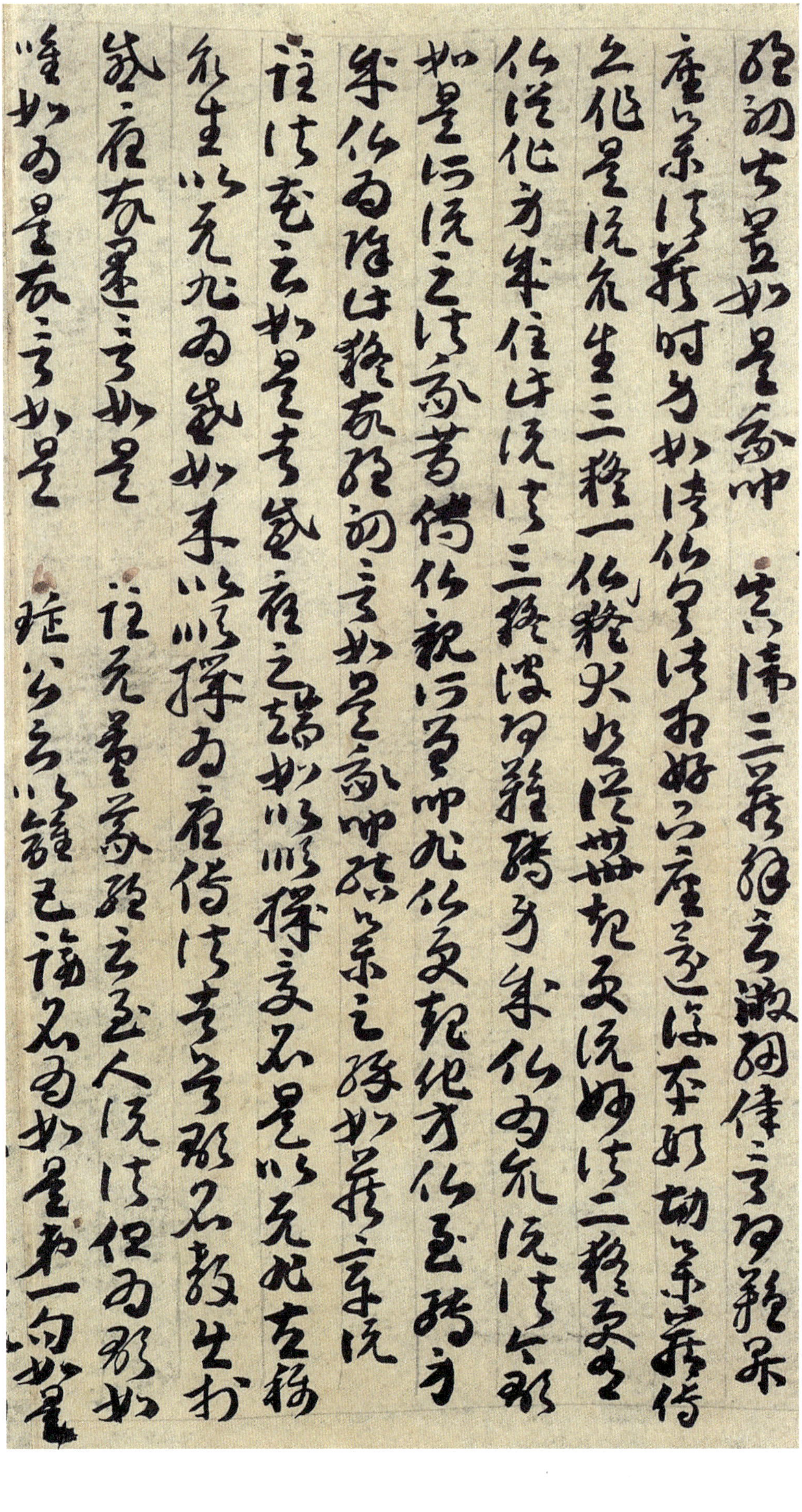

六八三

經初皆置「如是我聞」。真諦三藏解[一]云：「微細律言[二]，阿難昇

六八四 座集法藏時，身如諸仏具諸相好，下座[三]還復本形，勘集藏傳
六八五 亦作是説。衆生三疑：一疑仏[四]大悲從涅槃起更説妙法，二疑更有
六八六 仏從化身成[五]住此説法，三疑彼阿難轉身成仏爲衆説法。今顯
六八七 如是所説之法，我昔侍[六]仏親所曾聞，非仏更起、他方仏至、轉身
六八八 成仏。爲除此疑，故經初言『如是我聞』。」結集之縁如藏章説。
六八九 《註[七]法花》云：「如是者感應之瑞[八]，如以順機受名，是以无非立稱。
六九〇 衆生以无非爲感，如來以順機爲應，傳法[九]者欲顯名教出於
六九一 感應，故建[一〇]言如是。」《註[一一]无量義經[一二]》云：「至人説法但爲顯如，
六九二 唯如爲是，故言如是。」琁[一三]公云：「以離五謗名爲如是。弟一句，如是

校注

【一】「解」，《大正藏》無。【二】「言」，《大正藏》作「明」。【三】「座」下，《大正藏》有「之時」。【四】「疑仏」，唐本原作「仏疑」，中有倒乙符。【五】「化身成」，《大正藏》作「他方來」。【六】「侍」，右上「土」用粗筆作一横。【七】「註」，《大正藏》作「注」。【八】「瑞」，唐本原作「端」，據《大正藏》改。參見窺基《大般若波羅蜜多經般若理趣分述讚》卷一。【九】「法」，《大正藏》作「經」。【一〇】「建」，唐本似「逮」，小訛，從《大正藏》釋。【一一】「註」，《大正藏》作「注」。【一二】「經」，《大正藏》無。【一三「琁」，《大正藏》作「寶」，字同。

此能雜染之境名論　第二句如是此能雜染無性識論

第三句如是此能雜染之本無有盡論　第四句如是此能雜染（第四句如是此雜染非有非無思議論）

九之至九之無戲論　無色法依云如是始備行中所那乃示一

報也如是一報能發觀諸依中名為分中作浮徹云　緣起第

云如是如報之義是依他起報云如是　其下三義云如是

第三三能依三世法依他起亦是果名如所圓成實報是二能依

清淨果報亦生亦是果報名為如是三圓成實報為是三能依

此引雜中望依他起行清亦是果報名為如是能為九報報為

是由此圓成報體無漏行清亦是果報前所依今十一云報

同前中有情清淨自稱已身亦如是清報從依他中報名為中

此經離執[一]有增益謗。弟二句，如是此經離執无損減謗。弟三句，如是此經離執亦有亦无相違謗。弟四句，如是此經離執非有非无愚癡謗[二]。弟五句，如是此經離執非非有非非无戲論謗。」光宅法師[三]云：「『如是』，將傳所聞前，題[四]乑一部也。如是一部經，我[五]親從仏聞，即爲『我聞』作呼轍耳。」梁武帝云：「如是，如斯之義，是仏所説故言如是。」長耳三藏云：「如是有三：一就仏，三世諸仏共説不異名如，以同説故稱是。二就法，諸法實相古今不異故名爲如，如如[六]而説故稱爲是。三就僧，以阿難聞望仏本教，所傳不異故名爲如，永離過非故稱爲是。」由此同説，稱理无謬，所傳不異故經可信。以上合有一十[七]五釋。

言「我聞」者，傳法菩薩自指己身，言如是法親從仏聞，故名我聞。[八]

校注

【一】「執」，唐本原作「疑」，據《大正藏》改。【二】「弟四句，如是此經離執非有非无愚癡謗」，唐本小字補。【三】「法師」，《大正藏》無。【四】「題」，唐本原作「顯」，據《大正藏》改。【五】「我」，唐本原作「義」，據《大正藏》改。【六】「如如」，《大正藏》作「爲如」。【七】「一十」，唐本原作「十一」，中有倒乙符。【八】「聞」下，《大正藏》有「非謂我者定屬一人」。

義所得法證無上修證義者　三一無所行義所證之求行攝
計義　三一切施設義謂大菩薩不以淨者爲證二義離諸施設
三種無上法布義謂無上行無倚天種捨棄合修行者修證無上國
攝攝義爲因爲二所是無義之大義也　四法依說法本降
義種自有亦攝無義中乃六義中說有四無一三說勝有分
說無義至無受義有於說隆　二所有自有　三種無義布云
無義者爲證勝等　四者自化法因果等業求有所攝義
由所以之自有亦攝名二字但攝義能　說者三二義一不亦證修
義隨說生死等亦所修隨說好之義所說隨生死佛亦說
修有二義者至之業自在之義者三所說一所雜之業者

七〇三 「我」謂諸蕴世俗假者，然「我」有三：一妄所執我，謂外道等所横
七〇四 計我；二假施設我，謂大涅槃樂、浄、常、我，除二乘倒[一]，强施設故。
七〇五 三隨[二]世流布我，謂世所[三]共傳天授、祠授等。今傳法者隨順世間自
七〇六 指[四]稱我，不同前二，即是无我之大我也。問：諸仏説法本除
七〇七 我執，何故不稱无我聞[五]，乃言我聞？答：有四義。一言説易故，若
七〇八 説无我通蕴處界，知此説誰。二順世間故。三除无我怖[六]，言
七〇九 无我者，爲誰脩學？四有自他、滿[七]、因果、事業等故，所以稱我。
七一〇 問：若尔，何故不稱名字但稱我耶？答：有三義。一示不乖[八]俗，
七一一 宗雖顯真，序[九]不乖俗，理雖顯妙，言不乖麁，欲顯真諦不離
七一二 俗故。二我者主宰自在之義[一〇]。有三阿難：一阿難〔陀〕[一一]，云慶喜，

校注

【一】「乘倒」，唐本原作「我到」，據《大正藏》改。【二】「隨」，《大正藏》無。【三】「所」，《大正藏》無。【四】「自指」，《大正藏》作「指自」。【五】「聞」，《大正藏》無。【六】「怖」下，《大正藏》有「故」。【七】「滿」，《大正藏》作「染浄」。【八】「乖」，唐本右多一點似「求」，然右下「匕」形明確。釋從《大正藏》作「乖」。【九】「序」，《大正藏》作「語」。【一〇】「義」下，《大正藏》有「集法傳云」。

【一一】「陁」，唐本無，據《大正藏》補。

七三

持聲聞藏；二阿難跋陁，云喜賢，持獨覺藏；三阿難伽羅，云喜

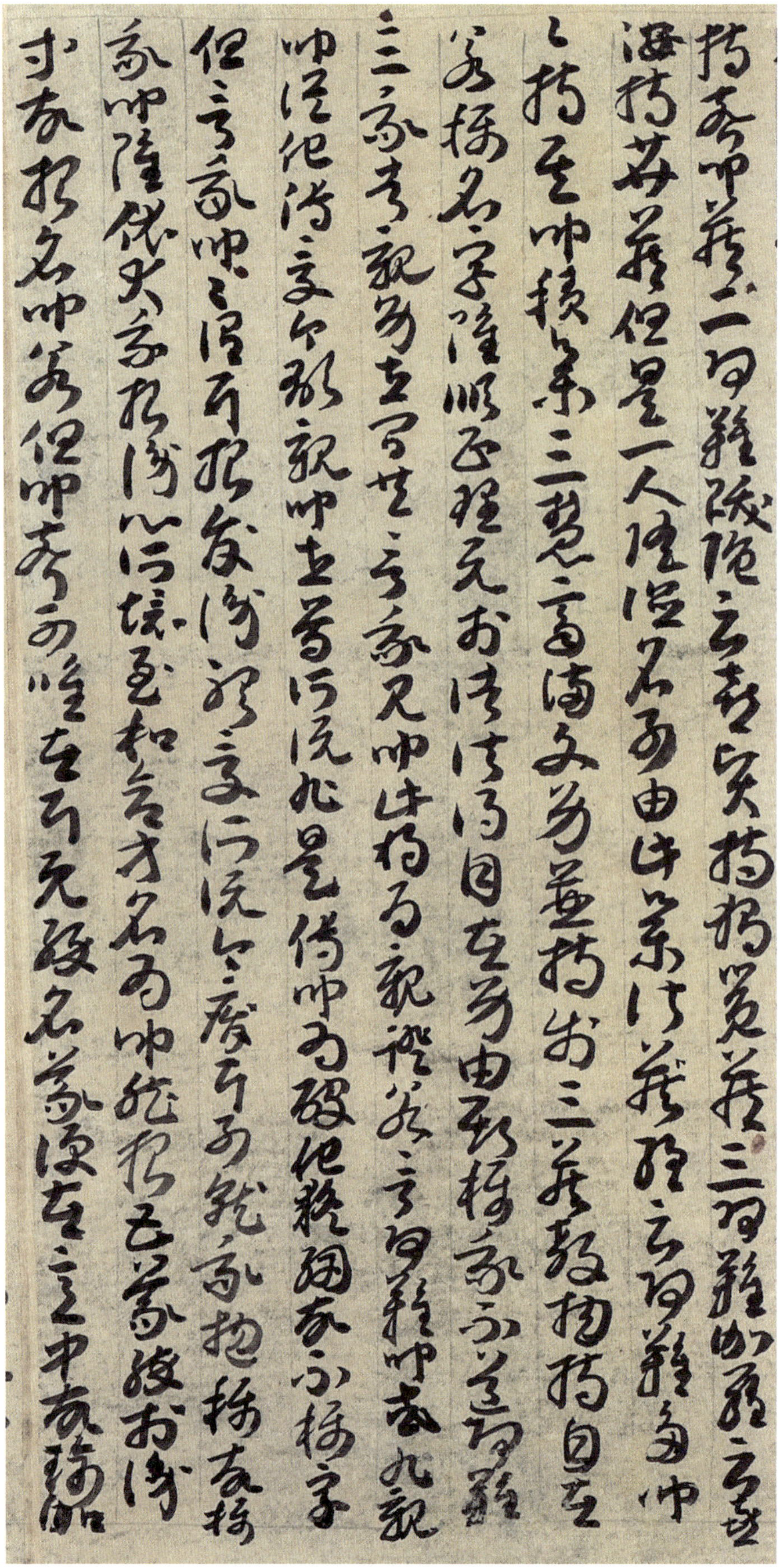

七一四　海，持菩薩藏。但是一人，隨德名別。由此集法經云[一]阿難，多聞、
七一五　聞持、其聞積集，三慧齊備[二]，文義並持，於[三]三藏教總持自在，
七一六　若稱名字，雖順正理，无於諸法得自在義。由斯稱我，不道阿難。
七一七　三我者親義，世間共言我見、聞[四]，此將爲親證。若言阿難聞，或非親
七一八　聞從他傳受，今顯親聞世尊所説，非是傳聞，爲[五]破他疑絧[六]，故不稱字，
七一九　但言我聞。聞謂耳根發識聽受所説。今廢耳別，就我揔[七]稱，故稱[八]
七二〇　我聞。雖依大乘根、識、心所[九]境至[一〇]和合方名爲聞，然根五義勝於識
七二一　等，故根名聞[一一]。若但聞聲，可唯在耳，无[一二]緣名義，便在意中。故《瑜伽》

校注

【一】「此集法經云」，《大正藏》作「是」。「法」下，唐本原有「藏」，以「卜」字符删去。【二】「備」，依《大正藏》釋，唐本似「滿」，草書「備」「滿」易混。【三】「於」，唐本原作「戒」，據《大正藏》改。【四】「聞」上，《大正藏》有「我」。【五】「爲」，《大正藏》無。【六】「絧」，《大正藏》作「網」，字同。【七】「揔」，《大正藏》作「總」，字同。【八】「稱」，《大正藏》作「云」。【九】「所」下，《大正藏》有「對」。【一〇】「至」，《大正藏》無。【一一】「聞」下，《大正藏》有「根五義者，所謂依、發、屬、助、如根。如根者，如根明昧識亦明昧」。【一二】「无」，《大正藏》作「既」。

言中得比量所名中者親中所證是二言為了言之才中前以二為
了量所立根因中所緣根名為中疏所立言根名為中因業苦
乎時親之見覺者行說自本但言義中亦言義見者若之三為
一乎證深理要先中法名者論為九見量色者真二乎為以為
者即為佛乎者為行依名者即亦三帝證菩提要中重習由中
熏習集生立本由外種菩亦說見覺者唯說義中種二義乎
時之見佛說法雖佛者以覺以者即為佛乎亦言見者所生為弟
在生亦為　即為佛說法亦言義於中即為佛亦說亦言義中於
若為二種一者龍軍等言佛唯有三法謂大定智悲無
聲等亦說法由佛本願力衆生機感文義相生文
為相雖親依自識為根力現似說法影像名為佛說本見機言陀羅

言：「聞謂比量。」耳[一]名聞者，親聞於聲，与意爲門意方聞故，以二爲門熏習在捴，因聞所成捴名爲聞，癈[二]別耳、意捴名我聞。問：慶喜于時親亦見覺知[三]所說，何故但言我聞不言我見等？答：有三義。一欲證深理要先聞法，名等詮義，非見[四]色等故。二此界以音[五]聲而爲仏事，聲爲所依名等有故。三希證菩提要聞熏習，由聞熏習成出世故。由斯經首不說見、覺、知，唯說我聞。據實于時亦見仏說，諸餘仏土以光明等而爲仏事，可言見等，於此義中應生分別。問：爲仏說法言我能聞，爲仏不說言我聞耶？答：有二解。一者龍軍等言：「仏唯有三法，謂大定、智、悲。久離戲論曾不說法，由仏慈悲本願緣力，衆生識上文義相生[六]，此文義相雖親依自善根力起，而就强緣名爲仏說[七]。故无性云：隨墮

校注

【一】「耳」下，《大正藏》有「根」。【二】「癈」與「廢」古通假，别不再注。【三】「知」下，《大正藏》有「佛」。【四】「見」下，唐本原有「重」，以雙「卜」字符删去。《大正藏》無「見重」。【五】「音」，《大正藏》無。【六】「生」，唐本小楷補。【七】「説」下，《大正藏》有「由耳根力及自意變故名我聞，以爲體性」。

八地中者謂以音聲九十直說默然顯現以為體性復自離云從示
云何菩薩能說法時初云菩薩此是何已能善入大衆菩薩為顯大衆
體大衆說攝大衆以之為依離從復自在復攝以生衆依是說
聲如文求攝以力衆生故夢中聞法既求衆體之言如從衆義
路逕菩薩於蚕車等可說一二字如大鷁搖子生覺雅二音觀先
求三了佛身皇色之者遍雲覆衆求由雜不可名義識法者亦說
法名義識法得是中者皆攝果然移乃如是法以文義由生此
文義由是佛於他是攝所說名為佛說中者法以陰示觀所能
以復和合所現攝衆名義中者觀說云得餘由攝法更可衆
生餘由攝更可法生復此五可攝以移衆由此攝說衆何說法

八時，聞者識上，直[一]非直說，聚集顯現，以爲體性。彼自難云：若尒，云何菩薩能說？彼論初言：薄伽梵前，已能善入大乘菩薩，爲顯大乘體大，故說《攝大乘品》，亦[二]爲此難。論後[三]自答：彼增上生故作是說，譬如天等增上力故，令於夢中得論呪等，故經亦言：始從成道終至涅槃，於其中間不說一字。如母嚙[四]指，子生喚[五]解。」二者親光等言：「仏身具足[六]有蘊、處、界等，由離分別名无戲論，豈不說法名无戲論？謂宜聞者善根本願緣力，如來識上文義相生，此文義相是仏利他善根所起，名爲仏說，聞者識上雖不親得，然似彼相分明顯現，故名我聞。」世親說言：「謂餘相續識差別故，令餘相續差別識生。彼此互爲增上緣故。」由此經說：「我所說法

校注

【一】「直」，唐本原作「會」，據《大正藏》改。見《攝大乘論》。【二】「亦」，《大正藏》作「故」。【三】「後」，《大正藏》作「復」。

【四】「嚙」，《大正藏》作「齒」。【五】「喚」，字同「喚」。【六】「足」，《大正藏》無。

如手中葉未說何法如林中葉如來若天鼓無思而化故非中
二緣說法句文殊之緣雖在先說非如是義中言雖遇增減蒙
分道成如是法義從佛口化居勝報不即者不行故於法
其所即其雖增減蒙分道成現思失無所持於法中成不
所雖增減蒙分勝果法時傳佛教者依如來教初說時
言而令眾生慕求信受言如是法我從佛聞文義決定無
所增減是故眾生深信受已如理思惟當勤修學　經一時
贊曰有二說一說教時分也此下二義一會法王所化根機緣熟說
聽事訖總名一時二說者說者其根智遲速時分無定立一時
機感應化時無別故
　初說能聽根熟無所說說究竟然

七四三 如手中葉，未所說[一]法如林中葉」，如末尼天鼓无思而作[二]故。此中
七四四 二解隨彼兩文，綺互解釋。應知說此「如是我聞」，意避增減異
七四五 分過失，謂如是法，我從仏聞，非他展轉顯示。聞者有所堪能，諸
七四六 有所聞皆離增減異分過失，非[三]愚夫无所堪能。諸有〔所〕[四]聞或不[五]
七四七 能離增減異分，結集法時傳仏教者，依如來教初說此
七四八 言，爲令衆生恭敬信受，言如是法我從仏聞，文義決定无
七四九 所增減，是故聞者應正聞已，如理思惟當勤脩學。經「一時」。
七五〇 賛曰：弟二說教時分也。此有二義：一法王啓化，機噐[六]咸集，說
七五一 聽事說，揔名一時；二說者、聽者共相會遇，時分无別，故言一時，
七五二 機感、應化時无別故。初就剎[七]那相續无斷說、聽，究竟假名

校注

【一】「所說」，唐本原作「說所」，中有倒乙符。【二】「作」下，《大正藏》有「事」。【三】「非」下，《大正藏》有「如」。【四】「所」，唐本無，據《大正藏》補。【五】「不」，唐本原作「分」，據《大正藏》改。見《佛地經論》。【六】「噐」，同「器」。字形始見居延漢簡。【七】「剎」，《大正藏》作「刹」，字同。《龍龕手鏡·刀部》：「剎俗。刹正」。然依余所見唐人寫卷皆作「剎」。

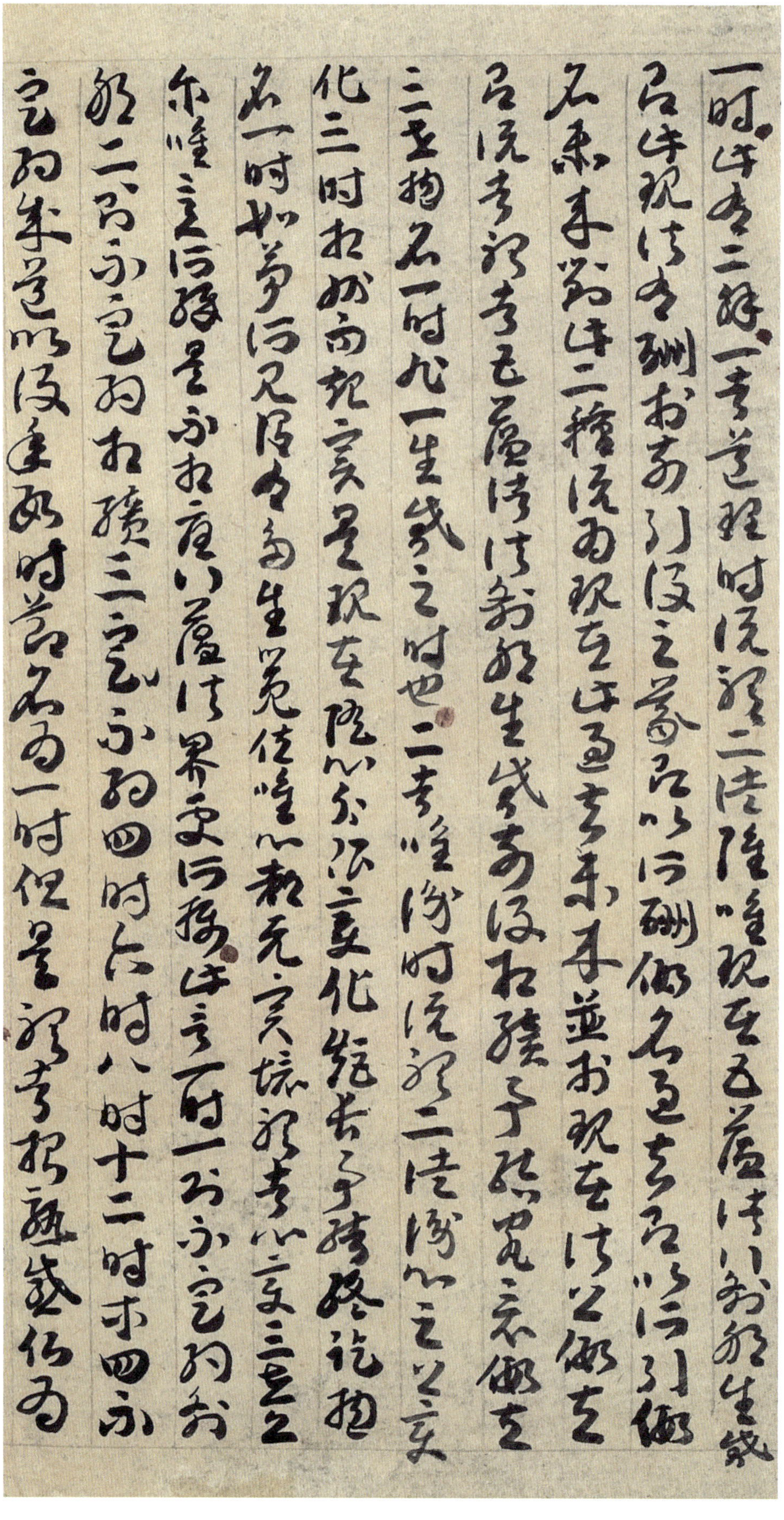

七五三

「一時」。此有二解。一者道理時，說、聽二徒雖唯現在，五蘊諸行刹那生滅，即此現法有酬於前引後之義，即以所酬假名過去，即以所引假名未來，對此二種説爲現在，此過去[一]未來[二]並於現在法上假立，即説者[三]、聽者五蘊諸法刹那生威前後相續，事緒[四]究竟假立三世，揔名一時，非一生威之[五]時也。二者唯識時，説、聽二徒識心之上變化[六]三時相狀而起，實是現在，隨心分限變化[七]短[八]長，事緒終訖，揔名一時。如夢所見，謂有多生，覺位唯心，都无實境。聽者心變三世亦尔，唯意所緣，是不相應行藴，法界[九]處所攝。此言一時，一則不定約刹那，二則不定約相續，三[一〇]不定[一一]約四時六時八時十二時等，四[一二]不定約成道以[一三]後年數時節名爲一時，但是聽者根熟，感仏爲

校注

【一】「去」，《大正藏》無。【二】「來」，《大正藏》作「世」。【三】「者」，《大正藏》無。【四】「緒」，唐本原作「結」，據《大正藏》改。

【五】「之」下，《大正藏》有「一」。【六】「化」，《大正藏》作「作」。【七】「化」，《大正藏》作「作」。【八】「短」，唐本原作「矩」，據《大正藏》改。此字後見七六四、七六八、七六九行，推想係因「短」之異體字「⿰矢白」与「矩」形近而訛。唯七七三行「短」字，始合草法。

【九】「界」下，《大正藏》有「法」。【一〇】「三」下，《大正藏》有「則」。【一一】「不定」，唐本原作「定不」，中有倒乙符。【一二】「四」下，《大正藏》有「則」。【一三】「以」，《大正藏》作「已」。

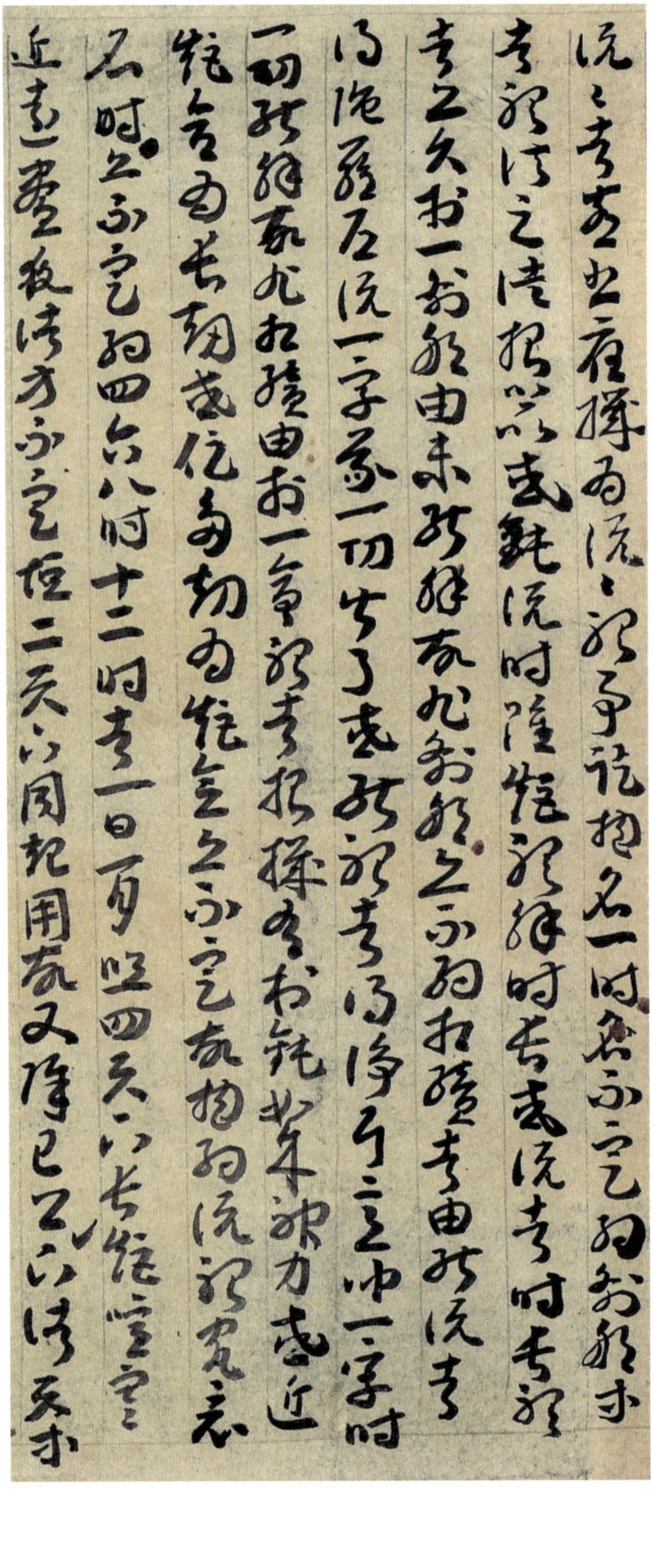

七六三 說，說者慈悲，應機爲說[一]，說、聽事訖，揔名一時。不[二]定約剎那等

七六四 者，聽法之徒根器或鈍，說時雖短[三]，聽解時長，或說者時長，聽

七六五 者亦久，於一剎那由[四]未能解，故非剎那。亦不[五]約相續者，由能說者

七六六 得陁羅尼，說一字義一切皆了，或能聽者得淨耳、意，聞一字時

七六七 一阞能解，故非相續。由於一會聽者根機有利[六]鈍，如來神力或延[七]

七六八 短[八]合[九]爲長刧，或促多刧[一〇]爲短[一一]念，亦不定故，揔約說、聽究竟

七六九 名[一二]時。亦不定約四[一三]六[一四]八時十二時者，一日、一月照四天下，長短[一五]、

暄[一六]寒、

七七〇 近遠、晝夜諸方不定，恒二天下同起用故。又除已下上[一七]諸天等，

校注

【一】「說」，《大正藏》作「談」。【二】「不」上，唐本原有「名」，以「卜」字符刪去。又朱筆點之。【三】「短」，唐本原作「矩」，據《大正藏》、《說無垢稱經疏》卷一改。【四】「由」，《大正藏》作「猶」。【五】「不」下，《大正藏》有「定」。【六】「利」下，《大正藏》有「有」。【七】「延」，唐本原作「近」，據《大正藏》、《觀彌勒上生兜率天經贊》卷一、《圓覺經大疏釋義鈔》卷四改。【八】「短」，唐本原作「矩」，據《大正藏》、《觀彌勒上生兜率天經贊》卷一、《圓覺經大疏釋義鈔》卷四改。【九】「合」，《大正藏》作「念」。草書易混。【一〇】「刧」，《大正藏》作「劫」，字同。異體字「刧」「刦」。「刧」見本行。【一一】「短」，唐本原作「矩」，據《大正藏》、《觀彌勒上生兜率天經贊》卷一、《圓覺經大疏釋義鈔》卷四改。【一二】「名」下，《大正藏》有「爲一」。【一三】「四」下，《大正藏》有「時」。【一四】「六」下，《大正藏》有「時」。【一五】「短」，唐本原作「矩」，據《大正藏》、《說無垢稱經疏》卷一改。【一六】「暄」，唐本原作「喧」，據《大正藏》改。【一七】「下上」，唐本原作「上下」，中有倒乙符。

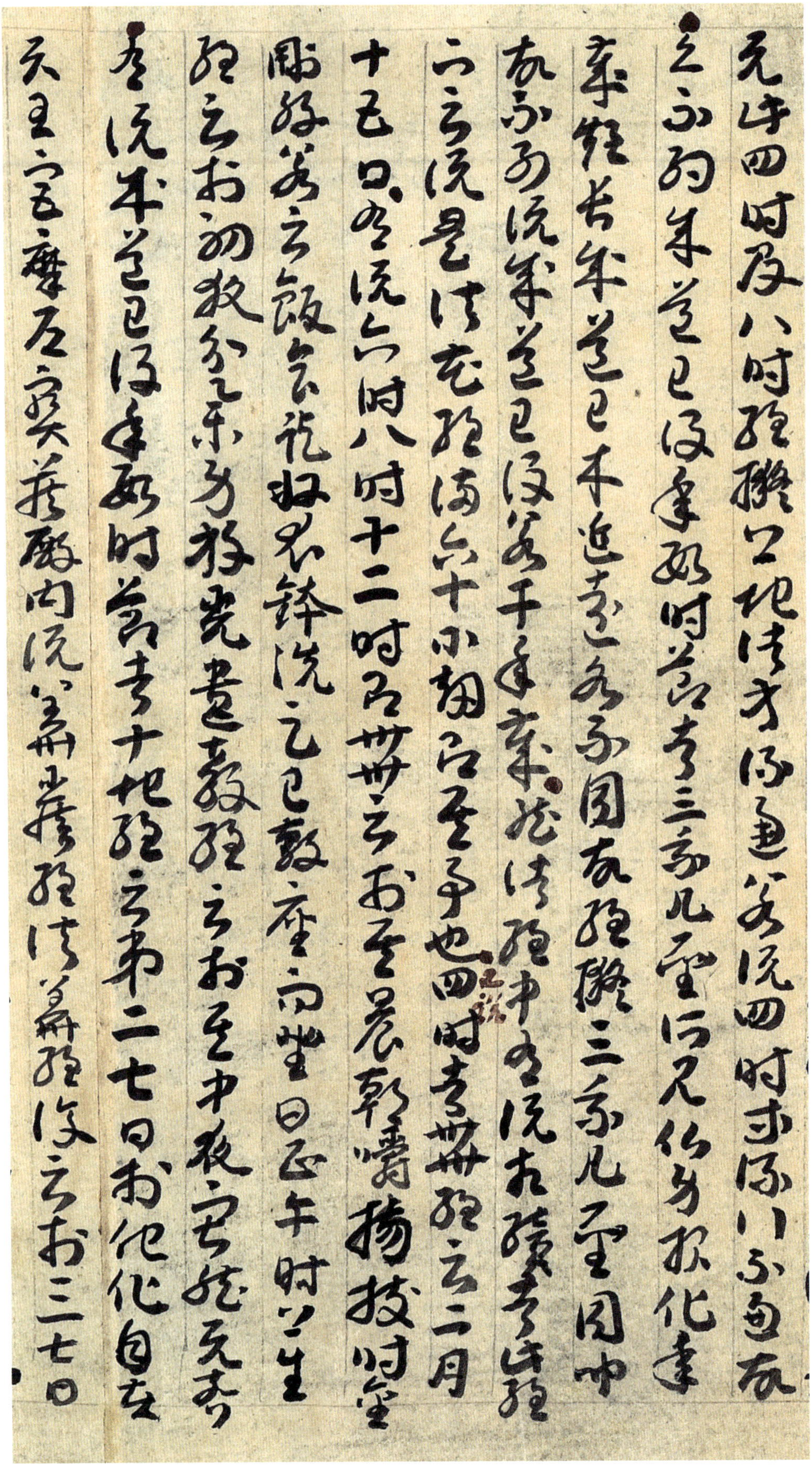

七一 无此四時及八時[二]，經擬上地、諸方流通，若說四時等流行不遍故。

亦不〔定〕[二]約成道已後年數時節者，三乘凡聖所見仏身報化、年歲短長、成道已來近遠各不同故。經擬三乘凡聖同聞，故不別說成道已後若干年歲。然諸經中有說相續者，此經下云「說是《法花經》滿六十小刧」，即其事也。已說[三]四時者，《涅槃經》云[四]「二月十五日[五]」。有說六時八時十二時，即《涅槃》云「於其晨朝嚼楊枝時」，《金剛般若》云「飯食訖收衣鉢洗足已敷座而坐，日正午時」，《上生經》云「於初夜分乑身放光」，《遺教經》云「於其中夜寂然无聲」。有說成道已後年數時節者，《十地經》云「弟二七日於他化自在天王宮摩尼寶藏殿内說《華嚴經》」，《法[六]華經》復[七]云「於[八]三七日

校注

【一】「時」下，《大正藏》有「等」。【二】「定」，據《大正藏》補。【三】「已說」，唐本朱筆補。「已」，《大正藏》作「有」。【四】「云」，《大正藏》作「言」。【五】「日」，唐本原作「口」，據《大正藏》改。《大般涅槃經》：二月十五日臨涅槃時，以佛神力出大音聲。【六】「法」上，《大正藏》有「又」。【七】「復」，《大正藏》無。【八】「於」，《大正藏》無。

中思惟是事已即為波羅奈轉四諦法輪又无量義及佛經云

云我等覺卌年餘未除之是說隨一方域化度衆生所見語

業且但是三乘所化調那說法時也是故但隨物說一時

同處中有淨穢隨說處時中凡聖所見處不可說　若說處

穢淨之穢之可見者說時有難者聖凡亦可定一處穢宜有

於有鈍者時難時如是說隨處處可說而時但摘言

釋佛

　梵名有三教主也梵云佛陀此云佛者覺慧之主度

三覺者覺者之三義一自覺殊凡夫之亦自覺者二覺他殊二

乘後亦覺他者三覺行圓滿殊諸菩薩雖復唯於二覺行未滿

故佛地經云具一切智一切種智能自開覺亦能開覺一切有情如

七八一 中思惟是事[一]已，即[二]趣波羅奈轉四諦法[三]輪」，又《无量義》及[四]此經等
七八二 云「我成道卌[五]來[六]餘[七]」等。雖有是說，隨一方域化度[八]，衆生聞見結
七八三 集，且作是言，仍非初顯[九]說法時也[一〇]，是故但[一一]應揔說一時。
七八四 問：處中有浄穢[一二]，定說處，時中凡聖殊，何容不別說？答：說處
七八五 標浄穢，浄穢可定知，說時有短長，聖凡不可准，一會機宜有
七八六 利有鈍，長時短時如何定准？故處可〔定〕[一三]說，而時但揔言[一四]。
七八七 經「仏」。贊曰：弟三〔說〕[一五]教主也。梵云「仏陁」，此略云「仏」；有慧
之主，唐
七八八 言「覺者」。覺有三義：一自覺，勝凡夫，凡夫不自覺故；二覺他，勝二
七八九 乘，彼不覺他故；三覺行圓滿，勝諸菩薩，菩薩雖復偹於二覺，行未滿
七九〇 故。《仏地論》云：「具一切智、一切種智，能自開覺亦能開覺一切有情，如

校注

【一】「事」，《大正藏》無。【二】「即」，《大正藏》無。【三】「法」，《大正藏》無。【四】「及」，《大正藏》無。【五】「卌」，《大正藏》作「四十」。【六】「來」，《大正藏》在「卌」上。【七】「餘」下，《大正藏》有「年」。【八】「度」，《大正藏》作「土」。【九】「顯」，《大正藏》作「總題」。【一〇】「也」，《大正藏》無。【一一】「但」，《大正藏》作「俱」。【一二】「穢」下，《大正藏》有「隨機」。【一三】「定」，唐本無，據《大正藏》補。【一四】「言」下，《大正藏》有「一時」。【一五】「說」，唐本無，據《大正藏》補。

七九一

睡夢覺，如蓮花開，故名爲仏。」一切智者，能自開智，如睡覺智。觀

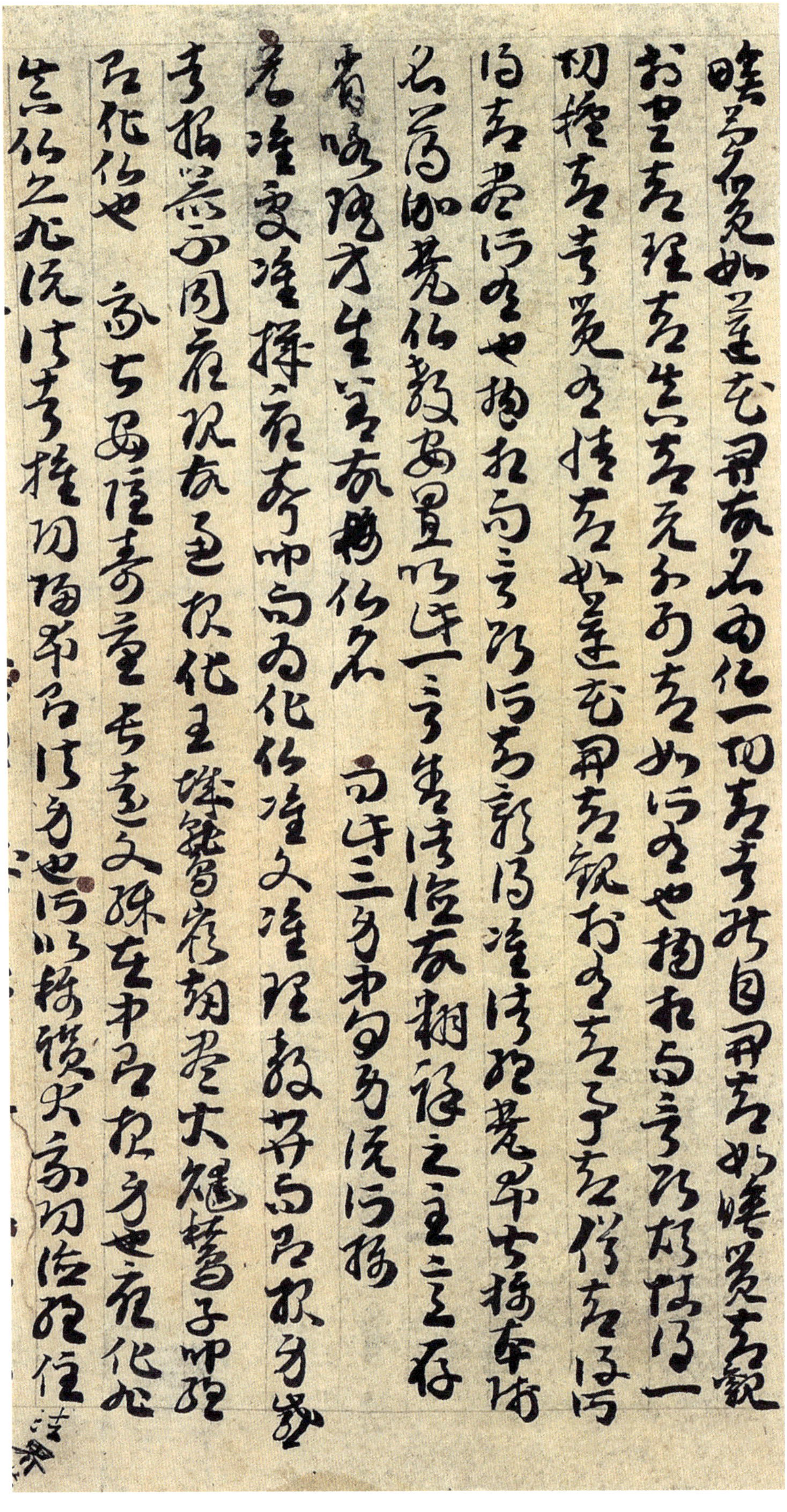

七九二 於空智、理智、真智、无分別智，如所有也。揔相而言，斷煩悩[一]得。一
七九三 切種智者，覺有情智，如蓮花開智。觀於有智、事智、俗智、後所
七九四 得智、盡所有也。揔相而言，斷所知鄣[二]得。准諸經梵本，皆稱本師
七九五 名薄伽梵，仏教安置以此一言舍[三]諸德故；翻譯之主，意存
七九六 省略，隨方生善故稱仏名。問：此三身中何身說[四]所攝？
七九七 答：准處准機，應聲聞而爲化仏。准文准理[五]，教菩薩而即報身。感
七九八 者根噐[六]不同，應現故通報、化。王城、鷲嶺，劫盡火燒，鶖子聞經，
七九九 即化仏也。我土安隱，壽量長遠，文殊在中，即報身也。應化非
八〇〇 真仏，亦非說法者，推功歸本即法身也。所以《稱讚大乘功德經》住法界藏，明法身說。《仏地經》等住[七]

校注

【一】「悩」下，《大正藏》有「障」。按：「悩」乃「惱」之俗字。《大正藏》作「惱」。唐本草書「巛」每作一横。由於佛經中「煩惱」頻繁出現，是以草書又每將「惱」之「忄」作「火」。【二】「鄣」，《大正藏》作「障」，古通。【三】「舍」，《大正藏》作「含」。【四】「說」，《大正藏》無。【五】「理」，《大正藏》作「器」。【六】「噐」，《大正藏》作「品」。【七】「法界藏明法身說仏地經等住」，係欄下小楷補寫。

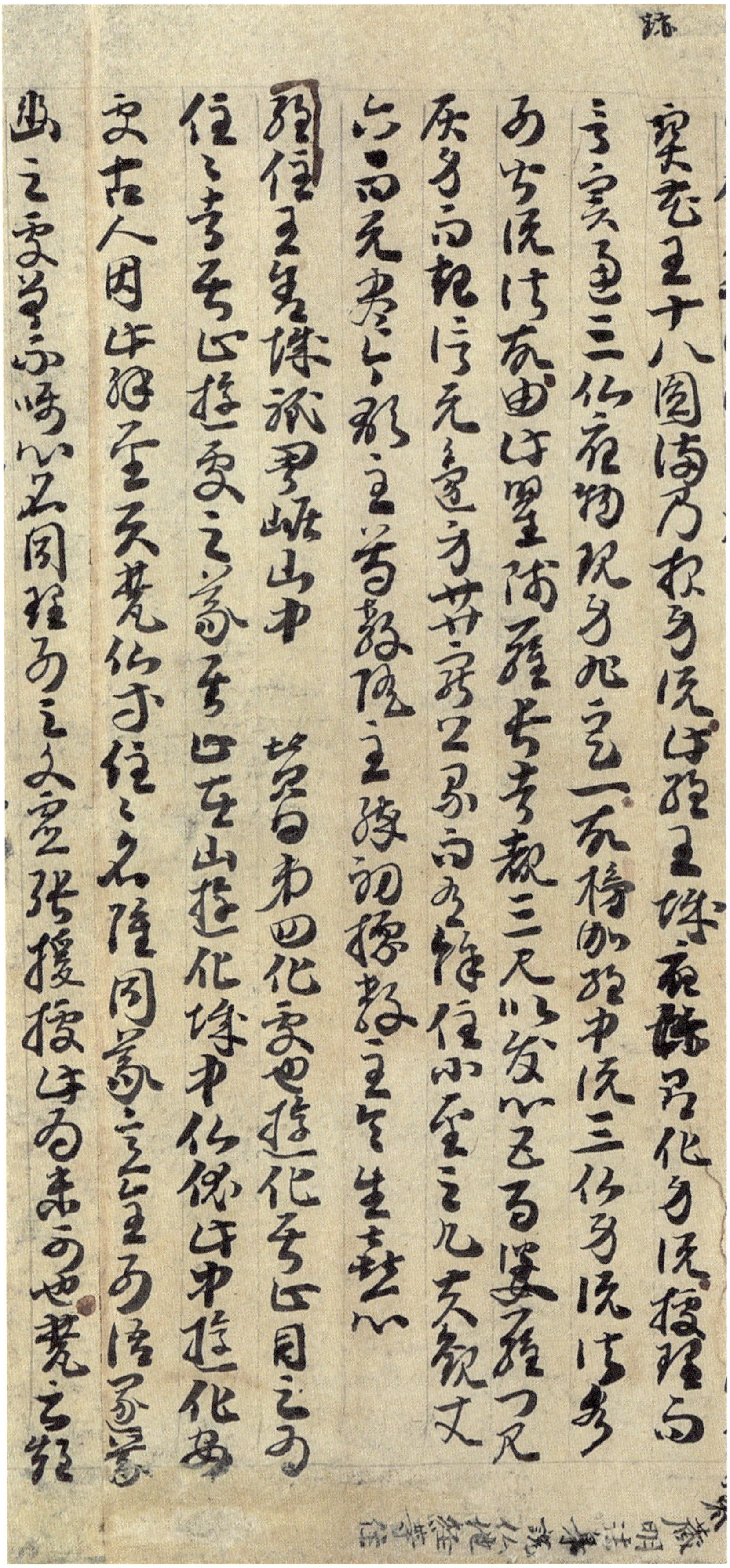

〈八〇一〉寳花王十八圓満，乃報身說。此經王城應[一]跡[二]，即化身[三]說。據理而

〈八〇二〉言，實通三仏，應物現身非定一故，《楞伽經》中說三仏身說法各

八〇三 別，皆說法故。由此瞿[四]師羅長者，覩三尺以發心，五百婆羅門見
八〇四 灰身而起信，无邊身[五]菩薩窮[六]上界而有餘，住小聖之凡[七]夫觀丈
八〇五 六而无盡。今顯主尊教隨主[八]勝，初標教主令生喜心。
八〇六 經「住王舍城祇[九]闍崛山中」。贊曰：弟四〔所〕[一〇]化處也。遊化、居止目之
爲
八〇七 住，住者居止遊[一一]處之義。居止在山，遊化[一二]城中，仏依此中遊化安
八〇八 處。古人因此解聖、天、梵、仏等住，住名雖同，義意全別。語邃[一三]義
八〇九 幽之處曾不囑[一四]心，名同理別之文虛張援據，此爲未可也。梵云矩[一五]

校注

【一】「應」，《大正藏》無。【二】「跡」，唐本有改動，此行欄上有「跡」，證之。【三】「身」，《大正藏》作「佛」。【四】「瞿」，《大正藏》作「劬」。【五】「身」下，《大正藏》有「之」。【六】「窮」，唐本與《日本書法大字典·詩書切》所收字形近似。亦與《草字編》三〇〇〇至三〇〇一頁張瑞圖草書，及《草聖彙辨》例字近似。【七】「凡」，原作「几」，據《大正藏》改。【八】「主」，《大正藏》作「定」。【九】「祇」，《大正藏》作「者」。【一〇】「所」，唐本無，據《大正藏》補。【一一】「遊」下，《大正藏》有「化安」。【一二】「化」下，《大正藏》有「在」。【一三】「邃」，唐本少上點和中間四點。釋從《大正藏》。【一四】「囑」，《大正藏》作「屬」，古通。【一五】「矩」，唐本似「短」，釋從《大正藏》。唐玄奘《大唐西域記》卷九：「至矩奢揭羅補羅城，唐言上茅宮城。」由此見唐本「短」「矩」易混。

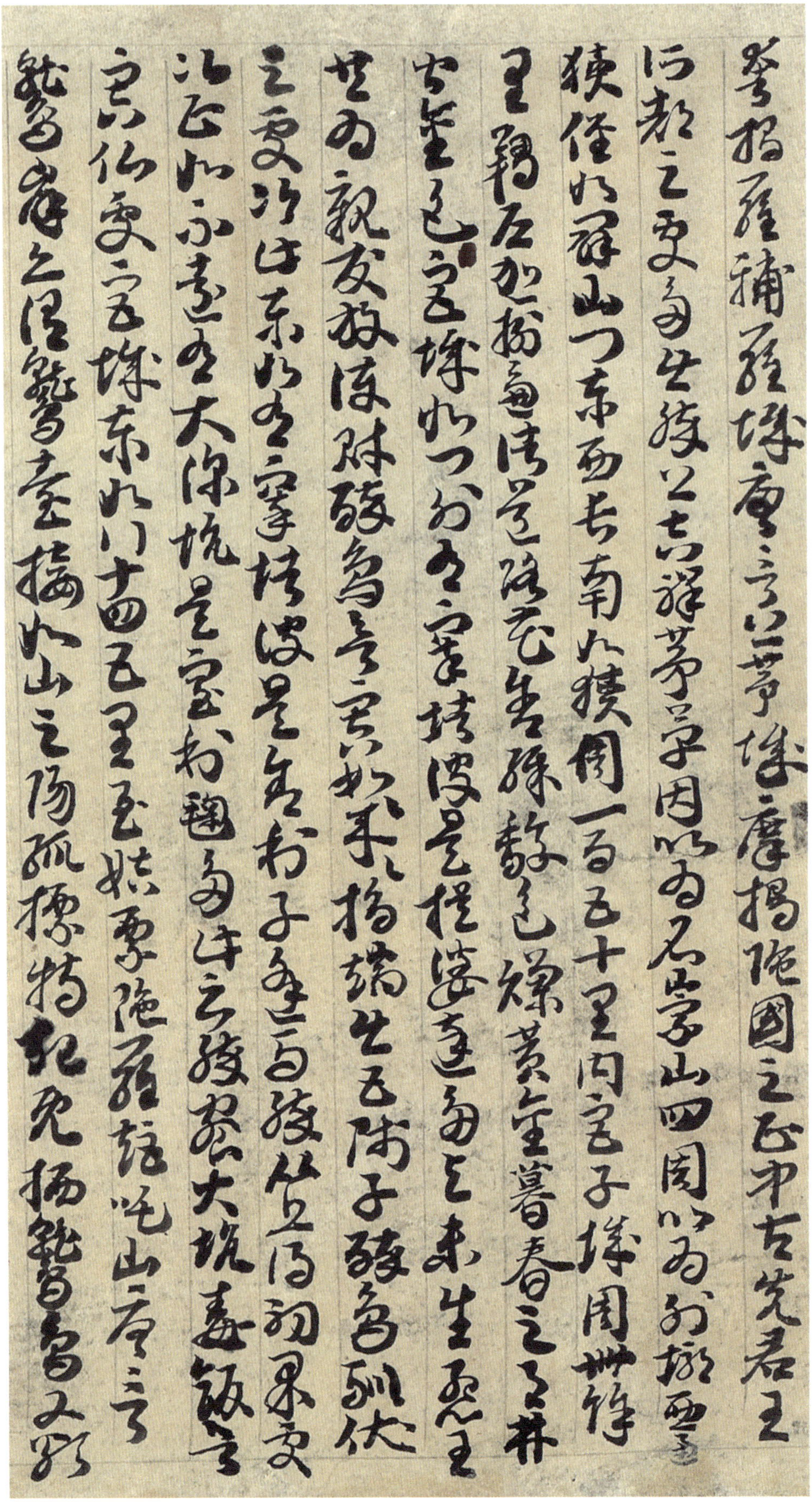

八一〇 奢揭羅補羅城，唐言上茅[一]城，摩揭陁國之正中，古先君王

所都之處，多出勝上吉祥茅草，因以爲名。崇山四周以爲外墎[二]，西通狹徑，北闢山門，東西長，南北狹，周一百五十[三]里，内宮子城周卌餘[四]里，羯尼迦樹遍諸道路，花含[五]殊馥，色爛黃金，暮春之月林皆金色。宮城北門外有窣堵波，是提婆達多与未生怨王共爲親友，放護財醉爲[六]欲害如來，如來指端出五師子，醉爲馴[七]伏之處；次此東北有窣堵波，是舍利子逢馬勝比丘得初果處；次[八]正北不遠有大深坑，是室利毱多，此云勝密，火[九]坑、毒飯欲害仏處。宮城東北行十四五里，至姑栗[一〇]陁羅矩吒山，唐言鷲峯亦謂鷲臺，接北山之陽，孤標特起，既栖[一一]鷲鳥，又類

校注

【一】「茅」，唐本之「矛」作「予」，字訛。釋從《大正藏》及《大唐西域記》。【二】「墎」，《大正藏》作「郭」，古同。【三】「十」下，《大正藏》有「餘」。【四】「卌餘」，《大正藏》作「四十」，無「餘」。【五】「含」，唐本「含」與「舍」混。《大正藏》作「含」。參看八一六行「舍利子」。釋從《大正藏》。【六】「爲」，《大正藏》作「象」，字同。【七】「馴」，《大正藏》作「駲」。【八】「次」下，《大正藏》有「此」。【九】「火」，唐本似「大」，釋從《大正藏》。【一〇】「栗」，唐本原作「票」，據《大正藏》改。《大唐西域記釋注》卷九：鷲峰山，「至姑栗陀羅矩吒山」。【一一】「栖」，《大正藏》作「栖棲」，多「棲」。《大唐西域記釋注》無「棲」。

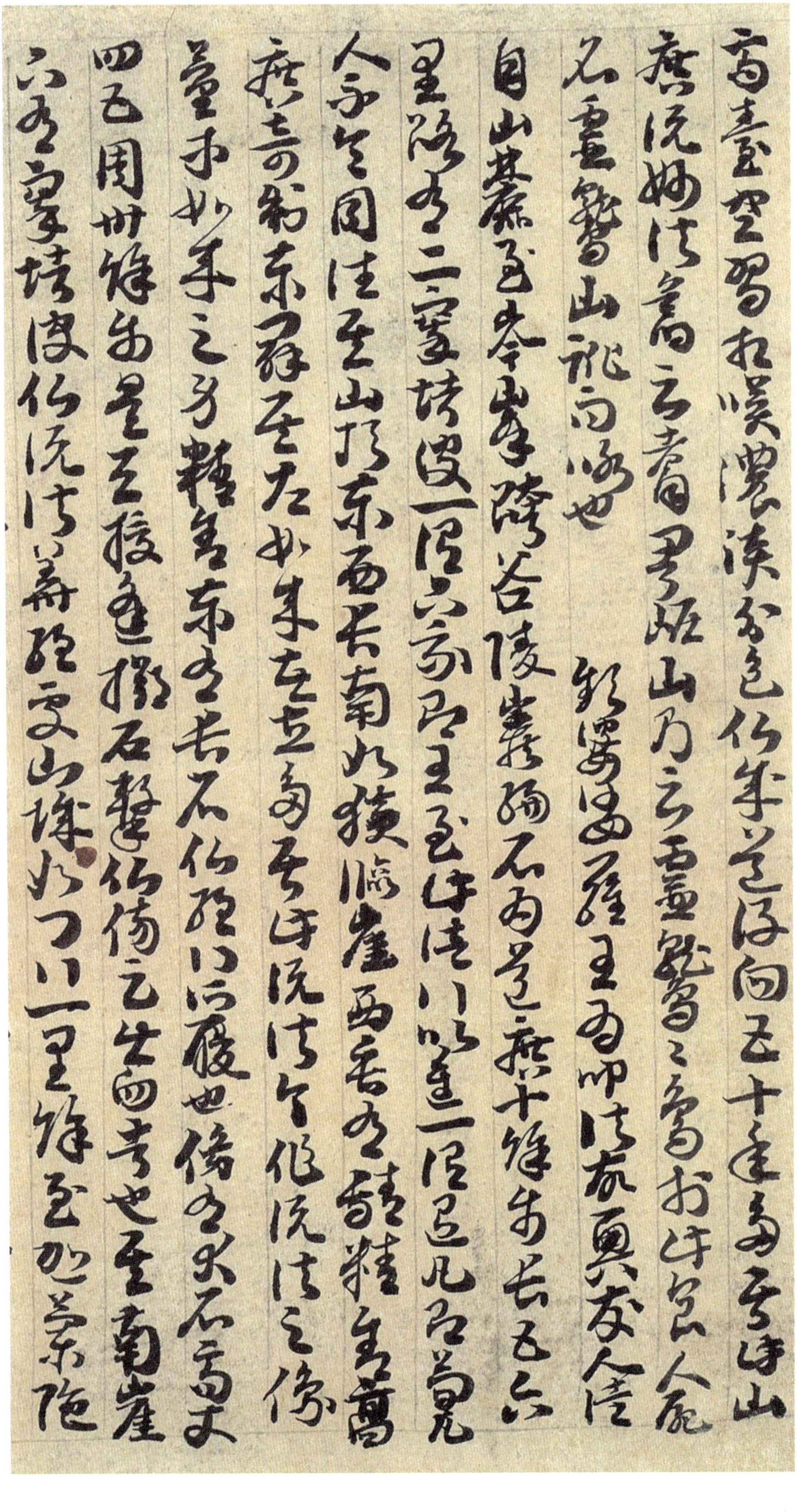

八二〇 高臺，空習[一]相暎[二]濃淡分色，仏成道後向五十年，多居此山

廣說妙法。舊云耆闍崛山，乃云靈鷲[三]，鷲鳥於此食人屍，名靈鷲山訛而略也。頻婆娑羅王爲聞法故興發人徒，自山麓至岑峯跨谷陵巖編石爲道[四]，廣十餘步，長五六里，路有二窣堵波，一謂下乘，即王至此徒行以進；一[五]謂退凡，即簡凡人不令同往。其山頂東西長，南北狹，臨崖西垂[六]有甎[七]精舍，高廣奇制[八]，東闢其左，如來在世[九]多居此[一〇]說法。今作說法之像，量等如來之身，精舍東有長石，仏經行所履也。傍有大石，高丈四五，周卅[一一]餘步，是天授遥[一二]擲石[一三]擊仏傷足出血者也。其南崖[一四]下有窣堵波，仏說《法華經》處。山城北門行一里餘至迦蘭陁

校注

【一】「習」，《大正藏》作「翠」。【二】「暎」，《大正藏》作「映」，字同。【三】「鷲」下，《大正藏》有「山」。【四】「道」，《大正藏》作「階」。【五】「一」，《大正藏》作「二」。【六】「垂」，《大正藏》作「埵」。【七】「甎」，從《大正藏》釋，同「磚」。唐本左「専」右「青」，字書無。【八】「制」，《大正藏》作「製」，古通。【九】「世」，從《大正藏》釋，唐本似「立」。【一〇】「此」，《大正藏》無。【一一】「卅」，《大正藏》作「三十」。【一二】「遥」，原作「逢」，據《大正藏》改。【一三】「石」，《大正藏》無。【一四】「崖」，《大正藏》作「岸」。

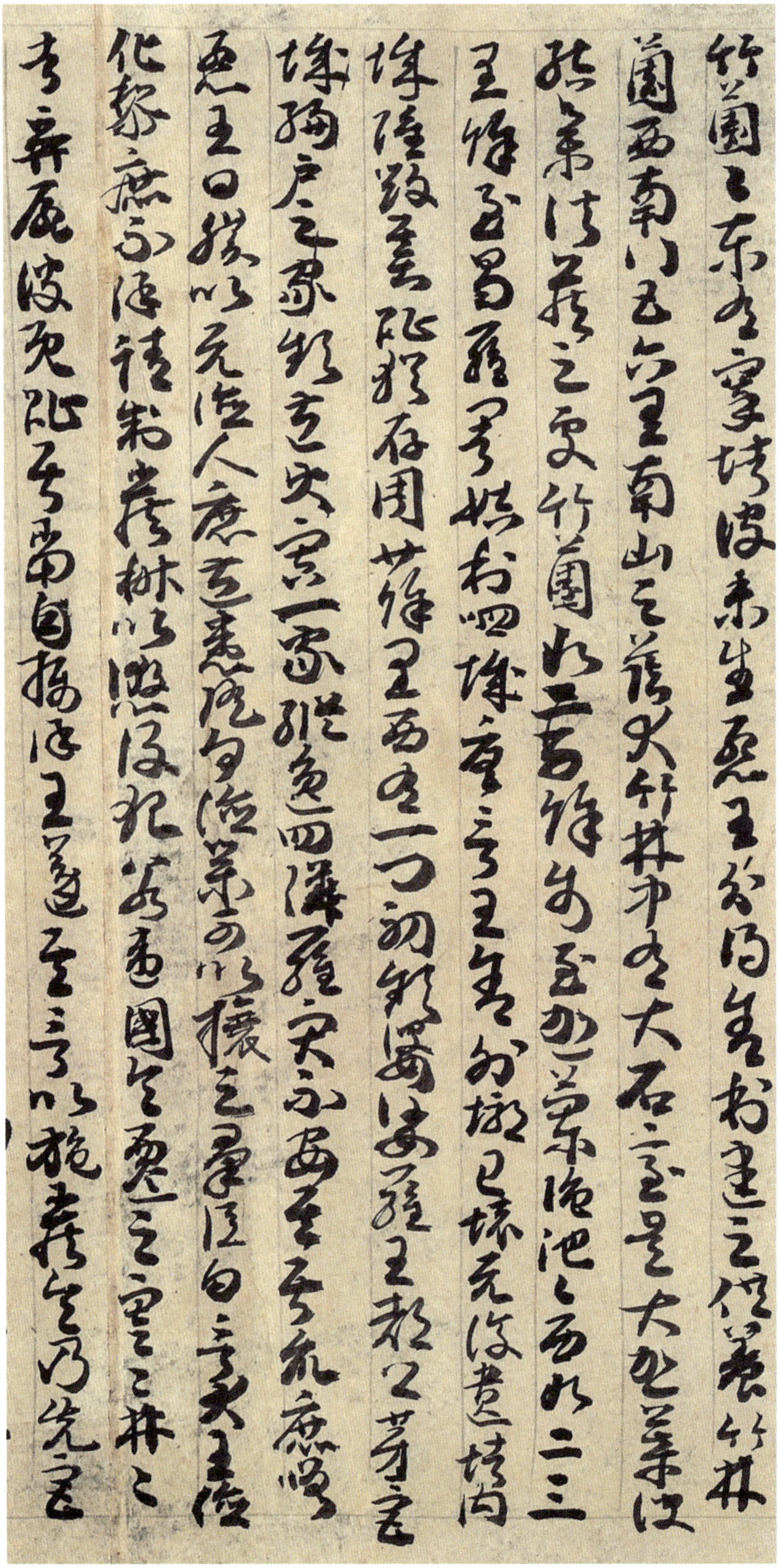

八三〇 竹薗[一]，薗東有窣堵波，未生怨王分得舍利建之供養。竹林

八三一 薗西南行五六里，南山之蔭[二]大竹林中有大石室，是大迦葉波

八三二 結集法藏之處。竹[三]薗北二百餘步至迦蘭陁池，池西北二三

八三三 里餘，至曷羅闍姞[四]利呬城，唐言王舍，外墎[五]已壞无復遺堵，內

八三四 城雖毀基趾猶存，周廾餘里，西[六]有一門，初頻婆娑羅王都[七]上茅宮

八三五 城，編户之家頻遭火害，一家縱逸四隣羅[八]灾[九]，不安其居，衆庶嗟

八三六 怨。王曰：朕[一〇]以无[一一]德，人庶遭患，隨[一二]何德業可以攘之？羣臣白言：大王

德

八三七 化，黎庶不謹，請制嚴科以懲後犯，若違國令[一三]遷之寒林。寒林

八三八 者弃屍[一四]。彼既趾[一五]居，當自攝謹。王遂其言，以施嚴令，乃先宫

校注

【一】「薗」，唐本八三一行、八三二行之「薗」皆有草字頭。此種寫法起於魏碑，見於敦煌俗字。【二】「蔭」，《大正藏》作「陰」。【三】「竹」下，《大正藏》有「林」。【四】「姞」，《大正藏》作「結」。【五】「墎」，《大正藏》作「郭」。【六】「西」，《大正藏》作「面」。【七】「都」下，《大正藏》有「在」。【八】「羅」，唐本原作「羅」，據《大正藏》改。【九】「灾」，《大正藏》作「災」，字同。【一〇】「朕」，《大正藏》作「我」。【一一】「无」，《大正藏》作「不」。【一二】「隨」，《大正藏》作「修」。【一三】「違國令」，《大正藏》作「更有犯」。【一四】「屍」，《大正藏》作「尸」，下有「之所，俗謂不祥之地。人絶遊往，便同棄尸」。【一五】「趾」，《大正藏》作「耻」。

八三九

内自失其[一]火[二]。王曰：我其還矣。乃命太子監攝留事，自還寒

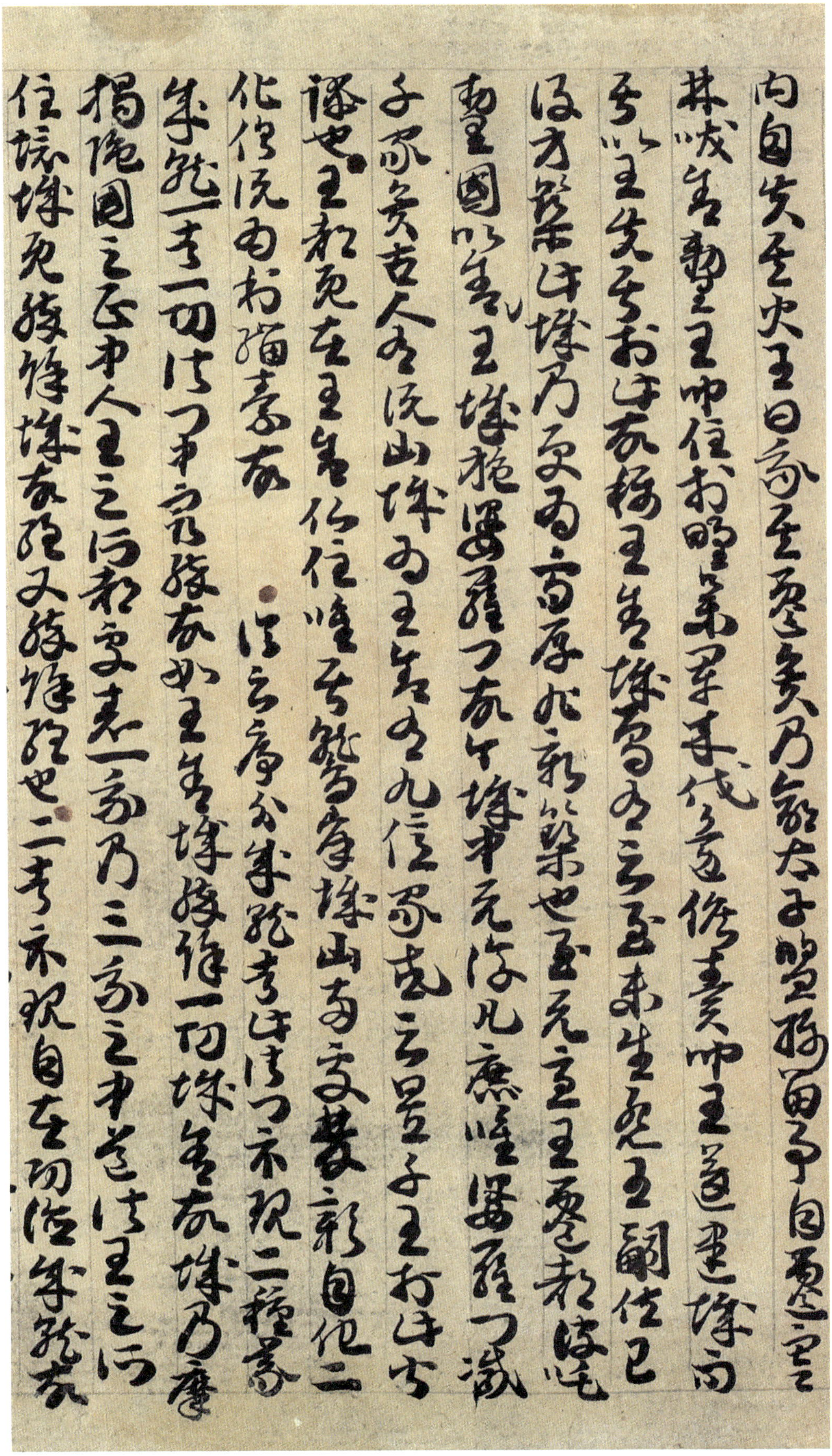

八四〇 林。吠舍釐[三]王聞住於野，集軍來伐，邊候奏聞，王遂建城而

八四一 居，以王先居[四]於此，故稱王舍城焉。有云至未生惡王[五]嗣位已

八四二 後方築此城，乃更爲高厚，非新築也。至无憂王遷都波吒

八四三 釐，國[六]以王舍[七]城施婆羅門，故今城中无復凡庶，唯婆羅門减[八]

八四四 千家矣。古人有説：山城爲王舍[九]，有九億家。或云置千王於此。皆

八四五 謬也。王都既在王舍，仏住唯居[一〇]鷲峯，城山兩處，雙彰自他，二

八四六 化俱説，爲[一一]利緇素故。論云「序分成就」者，此法門示現二種義

八四七 成就。一者一切法門中㝡勝故，如王舍城勝餘一切城舍故。城乃摩

八四八 揭陁[一二]國之正中，人王之所都處，表一乘乃三乘之中道，法王之所

八四九 住境，城既勝餘城故，經又[一三]勝餘經[一四]也。二者示現自在功德成就故，

校注

【一】「其」，《大正藏》無。【二】「火」下，《大正藏》有「害」。【三】「釐」，唐本上「勑」下「里」，與魏碑《于纂墓誌》結字同，《漢語大字典》未收此形。八四三行首字同此。【四】「居」，《大正藏》作「舍」。【五】「王」，《大正藏》無。【六】「國」，《大正藏》無。【七】「王舍」，唐本原作「舍王」，中有倒乙符。【八】「减」，《大正藏》作「咸」。【九】「舍」下，《大正藏》有「城」。【一〇】「唯居」，《大正藏》無。【一一】「爲」，《大正藏》無。【一二】「陁」，《大正藏》作「陀」。【一三】「又」，《大正藏》無。【一四】「經」下，《大正藏》有「故」。

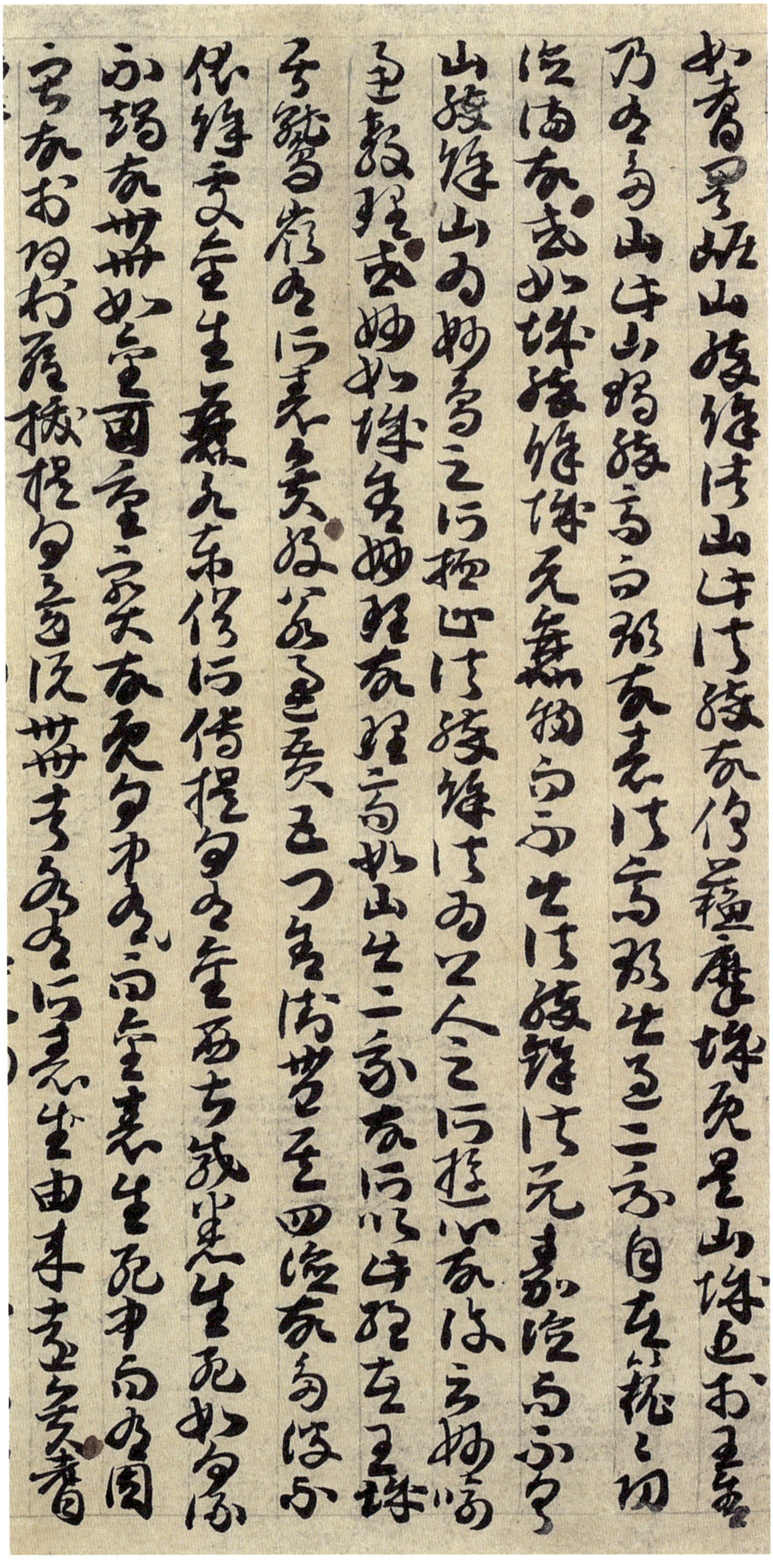

八五〇

如者闍崛山勝餘諸山，此〔一〕法勝故，俱藴摩城既是山城，近於王舍

八五一　乃有多山，此山獨勝高而顯故，表法高顯出過二乘，自在巍巍[二]功
八五二　德滿故。或如城勝餘城，无麗物而不出；法勝餘法，无嘉德而不具；
八五三　山勝餘山，爲妙[三]鳥之所栖止；法勝餘法，爲上人之所遊心[四]故。復云妙喻
八五四　通教、理，或〔教〕[五]妙如城舍[六]妙理故，理高如山出二乘故，所以此經在王
城
八五五　居鷲嶺，有所表矣。般若通貫五門，舍衛[七]豐其四德，故多[八]彼不
八五六　依餘處。金生麗水，東俗所傳，提河有金，西土咸悉，生死如河流
八五七　不竭故，涅槃如金可重寶[九]故，既河中而有[一〇]金，表生死中而有圓
八五八　寂，故於阿利羅拔提河邊説涅槃者[一一]各有所表[一二]由來遠矣。者[一三]

校注

【一】「此」上，《大正藏》有「顯」。【二】「巍巍」，釋從《大正藏》。唐本作「𥫗」或「山」字頭，下部左爲「禾」，右爲「鬼」。黄征《敦煌俗字典》四二一頁，「巍」下收「⿰禾鬼」，並引《雙恩記》：「自在巍巍，功德滿故。」與此處字同。【三】「妙」，《大正藏》作「好」。【四】「遊心」，《大正藏》作「止遊」。【五】「教」，唐本無，據《大正藏》補。【六】「舍」，唐本作「舎」，據《大正藏》改。【七】「衛」，唐本似「街」。【八】「多」下，《大正藏》有「居」。【九】「重寶」，《大正藏》作「寶重」。【一〇】「而有」，唐本原作「有而」，中有倒乙符。【一一】「者」，《大正藏》作「也」。【一二】「表」下，唐本原有「生」，以「卜」字符删去。【一三】「者」，《大正藏》無。

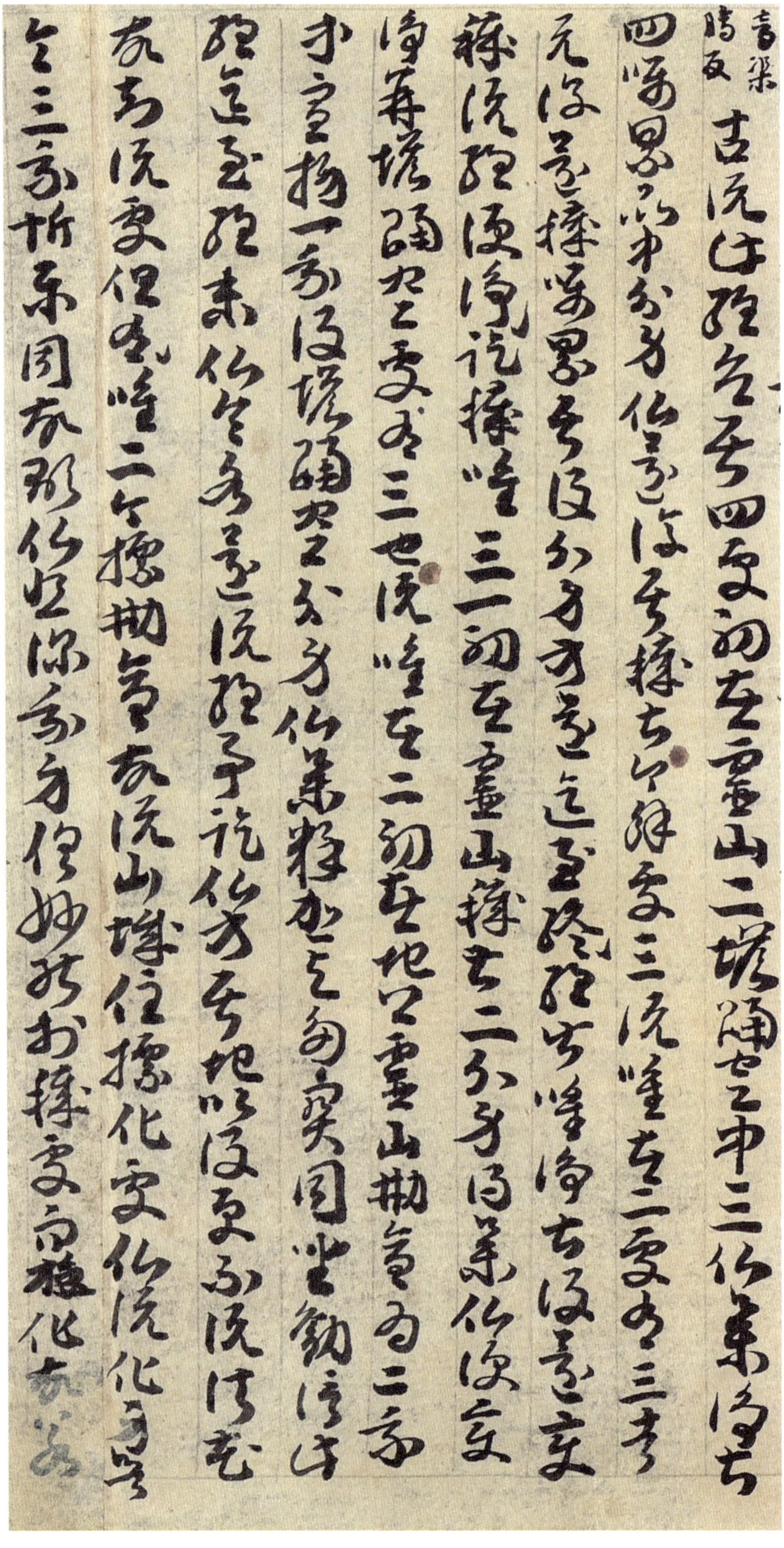

八五九 音渠脂反[一]。古説：此經台[二]居四處，初在霊山，二塔踊[三]空中，三仏集浄土，

八六〇 四《囑累品》中分身仏還復[四]居穢土。今解處三，説唯在二。處有三者，
八六一 无復還穢。《囑累》居後，分身方還，迄至經終[五]皆唯浄土，後[六]還變
八六二 穢，説經便訖。浄[七]穢唯三[八]：一初在霊山穢土，二分身得[九]集仏便變
八六三 浄；并塔踊[一〇]空，處有三也。説唯在二，初在地上霊山刱[一一]會，爲二乘
八六四 等宣揚[一二]一乘；後塔踊[一三]空分身仏集，釋迦与多寶同坐[一四]勸信此
八六五 經，迄至經末仏令各還，説經事訖仏方居地，以後更不説《法花》，
八六六 故知説處但唯有[一五]二。今標刱會，故説山城，住標化處，仏説化身，欲
八六七 令三乘忻[一六]樂同故，顯仏悲深，乘、身俱妙，能於穢處而施化故。若

校注

【一】「音渠脂反」，《大正藏》無。【二】「台」，《大正藏》作「合」。若是「合」，唐本則少一横。【三】「踊」，《大正藏》作「涌」。【四】「復」，《大正藏》作「後」。【五】「經終」，唐本原作「終經」，中有倒乙符。【六】「後」，《大正藏》作「復」。【七】「訖浄」，唐本原作「浄訖」，中有倒乙符。【八】「三」，《大正藏》作「二」。【九】「身得」，《大正藏》作「身佛將」。【一〇】「踊」，《大正藏》作「涌」。【一一】「刱」，《大正藏》作「創」。《漢語大字典》無「刱」。黃征《敦煌俗字典》「創」下，收「刑」。秦公、劉大新《碑別字新編》修訂本「創」下，收「刱」。【一二】「揚」，《大正藏》作「暢」。【一三】「踊」，《大正藏》作「涌」。【一四】「坐」，《大正藏》作「座」。【一五】「唯有」，唐本原作「有唯」，中有倒乙符。【一六】「忻」，《大正藏》作「欣」，字同。

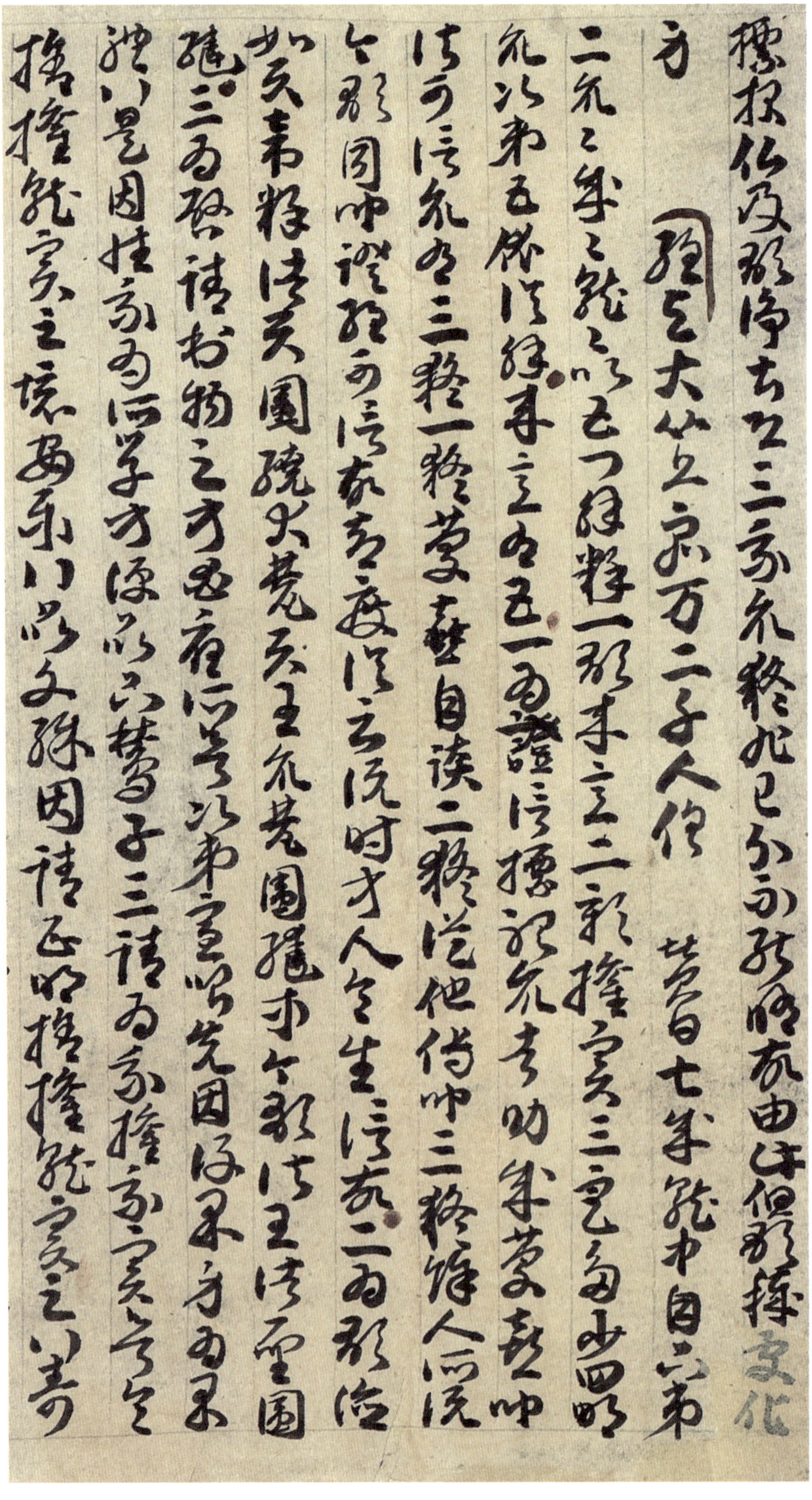

八六八 標報仏及顯浄土，恐三[二]乘衆疑非己分不能脩故，由此但顯穢處、化

八六九 身。經「与大比丘衆万二千人倶」。贊曰：七成就中，自下弟

八七〇 二衆成就[二]。衆成就以五門解釋：一顯來意，二彰[三]權實，三定多少[四]，四明

八七一 衆[五]次弟，五依論解。來意有五。一爲證信。摽聽衆者，助成慶喜聞

八七二 法可信。衆有三疑[六]：一疑慶喜自談，二疑從他傳聞，三疑餘人所説。

八七三 今顯同聞，證經可信。故[七]《智度論》云：「説時、方、人令生信故」。二爲

顯德。

八七四 如天帝釋諸天圍繞，大梵天王衆梵[八]圍繞等，今顯法王諸聖圍

八七五 繞。三爲啓請。利物之方必應所欲，次弟宣唱先因後果，身爲[九]果

八七六 體、行是因性、乘爲所學。《方便品》下鶖子三請爲乘權乘[一〇]實[一一]，欲[一二]令

八七七 捨權就實之境。《安樂行品》文殊因[一三]請，正明捨權就實之行。《壽

校注

【一】「三」，《大正藏》作「二」。【二】「就」下，《大正藏》有「也」。【三】「彰」，唐本與「鄣」不分，釋從《大正藏》。【四】「少」，《大正藏》作「小」。【五】「衆」，《大正藏》無。【六】「有三疑」，《大正藏》作「疑有三」。【七】「故」，《大正藏》無。【八】「衆梵」，《大正藏》作「梵衆」。【九】「爲」，《大正藏》作「是」。【一〇】「乘」，《大正藏》無。【一一】「實」下，《大正藏》有「故」。【一二】「欲」，《大正藏》作「顯」。【一三】「因」，《大正藏》作「固」。

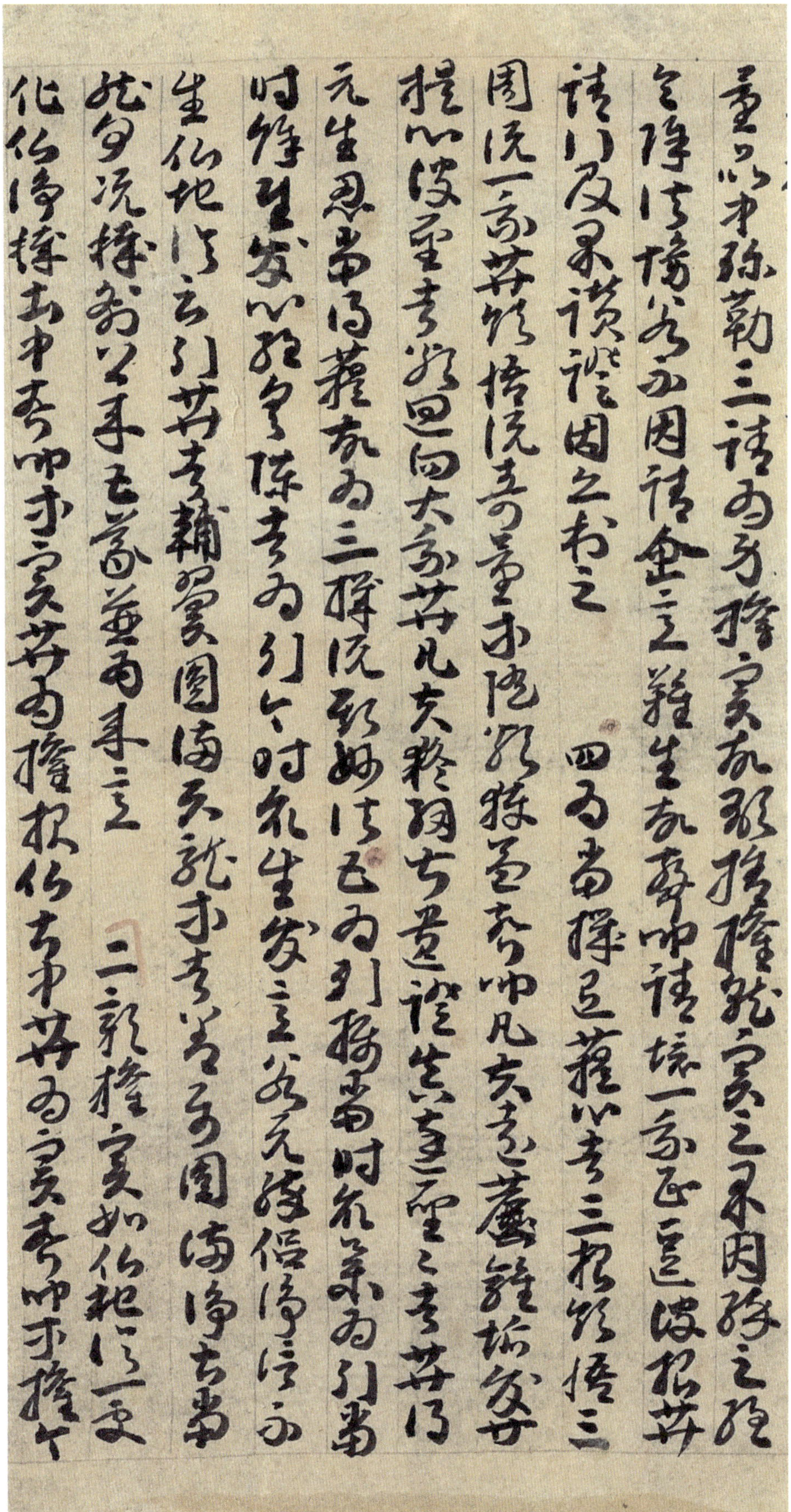

八七八 量品》中弥勒三請，爲身權實故。顯捨權就實之果，因緣之經

八七九 令除法慢。若不因請，企意難生，故聲聞請境一乘正逗彼根[二]，菩薩

請行及果讚，證、因亦利之。四爲當機。退菩提心者三根領悟，三周說一乘，菩薩領悟說壽量等，隨類獲益。聲聞凡夫遠塵離垢發菩提心，彼聖者類迴向大乘，菩薩凡夫疑網[二]皆遣[三]，證真達聖，聖者菩薩得无生〔法〕[四]忍，當得菩提，故爲三機說斯妙法。五爲引攝。當時衆集，爲引當時，餘生發心經具陳者，爲引今時衆生發意，若无勝侶淨信不生。《仏地論》云「列[五]菩薩者，輔翼圓滿；天龍等者，眷屬圓滿」，淨土尚[六]然，何况穢刹[七]！上來五義並爲來意。二[八]彰權實。如《仏地論》一處化仏淨穢土中，聲聞等實，菩薩爲權；報仏[九]土[一〇]中，菩薩爲實，聲聞等權。今

校注

【一】「根」下，《大正藏》有「悟」。【二】「網」，《大正藏》作「網」，字同。【三】「遣」，唐本原作「遺」，據《大正藏》改。【四】「法」，唐本無，據《大正藏》補。【五】「列」，唐本原作「引」，據《大正藏》改。【六】「尚」，唐本原作「當」，據《大正藏》改。【七】「刹」，《大正藏》作「剎」，字同。【八】「二」下，《大正藏》有「者」。【九】「仏」，《大正藏》無。【一〇】「土」下，《大正藏》有「之」。

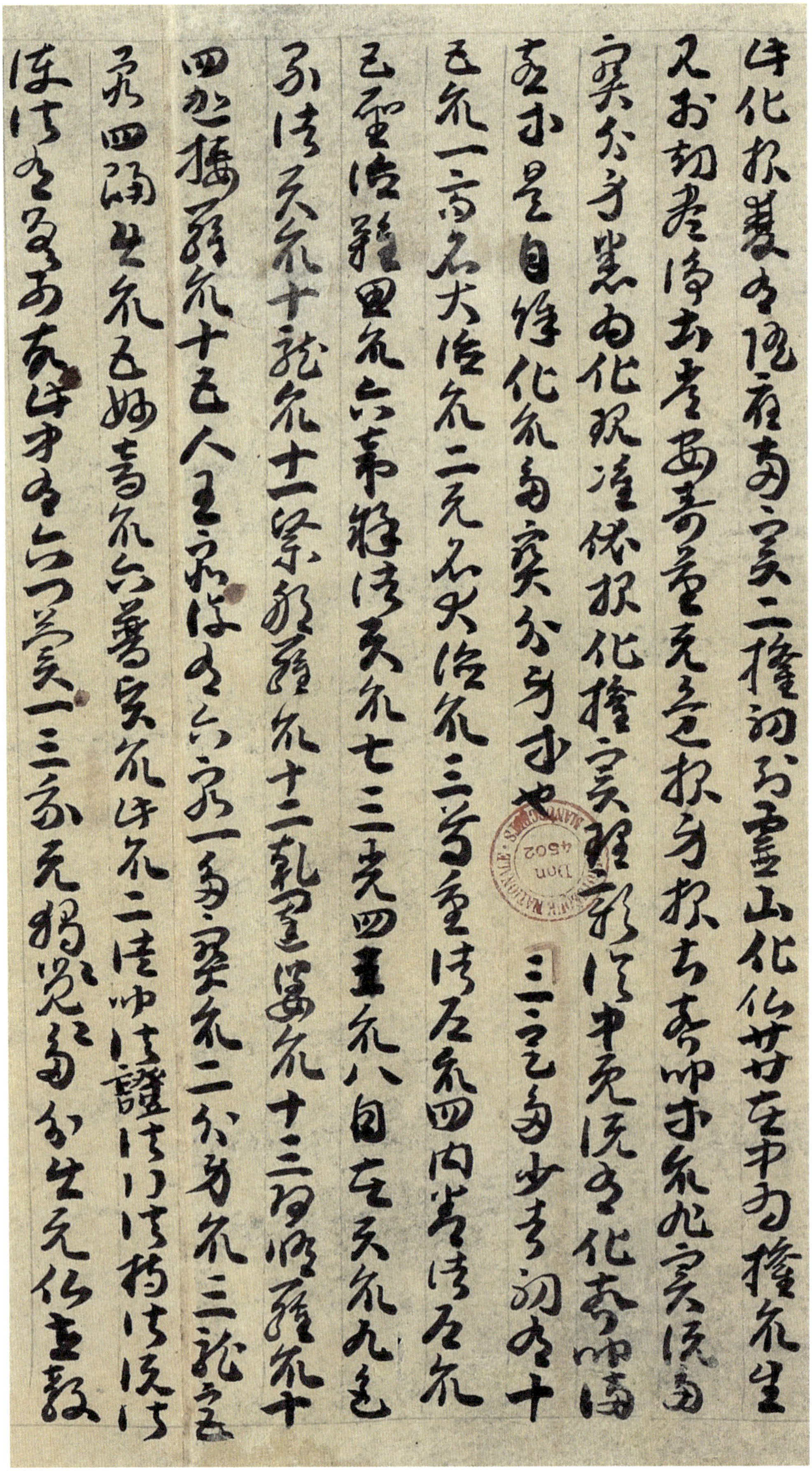

八八

此化報雙[二]有，隨應兩實二權。初列霊山化仏，菩薩在中爲權，衆生

八八九 見於劫[二]盡淨土常安，壽量无邊，報身報土聲聞等衆非實。説[三]多

八九〇 寶、分身悉爲化現，准依[四]報、化、權、實理彰。論中既説有化聲聞，滿

八九一 慈等是，自餘化衆，多寶、分身等也。三定多少者，初有十

八九二 五衆：一高名大德衆，二无名大德衆，三尊重諸尼衆，四内眷諸尼衆，

八九三 五聖德難思衆，六帝釋諸天衆，七三光四王衆，八[五]自在天[六]衆，九色

八九四 界諸天衆，十龍衆，十一緊那羅衆，十二乾闥婆[七]衆，十三阿脩羅衆，十

八九五 四迦樓羅衆，十五人王衆。復有六衆：一多寶衆[八]，二分身衆[九]，三龍宮

八九六 衆[一〇]，四踊出衆[一一]，五妙音衆[一二]，六普賢衆[一三]。此衆二徒，聞法證法，行法持

法，説法

八九七 護法，有差別故。此中有六門異。一三乘无獨覺。獨覺多分，出无仏世，教

校注

【一】「雙」，《大正藏》作「俱」。【二】「刧」，《大正藏》作「劫」，字同。【三】「説」，《大正藏》作「況」，兩字草書易混。【四】「依」，《大正藏》作「知」。【五】「八」下，《大正藏》有「二」。【六】「天」，《大正藏》無。【七】「婆」下，《大正藏》有「王」。【八】「衆」，《大正藏》無。【九】「衆」，《大正藏》無。【一〇】「衆」，《大正藏》無。【一一】「衆」，《大正藏》無。【一二】「衆」，《大正藏》無。【一三】「衆」，《大正藏》無。

陀羅尼時無量衆聽來亦至會仁王經中說有十二文之除者
羅尼波者二三種無之色種光照中説無量世界中清淨種光行所及
攝之所顯行所以亦舉仁王之中三昧無地獄衆光陀羅照波無
羅尼來之中二一菩薩一光照二十羅地獄陀羅光照無羅尼至無色
菩薩所以亦舉一乘進習忍能除煩惱地獄苦遍無賊所習
阿羅尼經奉自息氣苦威力阿鼻地獄之舉此經進言波無定
眼衣亦舉阿以光照者之生識衣之得見光發心苦息衣
四之衆無信受悉信受喜歎六感得等號中有者初文略衣
五八部無雜文殊摩睺羅伽六文說者六二王無轉輪聖王
唯有小王六之說者此得三無六的何能感得位等號中一切說

八九八 雖被彼，時无果熟[一]，故不在會，《仁王經》中即具有之，下文亦陳有

八九九 求彼者。二三界无无色界。光照有緣可來聞法，彼界光所不及，

九〇〇 機亦不熟，所以不來，《仁王》亦有。三五趣无地獄衆[二]。光雖照彼，无

九〇一 緣不來。來有二義：一光照，二有緣。地獄雖光照[三]，无緣不至，无色

九〇二 並闕[四]，所以不來。一乘進習必假容豫之身，地獄苦逼无暇可習。

九〇三 《陁[五]羅尼經》本息衆苦，威力所致，地獄亦來。此經進善，彼无容

九〇四 暇，故[六]不來。所以光照者，令[七]生猒故，令彼見光發心苦息故。

九〇五 四四衆无優婆塞優婆夷。下威儀成就中具烈[八]，初文略故。

九〇六 五八部无夜叉[九]及摩睺羅伽。下文[一〇]具有。六二王无轉輪聖王，

九〇七 唯有小王。下亦具有，此復[一一]三无，下明所依威儀住[一二]成就中，一切具

校注

【一】「熟」，《大正藏》作「成」。【二】「衆」，《大正藏》無。【三】「雖光照」，《大正藏》作「光臨」。【四】「闕」，《大正藏》作「闞」，字同。見《碑別字》。【五】「陁」，《大正藏》作「陀」，字同。【六】「故」下，《大正藏》有「彼」。【七】「令」下，《大正藏》有「見」。【八】「烈」，《大正藏》作「列」。假借字。【九】「夜叉」，唐本原作「狂文」，據《大正藏》改。【一〇】「文」，《大正藏》作「亦」。【一一】「復」，《大正藏》作「後」。【一二】「住」，《大正藏》無。

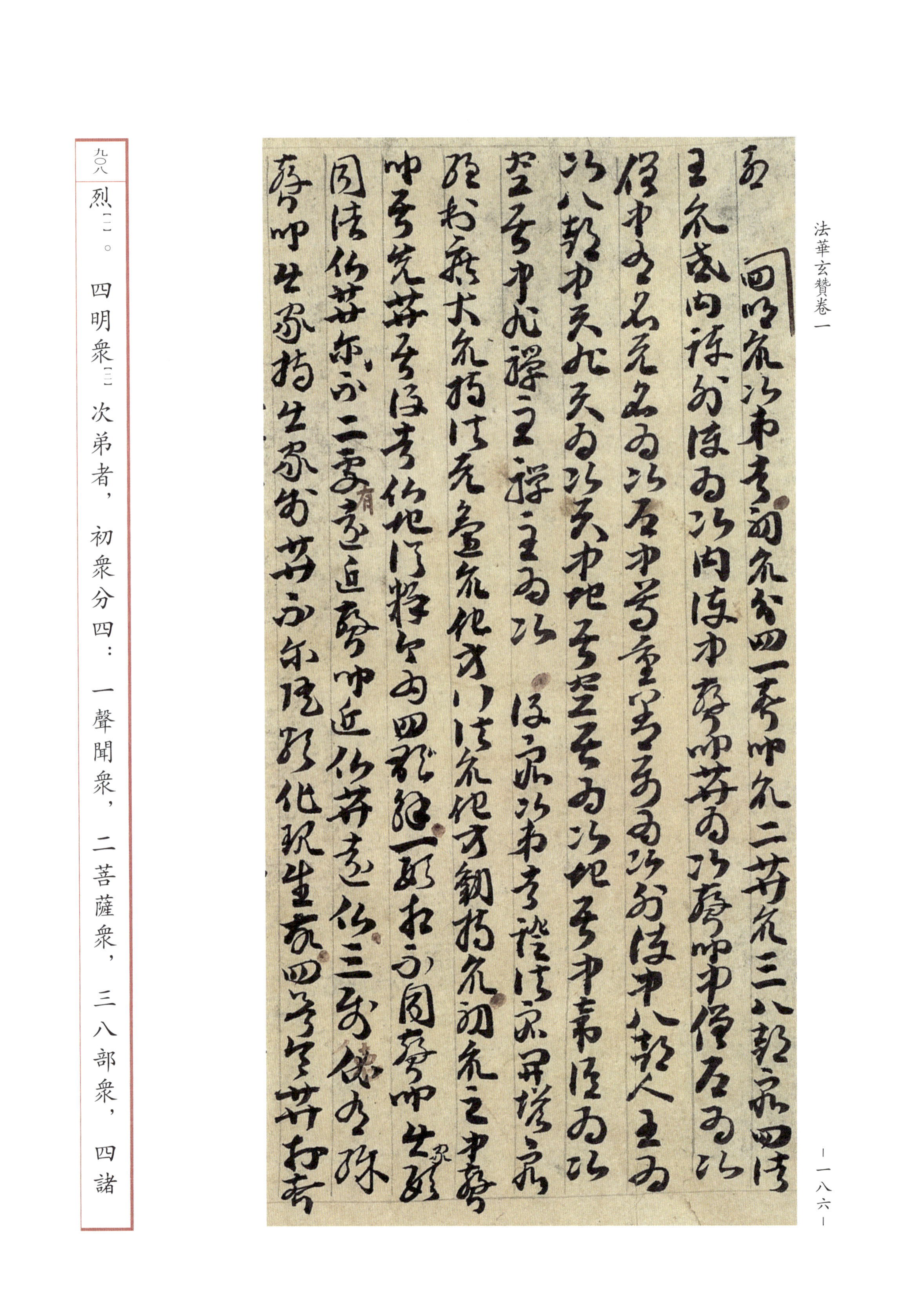

九〇八

烈[一]。四明衆[二]次弟者，初衆分四：一聲聞衆，二菩薩衆，三八部衆，四諸

九〇九 王衆。或内護、外護爲次。内護中聲聞、菩薩爲次，聲聞中僧、尼爲次，
九一〇 僧中有名、无名爲次，尼中尊重、眷屬爲次。外護中八部、人王爲
九一一 次，八部中天、非天爲次，天中地居、空居爲次，地居中帝、臣爲次，
九一二 空居中非禪主、禪主爲次。後衆次弟者，證法衆、開塔衆、
九一三 經利廣大衆、持法无邊衆、他方行法衆、他方勸持衆。初衆之中聲
九一四 聞居先菩薩居後者，《仏地論[三]》釋，今爲四[四]解。一形相不同，聲聞出家[五]
形
九一五 同諸仏，菩薩不尒[六]。二處有[七]遠近[八]，聲聞近仏，菩薩遠仏[九]。三戒德[一〇]有
殊，
九一六 聲聞出家持出家戒，菩薩不尒，隨類化衆[一一]生故。四欲令菩薩於聲

校注

【一】「烈」，《大正藏》作「列」。【二】「衆」，《大正藏》無。【三】「論」下，《大正藏》有「雖」。【四】「四」下，唐本原有「顯」，以「卜」字符刪去。【五】「家」，唐本小字補。【六】「不尒」，唐本原作「尒不」，中有倒乙符。【七】「有」，唐本朱筆補。【八】「遠近」，《大正藏》作「近遠」。【九】「仏」，《大正藏》作「之」。【一〇】「德」，原寫成「依」，朱筆改作「德」。【一一】「衆」，唐本作「現」，據窺基《説無垢稱經疏》卷四「世尊隨類化衆生故」改。《大正藏》無。

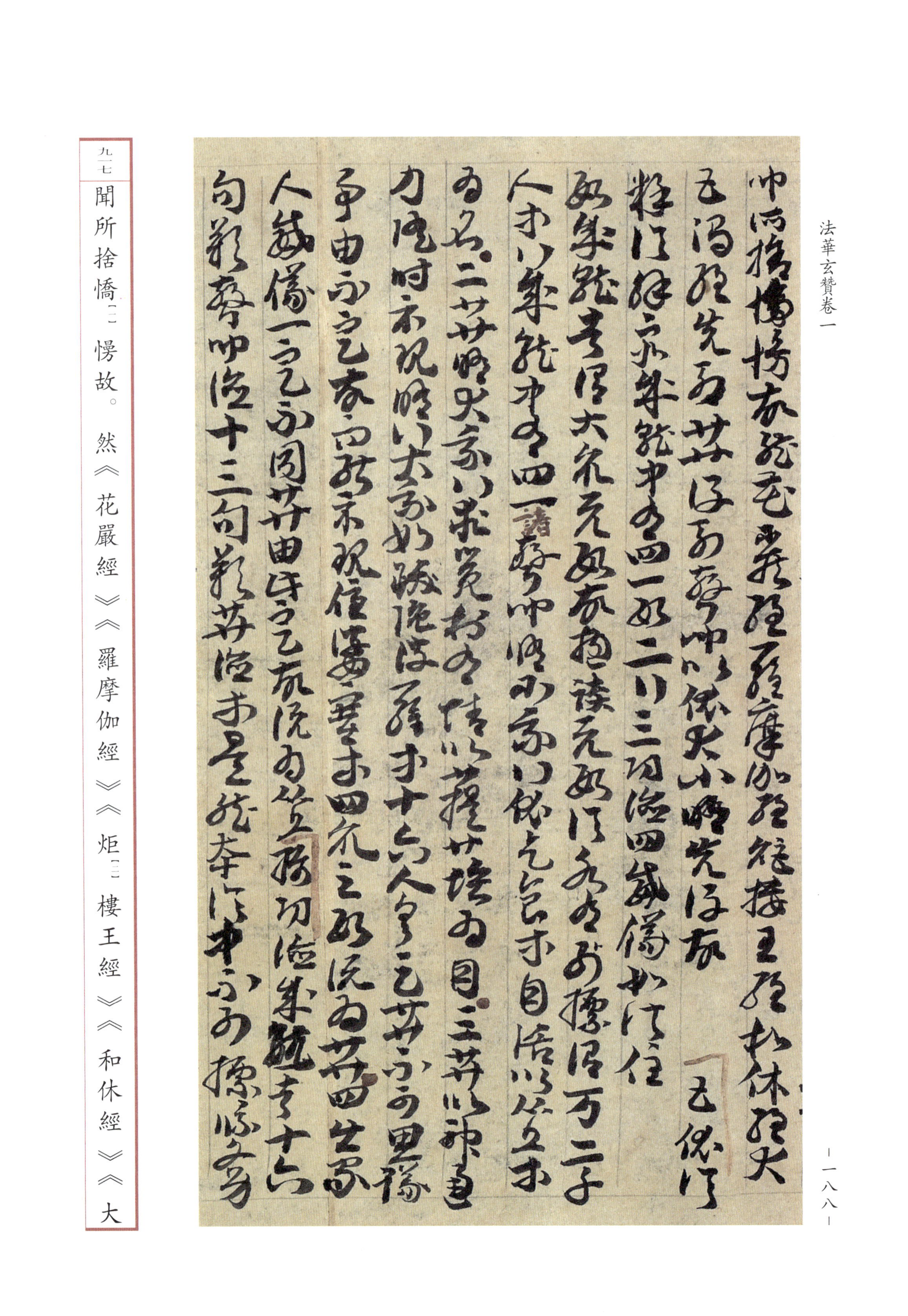

九一七 聞所捨憍[一]慢故。然《花嚴經》《羅摩伽經》《炬[二]樓王經》《和休經》《大

五濁經》，先列菩薩後列聲聞，以德[三]大小明先後故。五依論釋論[四]解衆成就，中有四：一數，二行，三[五]功德，四威儀如法住。數成就者，謂大衆无數故。揔談无數，論各有[六]摽，謂万二千人等。行成就中有四。一諸[七]聲聞脩小乘行，依乞食等自活，以比丘等爲名。二菩薩脩大乘行，求覺利有情，以菩提薩埵爲目。三菩薩以神通力隨時示現，脩[八]行大乘，如跋陁波[九]羅等十六人，具足菩薩不可思議事，由不定故，而能示現優婆塞等四衆之形説爲菩薩。四出家人威儀一定，不同菩薩，由此定故説爲比丘。攝功德成就者，十六句歎聲聞德，十三句歎菩薩德等是。然本論中不別摽牒[一〇]，文義

校注

【一】「惰」，從《大正藏》釋。唐本原作「慢」，後改塗似「惰」。【二】「炬」，唐本「火」旁小訛。【三】「依」，唐本原作「德」，據《大正藏》、《無量壽經連義述文贊》卷一改。【四】「論」，《大正藏》無。【五】「三」下，《大正藏》有「攝」。【六】「有」，《大正藏》無。「有」下，唐本有「别」，以「卜」字符删。《大正藏》有「别」。【七】「諸」，唐本朱筆補。【八】「脩」上，《大正藏》有「能」。【九】「陁波」，《大正藏》作「陀婆」。【一〇】「牒」，王彦坤《歷代避諱字彙典》引《游宦記聞》卷九云：「『世』字因唐太宗諱世民，故今『牒』、『葉』、『棄』皆去『世』而從『云』。」

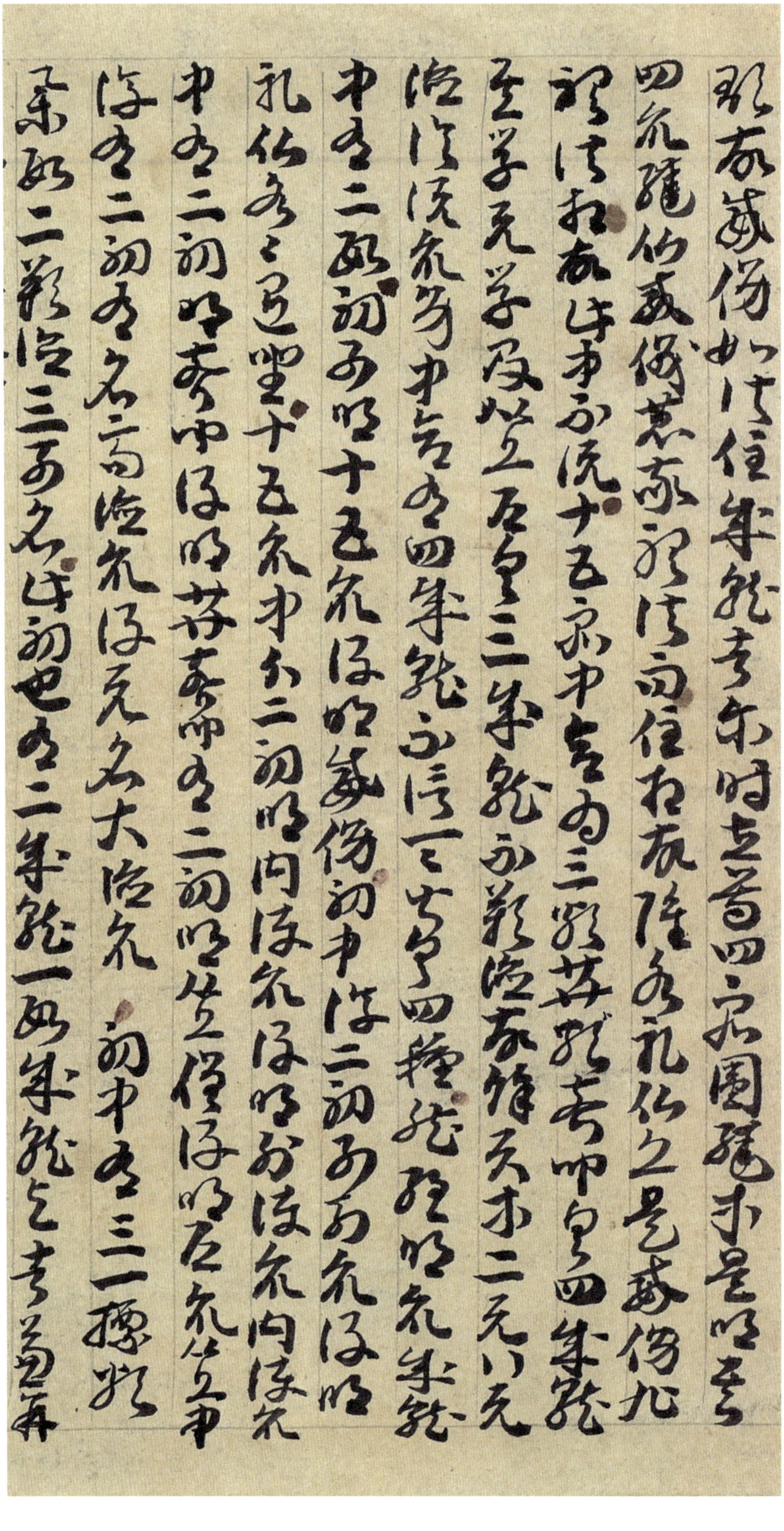

九二七 顯故。威儀如法住成就者，尔時世尊四衆圍繞等是。明其

九二八 四衆繞仏威儀恭敬聽法而住相故。雖各礼仏亦是威儀，非

九二九 聽法相，故此中[一]不説。十五衆中合爲三類，菩薩[二]、聲聞具四成就，
九三〇 其[三]學、无學及比丘尼具三成就，不歎德故；餘天等[四]二，无行、无
九三一 德。論説衆義[五]中，合有四成就，不信[六]一一皆具四種。然經明衆成就[七]
九三二 中有二段：初別明十五衆，後明威儀。初中復二：初別列衆，後明
九三三 礼仏各各退坐。十五衆中分二：初明内護衆，後明外護衆。内護衆
九三四 中[八]有二：初明聲聞，後明菩薩。聲聞有二：初明比丘僧[九]，後明尼衆。比丘
中
九三五 復[一〇]有二：初有名高德衆[一一]，後无名大德衆[一二]。初中有三，一摽類
九三六 乑數，二歎德，三列名，此初也。有二成就：一數成就，〔二行成就〕。[一三]
与者，兼、并、

校注

【一】「中」，《大正藏》無。【二】「薩」下，唐本原有「類」，以「卜」字符删去。【三】「其」下，《大正藏》有「有」。【四】「等」下，《大正藏》有「具」。【五】「義」，《大正藏》作「成」。【六】「信」，《大正藏》作「言」。【七】「就」，《大正藏》無。【八】「中」，《大正藏》無。【九】「僧」，《大正藏》無。【一〇】「復」，《大正藏》無。【一一】「衆」，《大正藏》無。【一二】「衆」，《大正藏》無。【一三】「二行成就」，據文義補。「一數成就二行成就」，《大正藏》作「一數二行」。

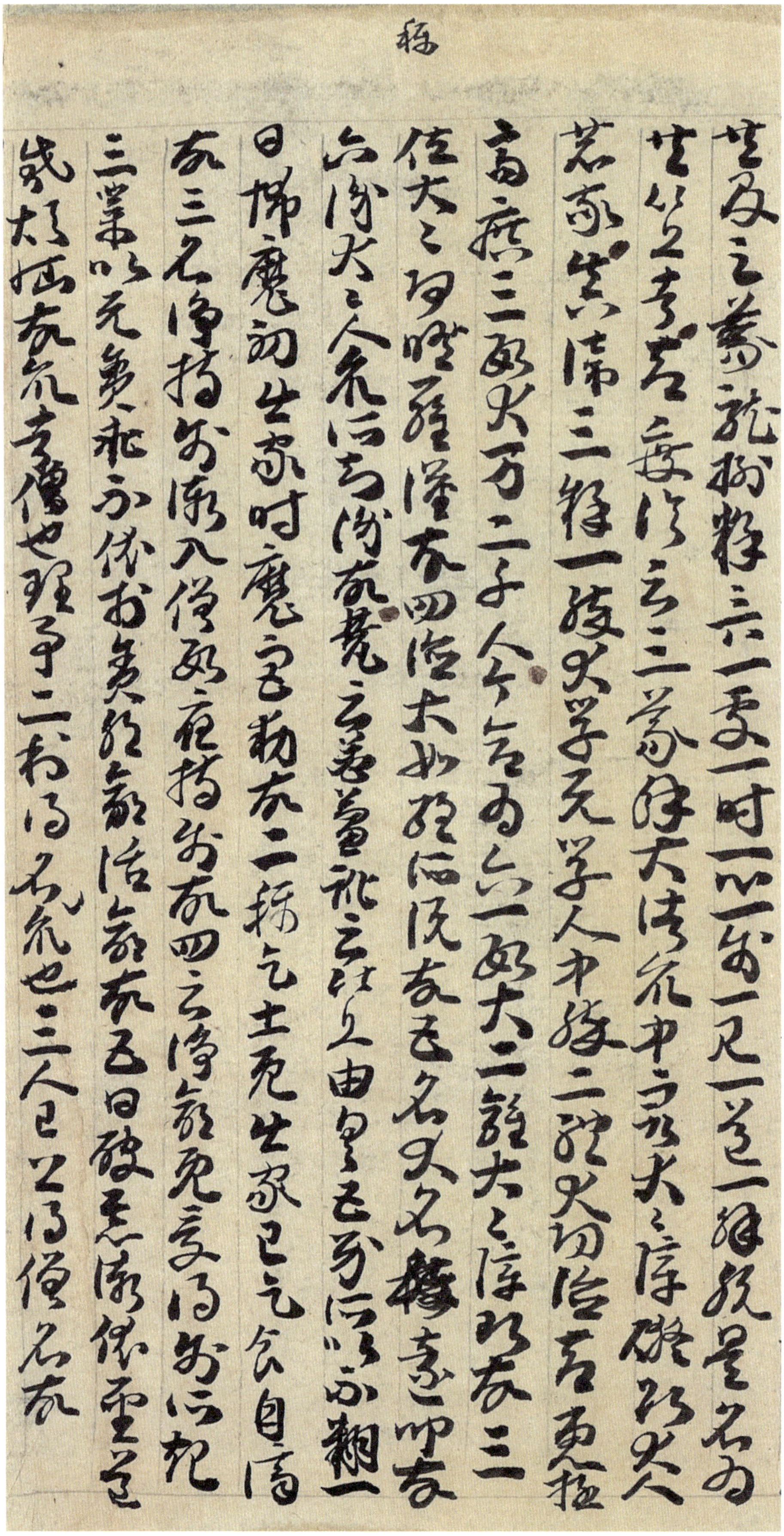

九三七 共、及之義。龍樹釋言：「一處、一時、一心、一戒、一見、一道、一[二]解脫[三]，是名爲

共。」比[三]丘者，《智度論》云，三義解大，諸衆中寂大，大障礙斷，大人恭敬。真諦三釋：一勝大，學、无學人中勝；二體大，功德智恵極高廣；三數大，万二千人。今合爲六：一數大；二離大，大障斷故；三位大，大阿[四]羅漢故；四德大，如經所説故；五名大，名稱[五]遠聞故；六識大，大人衆[六]所知識故。梵云苾蒭，訛云比丘，由具五義所以不翻。一曰怖魔，初出家時魔宮動故。二稱[七]乞士，既出家已乞食自濟[八]故。三名浄持戒，漸入僧數應持戒故。四云浄命，既受得戒，所起三業以无貪永[九]，不依於貪邪命[一〇]活命故。五曰破惡，漸依聖道戚[一一]煩惱故。衆者，僧也。理、事二利[一二]得衆名[一三]也。三人已上得僧名故。

校注

【一】「一」上，《大正藏》有「同」。【二】「脱」下，《大正藏》有「道」。【三】「比」上，《大正藏》有「大」。【四】「阿」下，唐本原有「脩」，以「卜」字符删去。【五】「稱」，唐本改之。此行欄上有小字「稱」。【六】「衆」上，《大正藏》有「大」。【七】「稱」，《大正藏》作「言」。【八】「濟」，《大正藏》作「活」。【九】「求」，唐本原作「乖」，據文義改。《大乘寶雲經》卷三：身不混雜故，口少欲故，心無貪求故。《大正藏》作「發」。【一〇】「命」，《大正藏》無。【一一】「戚」，《大正藏》作「滅」，字同。【一二】「利」，《大正藏》作「和」。【一三】「衆名」，唐本原作「名衆」，中有倒乙符。

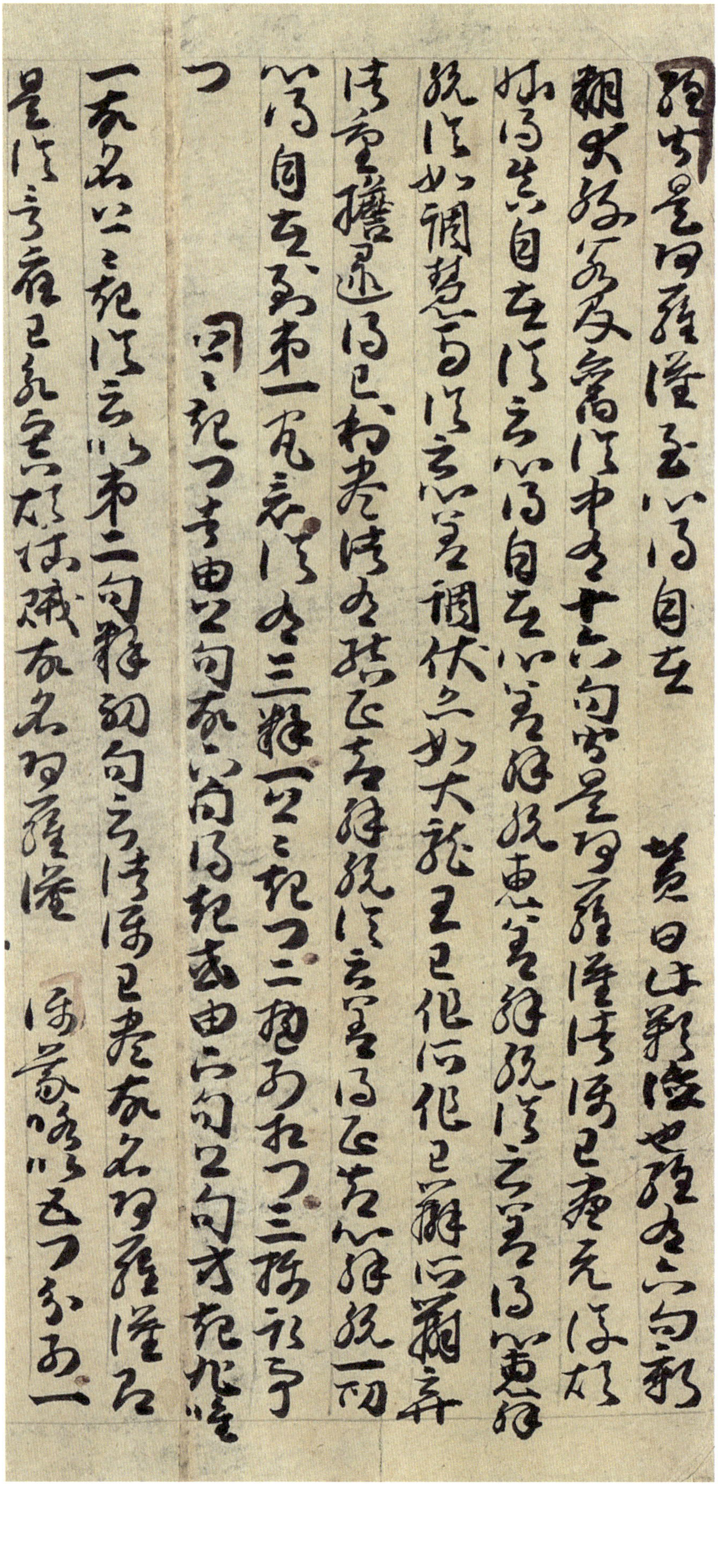

九四七 經「皆是阿羅漢至心得自在」。贊曰：此歎德也。經有六句，新

九四八 翻《大般若》[一]及舊論中有十六句[二]：「皆是阿羅漢，諸漏已盡，无復煩

九四九 惱，得真自在。」論云：「心得自在，心善解脱，惠善解脱。」論云：「善得

心恵解
九五〇 脱，論[三]如調慧馬。」論云：「心善調伏，亦如大龍王[四]，已作所作、已辦[五]
所辦，弃[六]
九五一 諸重擔，逯[七]得己利，盡諸有結正智[八]解脱。」論云：「善得正智心解脱，一
㓚[九]
九五二 心得[一〇]自在，到[一一]弟一究竟。」論有三釋：一上上起門，二揔別相門，三攝取
事
九五三 門。上上起門者，由上句故下句得起，或由下句上句方起，非[一二]唯
九五四 一故名上上起。論以[一三]弟二句釋初句云「諸漏已盡故名阿羅漢」，即
九五五 是論言「應已永害煩惱賊故名阿羅漢」。漏義略[一四]以五門分別：一

校注

【一】「大般若」，《大正藏》無。【二】「句」下，《大正藏》有「云」。【三】「論」，《大正藏》無。【四】「王」，《大正藏》無。【五】「辦」，唐本亦似「辯」，兩字古通。【六】「弃」，《大正藏》作「棄」，字同。【七】「逯」，《集韻·代韻》：「逮，及也，古作逯。」《大正藏》作「逮」。【八】「智」，《大正藏》作「知」。【九】「一㓚」，《大正藏》作「至」。【一〇】「得」，《大正藏》無。【一一】「到」，《大正藏》無。【一二】「非」上，《大正藏》有「起」。【一三】「以」，原作「云」，據九七〇、九七一等行文例及《大正藏》改。【一四】「義略」，《大正藏》無。

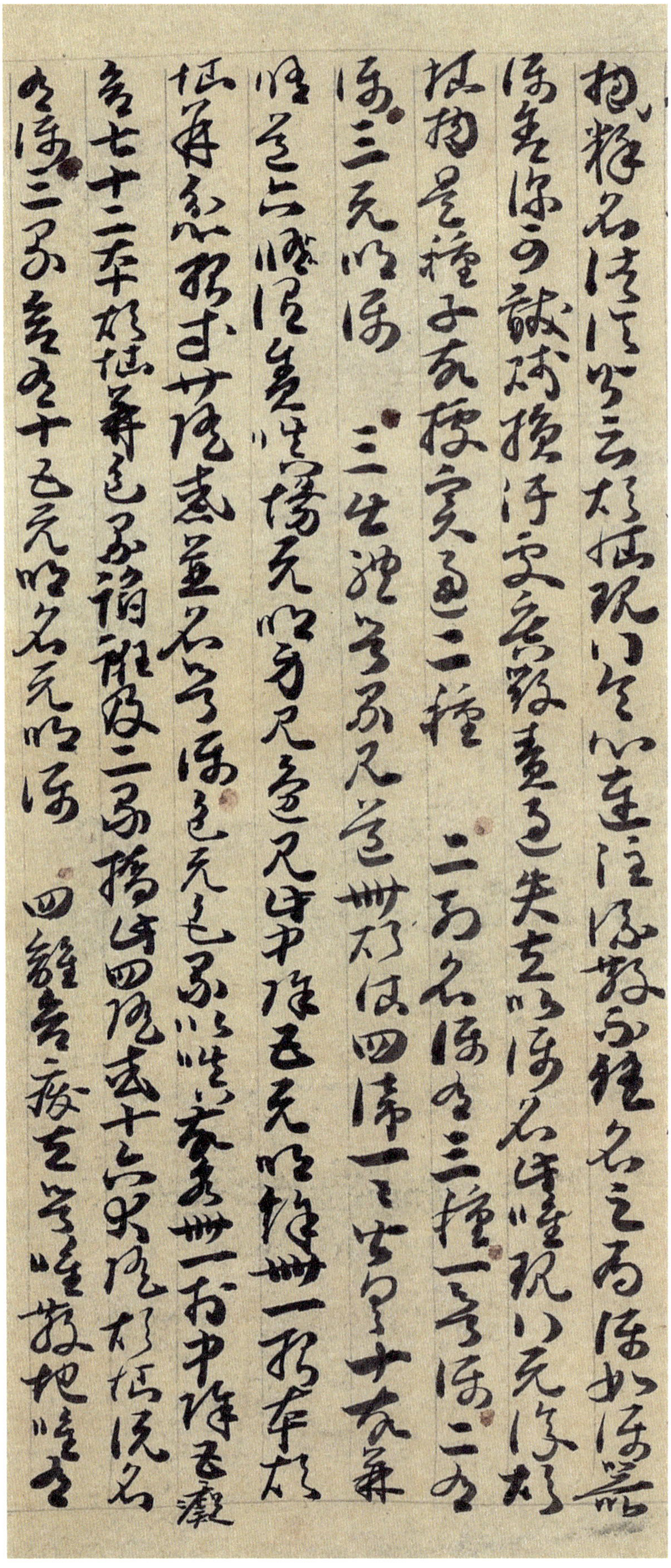

九五六 釋揔[一]名，諸論皆云「煩惱現行令心連注，流散不絶名之爲漏」。如漏器

九五七 漏舍，深可猒賤，損汙處廣，毀責過失，立以漏名，此唯現行，无復煩

九五八 惱，揔[二]是種子故，據實通二[三]種。二列名。漏有三種：一欲漏，二有

九五九 漏，三无明漏。三出體。欲界見道卌[四]煩惱，四諦一一皆具十故，并

九六〇 脩道六[五]，謂貪、嗔、慢、无明、身見、邊見。此中除五无明，餘卌[六]一根本煩

九六一 惱并忿恨[七]等卄隨惑並名欲漏；色无色界以[八]嗔故，各卌[九]一，於中[一〇]除五癡，

九六二 合七十二〔根〕[一一]本煩惱，并色界諂、誑及二界撟[一二]，此[一三]四〔小〕[一四]隨或[一五]、十六大隨煩惱説名

九六三 有漏。三界合有十五无明，名无明漏。四離合廢立，欲唯散地唯有

校注

【一】「釋揔」，唐本原作「揔釋」，中有倒乙符。【二】「揔」，《大正藏》無。【三】「二」，《大正藏》無。【四】「卌」，《大正藏》作「四十」。【五】「六」下，唐本原有「脩」，以雙「卜」字符删去。【六】「卌」，《大正藏》作「四十」。【七】「恨」，唐本作「根」，據《大正藏》改。《大般若波羅蜜多經》卷四百一十一：不善法者，謂害生命、不與取、欲邪行，虚誑語、離間語、麁惡語、雜穢語，貪欲、瞋恚、邪見及忿恨、覆惱、諂誑、矯害、嫉、慳、慢等。【八】「以」下，《大正藏》有「無」。【九】「卌」，《大正藏》作「四十」。【一〇】「中」下，《大正藏》有「各」。【一一】「根」，唐本無，據《大正藏》補。【一二】「撟」，通「矯」。《大正藏》作「憍」。《大般若波羅蜜多經》卷五百〇一：不爲慳嫉、忿恨、覆惱、諂誑、憍等隱蔽其心。【一三】「此」上，《大正藏》有「合」。【一四】「小」，據《大正藏》補。參見《成唯識論觀心法要》卷六、《成唯識論音響補遺》卷六。【一五】「或」，《大正藏》作「惑」。

法地爲五　新地有四生地亦宜爲摩二性成地二所以攝立爲一名依
以爲依宮立無漏地一生一性所依由此能生爲一名依無漏力增故
在亦生爲有二所依以爲十一種種子爲緣說法成立　是得名依住
爲三界一切有漏依止名爲法法之故三之法爲依界所攝爲種子
起從種爲名說名爲法依界諸成更無爲種得生未名之爲依
無漏亦以諸法爲名新自以能名無漏法體法九一切名爲法性依瑞
所更爲爲釋止攝業足以第四句釋第二句云得生自在亦名法
法已者由證生無爲爲法者自在名法法者以第二第三句釋第四
句云以者無取法所名得生自在者者法法已者無取法者無依
取法由現種成無爲得生自在之爲奉事以無取法亦名得自在

漏地，通五趣地，具四生地，不善、有覆[一]二性或[二]地，所以獨立爲一欲漏。上界俱定，通无漏地，一[三]生一性煩惱，由此合立爲一有漏。无明力增[四]相應、不共，爲前二所依，以具十一殊勝事故離諸或[五]立。五得名所從，准[六]知三界一切煩惱應皆名有漏，漏於三有有之漏故。下界煩惱多緣欲起，從緣[七]爲名，說名[八]欲漏，上界諸或[九]更无別勝，得其本名名爲有漏；无明不以餘法爲名，彰自行相名无明漏。此漏非一，故名爲諸。然依《瑜伽》更有別釋，恐繁[一〇]且止。以弟四句釋弟二句云「得真自在故名諸漏已盡」，由證真无爲，漏盡自在[一一]，名諸漏盡。以弟二弟三句釋弟四句云「以盡无煩惱故名得真自在」，盡者諸漏已盡，无煩惱者无復煩惱，由現種或[一二]无故，得真自在。亦有本言「以无煩惱故名得[一三]自在」

校注

【一】「覆」下，《大正藏》有「無記」。【二】「或」，《大正藏》作「惑」。【三】「一」上，《大正藏》有「一趣」。【四】「增」下，《大正藏》有「通」。【五】「或」，《大正藏》作「惑」。【六】「准」，《大正藏》作「雖」。【七】「緣」，《大正藏》作「勝」。【八】「名」，《大正藏》作「爲」。【九】「或」，《大正藏》作「惑」。【一〇】「恐繁」，《大正藏》作「繁故」。【一一】「在」下，《大正藏》有「故」。【一二】「或」，《大正藏》作「惑」。【一三】「得」下，《大正藏》有「真」。

可无差字唯第三句釋第四句又以第五第六句釋第四句云以言
得心樂說智得慧樂說辯名得無自在以辯宣障名心樂說辯挂
障故名慧樂說又辯无所畏無畏不說名慧樂說波和在心得辯
持故名心樂說由辯得二種樂无為得自在　以第二句釋第三
句云以意辯持凡所凡故名无得如法如法之理唯於種子意能凡
所凡辯而在持所凡意辯所樂持以辯現以清淨二障故名无法
如法當得釋持凡意執意以所凡意所執意由无故執意凡心
意所執意和當持不現名辯二凡意清淨是挹无如法如法無
任量可无意之凡之為本清淨生意之不和壹　以第五第六句釋
七句云以言得心意樂說故名心實調伏故如良馬善調順
以第九第十意句釋第八句云之如大龍意以清淨慧如羊但諸无所

而无盡字，唯弟三句釋弟四句。又以弟五弟六句釋弟四句云「以善得心解脱善得慧解脱故，名得真自在」，以離定障名心解脱，離性障故名慧解脱。又離无明、貪愛等體名慧解脱，彼相應心得離縛故名心解脱。由離此二，證獲无爲得真自在。以弟二句釋弟三句云「以遠離能見、所見故名无復煩惱」，煩惱之[一]體唯取種子，遠能見者[二]離相應縛，〔離〕[三]所見者離所縁縛，以離現行諸漏二縛故名无復煩惱。或復單釋，能見者執我心，所見者所執我，由无能執我見心故，所執我相當情不現，名離二見。前諸漏盡是揔[四]无煩惱，此无煩惱是別无我見。我見爲本，諸漏生故，故不相違[五]。以弟五弟六句釋[六]七句云「以善得心恵解脱故名心善調伏」，故如良馬其性調順。以弟九弟十[七]兩句釋弟八句云「亦如大龍者，行諸惡道如平坦路，无所

校注

【一】「之」，《大正藏》無。【二】「者」上，唐本有「所見」，據《大正藏》删。《法華經玄贊決擇記》卷二十一：疏遠能見者至離縛者。本分句「能見」與下一分句「所見」對舉。【三】「離」，據《大正藏》補。【四】「揔」，《大正藏》作「總」。【五】「違」，從《大正藏》釋。唐本字形與一〇三二、一〇五六行之「速」同。【六】「釋」下，《大正藏》有「第」。【七】「十」，唐本右旁補寫。

拘礙故以者已以成所辦故引經云已作所作已辦所辦故如
大龍由已作所作佛已辦成等佛所以如龍之威德降伏生死陰阻之
事如手坦護充行拘礙所爲生死所作留難生死因果皆已盡故
威德隨故以學釋第九句云應作者作人中大龍已得阻降伏於
性怨敵德諸已隨故稱隨集諸大阿羅漢隨學釋第十句云應作
已辦者更無所作生如來應之事已畢所辦故無有諸應隨故以第
九第十句釋第十一句云離諸重擔者已作所作已辦所辦得生重
擔名已擔故由感等圓復擔得方生死諸蘊名爲重擔
以第十一句釋第十二句云逮得己利者爲擔重擔證無放

九八五 拘礙」，應行者已行，應到處已到，故引[一]經云「已作所作，已辦所辦」，故如
九八六 大龍，由已作道諦，已辦感[二]諦，所以如龍。如龍威[三]德，雖行生死險阻之
九八七 處，如平坦路，无所拘礙，不爲生死而作[四]留難，生死因果皆已盡故，
九八八 感、道滿故。論單釋弟九句云「應作者作，人中大龍已對[五]治降伏煩
九八九 惱惡敵」，道諦已[六]滿故，能降集諦煩惱惡敵。論單釋弟十句云「所作
九九〇 已辦者，更不復生，如相應事已成辦故」，苦諦[七]盡感諦滿故。以弟
九九一 九弟十句釋弟十一句云「離諸重擔者，已作所〔作〕[八]，已辦所辦，後生重
九九二 擔永[九]已捨[一〇]故」，由感、道圓，便捨後身生死諸法，名弃[一一]重擔。
九九三 以弟十一句釋弟十二句云「逮得己利者，弃[一二]捨重擔證涅槃故」，即

校注

【一】「引」，《大正藏》作「新」。【二】「感」，《大正藏》作「滅」，字同。【三】「威」，唐本作「感」，據《大正藏》改。【四】「作」，《大正藏》作「所」。【五】「對」，唐本作「到」，據《大正藏》改。【六】「已」，《大正藏》無。【七】「諦」下，《大正藏》有「已」。【八】「作」，據《大正藏》補。【九】「永」，《大正藏》無。【一〇】「捨」下，《大正藏》有「離」。【一一】「弃」，《大正藏》作「棄」，字同。【一二】「弃」，《大正藏》作「棄」，字同。

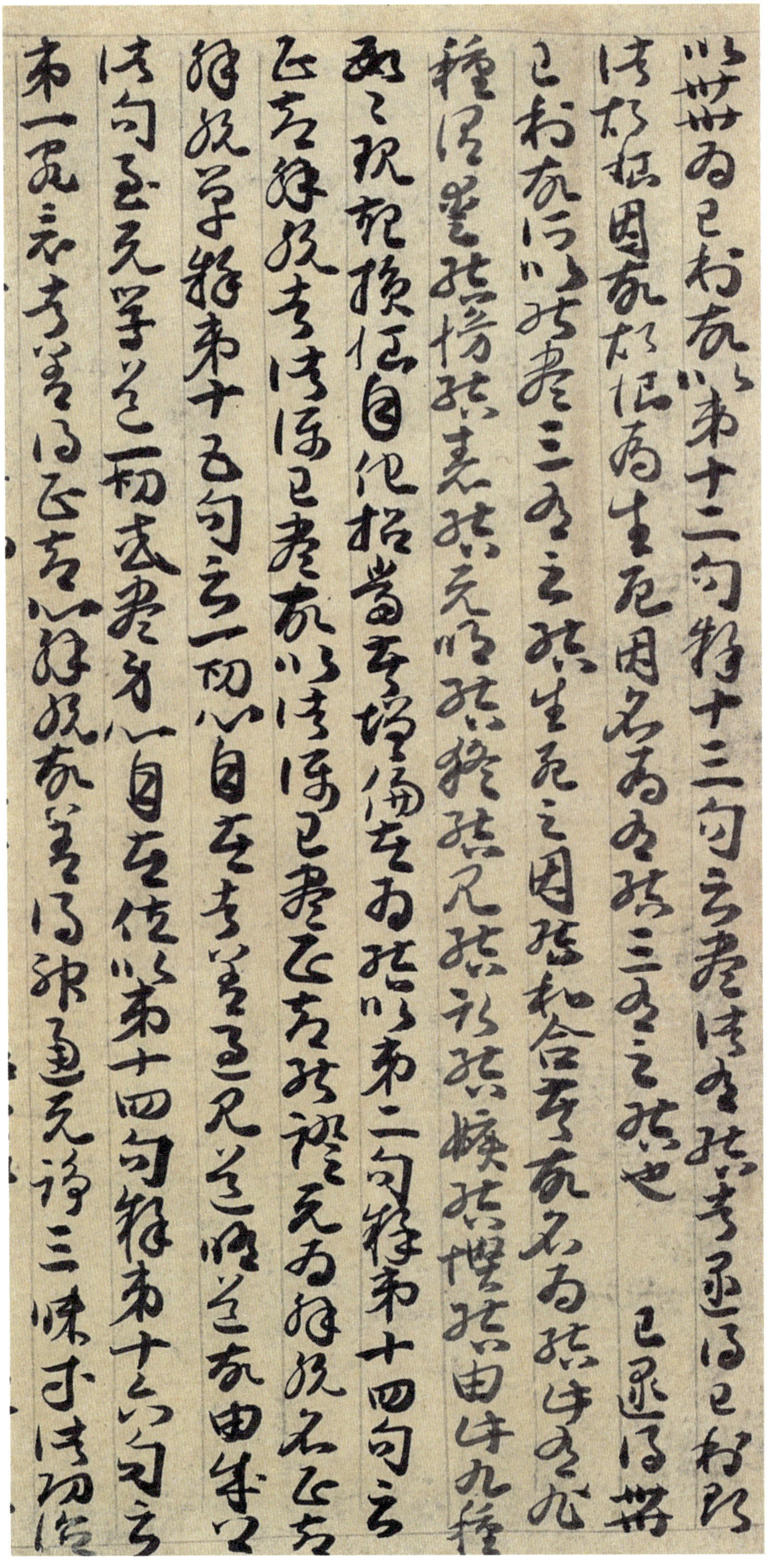

九九四 以涅槃爲己利故。以弟十二句釋弟十三句云「盡諸有結者，逯[一]得己利，斷

九九五 諸煩惱因故」，煩惱爲生死因，名爲有結，三有之結也。已逯得涅槃

九九六 己利故，所以能盡三有之結，生死之因能[二]和合苦，故[三]名爲[四]結。此有九[五]
九九七 種，謂愛結、慢結、恚結[六]、无明結、疑結、見結、取結、嫉結、慳結，由此
九種
九九八 數數現起，損惱自他，招當苦增，偏在[七]爲結。以弟二句釋弟十四句云
九九九 「正智解脱者，諸漏已盡故」，以諸漏已[八]盡正智能證无爲解脱，名正[九]智
一〇〇〇 解脱。單釋弟十五句云「一㓨[一〇]心自在者，善過見道、脩道〔智〕[一一]故」，
由[一二]成上
一〇〇一 諸句至无學道一㓨或[一三]盡身[一四]心自在位。以弟十四句釋弟十六句云
一〇〇二 「弟一究竟者善得正智心解脱故，善得神通、无諍三昧等諸功德

校注

【一】「逯」上，《大正藏》有「已」。【二】「能」，唐本似「結」，釋從《大正藏》。【三】「故」上，《大正藏》有「能結」。【四】「爲」，《大正藏》無。【五】「有九」，唐本中有倒乙符。而《大正藏》作「有九」，文義正確，故釋「有九」。【六】「慢結、恚結」，《大正藏》作「恚結、慢結」。【七】「在」，《大正藏》作「立」。【八】「已」，《大正藏》無。【九】「正」，《大正藏》無。【一〇】「一㓨」，《大正藏》作「至」。【一一】「智」，唐本無，據《大正藏》補。【一二】「由」上，《大正藏》有「住見、修道心未自在尚有惑故」。【一三】「或」，《大正藏》作「惑」。【一四】「身」，《大正藏》無。

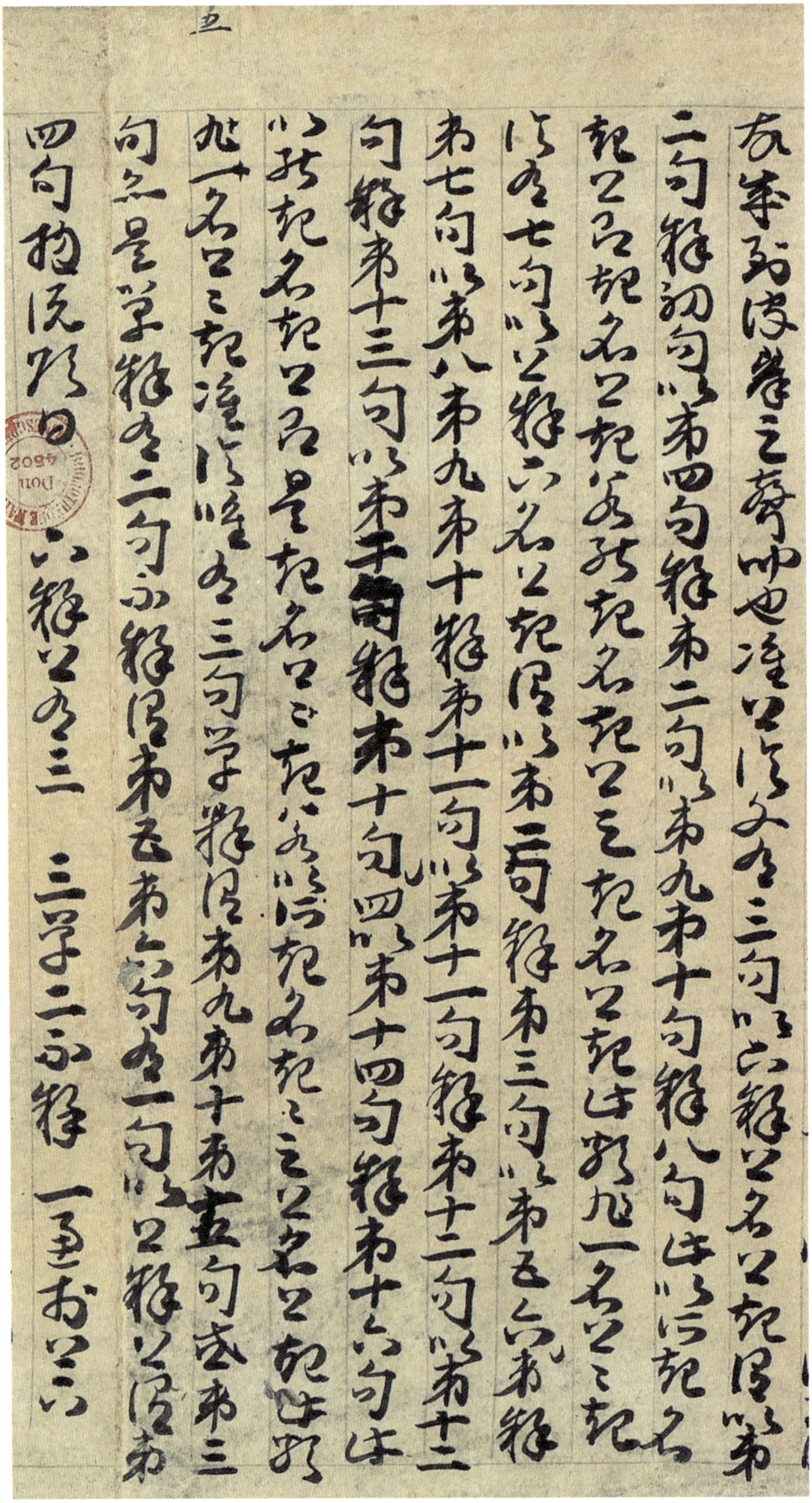

一〇〇三

故」，成到彼岸之聲聞也。准上論文唯有三句，以下釋上名上起，謂以弟

一〇〇四 二句釋初句，以弟四句釋弟二句，以弟九弟十句釋〔第〕[一]八句。此以所起名
一〇〇五 起，上即起名上起，若能起名起，上之起名上起，此類非一，名上上起。
一〇〇六 〔准〕[二]論[三]有七句以上釋下名上起，謂以弟二句釋弟三句，以弟五弟六[四]釋
一〇〇七 弟七句，以弟八[五]弟九弟十[六]釋弟十一句，以弟十一句釋弟十二句，以弟十二
一〇〇八 句釋弟十三句，以弟二[七]句釋弟十四句[八]，以弟十四句釋弟十六句，此
一〇〇九 以能起名起，上即是起名上[九]起。若以所起名起，起之上名上起，此類
一〇一〇 非一，名上上起。准論唯有三句單釋，謂弟九弟十弟十五[一〇]句，或弟三
一〇一一 句亦是單釋。有二句不釋，謂弟五弟六句。有一句以上釋上[一一]，謂弟
一〇一二 四句。揔説頌曰：「下釋上有三，〔上釋下有七〕[一二]，三單二不釋，一通於上
下，

校注

【一】「第」，唐本無，據《大正藏》補。【二】「准」，唐本無，據《大正藏》補。【三】「論」下，《大正藏》有「唯」。【四】「弟六」，唐本原作「六弟」，中有倒乙符。「六」下《大正藏》有「句」。【五】「弟八」，《大正藏》無。【六】「十」下，《大正藏》有「句」。【七】「二」似「干」，《大正藏》作「三」。【八】「四句」，唐本原作「句四」，中有倒乙符。【九】「上」下，唐本原衍「上」，以「卜」字符删去。【一〇】「五」字連。此行欄上有小字「五」，乃應此。【一一】「上」，《大正藏》作「下」，下有「亦以下釋上」。【一二】「上釋下有七」，據《大正藏》與上補。《法華經玄贊攝釋》卷一：上釋下七，亦准此知。

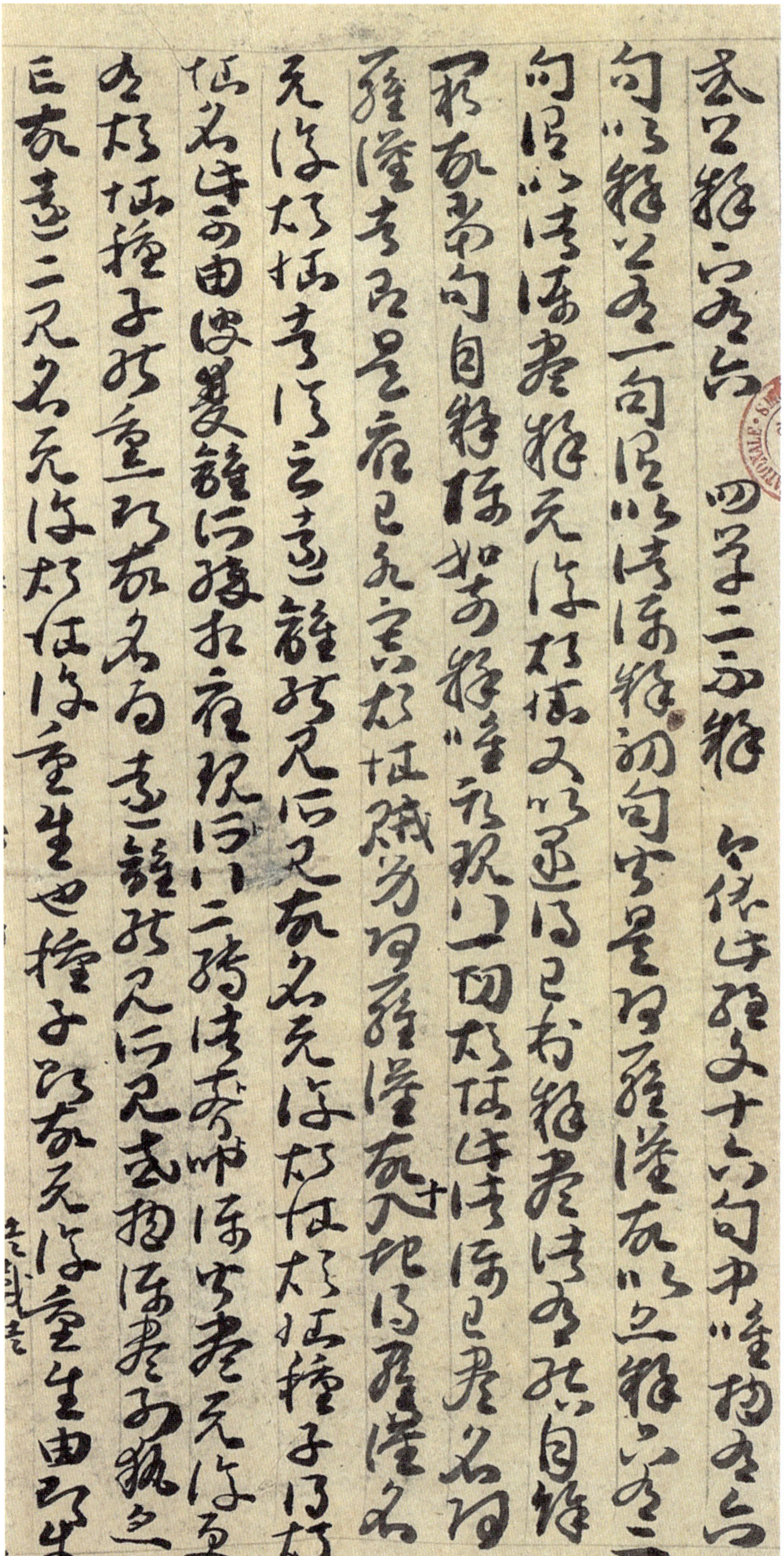

〔一〇三〕或上釋下有六，四單二不釋。」今依此經文，十六句中唯摠有六

一〇一四 句，以〔下〕[一]釋上有一句，謂以諸漏〔已盡〕[二]釋初句[三]「皆是阿羅漢
故」。以上[四]釋下有二
一〇一五 句，謂以諸漏[五]盡釋「无復煩惱」，又以逮得已利釋「盡諸有結」，自餘
一〇一六 闕[六]故當句自釋。「漏」如前釋，唯取現行一切煩惱，此諸漏已盡名阿
一〇一七 羅漢者，即是應已永[七]害煩惱賊義〔解〕[八]阿羅漢，故十入[九]地得羅[一〇]漢名。
一〇一八 「无復煩惱」者，論云遠離能見、所見故名无復煩惱。煩惱種子得煩
一〇一九 惱名，此可由彼雙離所緣[一一]相應現[一二]行二縛，諸[一三]漏皆盡，无復更
一〇二〇 有煩惱種子能熏[一四]斷故，名爲遠離能見、所見；或摠漏盡，別執亦
一〇二一 亡，故遠二見，名无復煩惱。復[一五]，重生[一六]也，種子斷故无復重生。由斷生

校注

【一】「下」，唐本無，據《大正藏》補。【二】「已盡」，唐本無，據《大正藏》補。【三】「句」，《大正藏》無。【四】「上」，唐本作「亦」，據《大正藏》改。【五】「漏」下，《大正藏》有「已」。【六】「闕」，《大正藏》作「闞」，字同。見《碑別字》。【七】「永」，唐本作「水」，據《大正藏》改。【八】「解」，唐本無，據《大正藏》補。【九】「十入」，《大正藏》作「入十」。「十」，唐本楷書補。【一〇】「羅」上，《大正藏》有「阿」。【一一】「緣」，唐本字形似「勝」。釋從《大正藏》。【一二】「現」下，唐本原有「所」，以「卜」字符删去。【一三】「諸」下，唐本原有「聲聞」，以「卜」字符删去。【一四】「熏」，《大正藏》作「重」。【一五】「復」下，《大正藏》有「者」。【一六】「生」，《大正藏》無。

既除勝法爲名齊全攝故稱還證華已所以述言（法華經第二文）今從初立
如言訓釋敘也述也由也由述之次依華已釋所以所說者三義之
因九說故起由以經者以四句諸羅經異是述見道理道意故
所以自在雖桂子序八種所論之得名爲所以得自在受處所知少分
可以次依諸種種經但可稱說諸之大勢以種種文法女者者當
自謂矣　第二稱可知者得宗是羅蘿經者是稱和經　大
十五句是可知攝羅經者攝名爲名爲十五勝法法法已者云
是上名受讀會別具乘依以慧密求者已法法已者故爲福
田二名攝大乘教化一切者元修攝持經名所求故　三名入

一〇二二 死流轉法故，名弃重擔，故能逮證涅槃己利。逮，音徒載、徒帝二反[一]，今從

初反[二]，

一〇二三 如音訓釋，及也至也[三]。即由逮得有餘依涅槃己利故[四]，能永盡三有之

一〇二四 因九結煩惱。「由上漏盡」以下四句，「彼阿羅漢，善過見道、脩道智故，

一〇二五 心得[五]自在」，離性、事障八解脱滿，亦得名爲心得自在。文既闕少[六]，不

一〇二六 可次弟依論解釋，但可摠取論之大[七]義以釋經文，諸有智者當

一〇二七 自詳矣。弟二摠别相門者，謂皆是阿羅漢者，是摠相門。餘

一〇二八 十五句是别相門。阿羅漢者摠名「應」義，有[八]十五義，諸漏已盡下

一〇二九 是。一應受飲食[九]卧具[一〇]妙[一一]供養恭敬[一二]等者，即諸漏已盡堪爲福

一〇三〇 田。二應將大衆教化一切者[一三]，无復煩惱離名利等故。三應入

校注

【一】「徒載徒帝二反」，唐本小字分兩行書。《大正藏》無。【二】「今從初反」，《大正藏》無。【三】「及也至也」，《大正藏》作「至也及也」。【四】「故」，唐本原作「利」，據《大正藏》改。【五】「心得」，《大正藏》作「得心」。【六】「少」，《大正藏》作「小」。【七】「大」，唐本似以「天」改，行下有小楷「大」，以證之。【八】「有」上，《大正藏》有「應」。【九】「食」下，《大正藏》有「等」。【一〇】「卧具」，《大正藏》無。【一一】「妙」，《大正藏》無。【一二】「敬」，唐本原作「家」，據《大正藏》改。【一三】「者」，《大正藏》無。

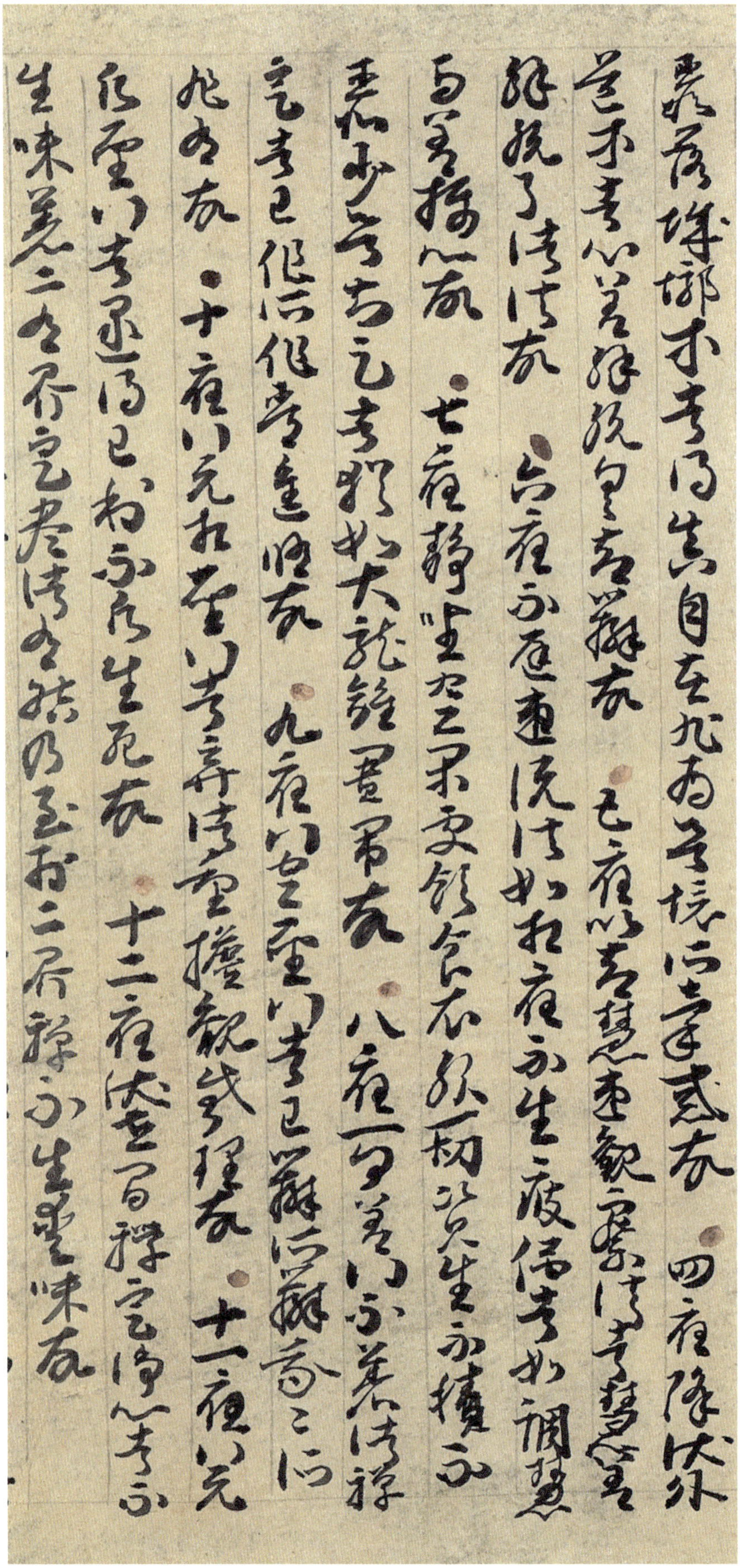

聚落城墎〔一〕等者〔二〕，得真自在非爲欲境所牽惑故。四應降伏外道等者〔三〕，心善解脱具智辨故。五應以智慧速〔四〕觀察法者〔五〕，慧善解脱了諸法故。六應不遲速説法，如〔六〕相應不生疲倦〔七〕者〔八〕，如調慧

一〇三四　馬善攝[九]心故。七應静坐空閑處，飲食、衣服[一〇]一阞資生不積不

一〇三五　聚，少[一一]欲知足者[一二]，猶如大龍離闠鬧故。八應一何[一三]善行不著諸禪，

一〇三六　定者[一四]已作所作，常進脩故。九應行空聖行者[一五]，已辦[一六]所辦，我我所

一〇三七　非有故。十應行无相聖行者[一七]，弃[一八]諸重擔，觀戚理故。十一應行无

一〇三八　願聖行者[一九]，逮得己利，不願生死故。十二應〔降〕[二〇]伏世間禪定淨心者[二一]，

不

一〇三九　生味著二有界定，盡諸有結，乃至於二界禪不生愛味故。

校注

【一】「埱」，《大正藏》作「邑」。【二】「者」，《大正藏》作「故」。【三】「者」，《大正藏》無。【四】「逮」，唐本似「遞」。釋從《大正藏》。【五】「者」，《大正藏》無。【六】「如」下，《大正藏》有「法」。【七】「倦」，唐本右旁作「弓」，字同。【八】「者」，《大正藏》無。【九】「攝」，《大正藏》作「稱」。【一〇】「服」下，《大正藏》有「等」。【一一】「少」，《大正藏》作「小」。【一二】「者」，《大正藏》無。【一三】「何」，《大正藏》作「向」。「何」下，《大正藏》有「行」。【一四】「定者」，《大正藏》無。【一五】「者」，《大正藏》無。【一六】「辦」，與一〇三二行「辦」，草書一模一樣，釋文從《大正藏》。段玉裁《說文解字注》：辦，俗作辨。《正字通》：辨、辦、辯並通。是以，古代草書「辦」、「辦」，每不區別。【一七】「者」，《大正藏》無。【一八】「弃」，《大正藏》作「棄」，字同。【一九】「者」，《大正藏》無。【二〇】「降」，據一〇四七行及《大正藏》補。【二一】「者」，《大正藏》無。

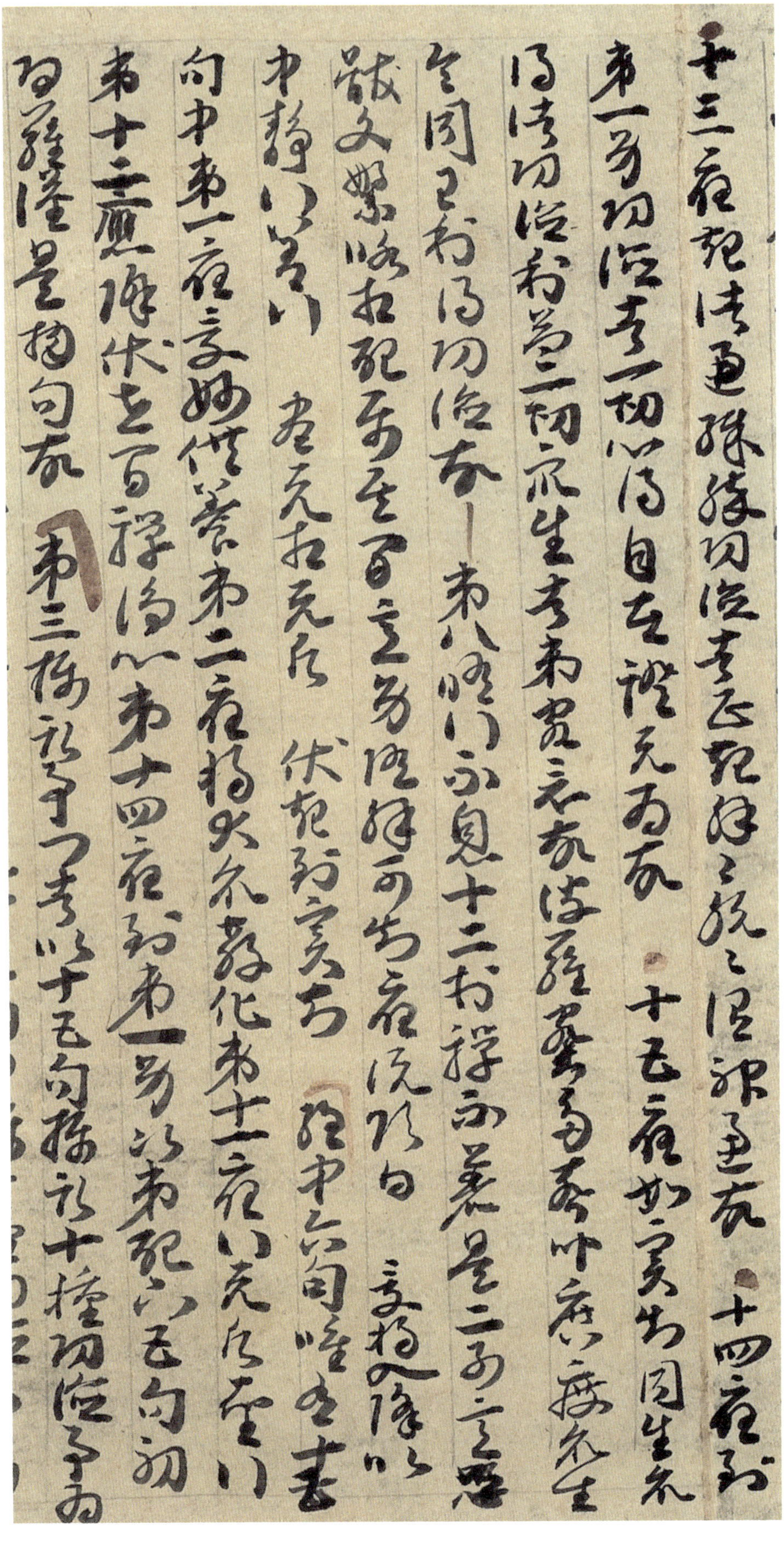

〔一四〇〕十三應起諸通殊勝功德者[二]，正智[三]解脫，解脫謂神通故。十四應到

一〇四一 弟一義功德者[三]，一切[四]心得[五]自在證无爲故。十五應如實知同生衆

一〇四二 得諸功德，利[六]益一切衆生者[七]弟〔一〕[八]究竟故。波羅蜜多聲聞廣度衆生

一〇四三 令同己利得功德故。弟八脩行不息，十二於禪不著，是二別意。恐

一〇四四 猒文繁，略相配屬[九]，其間意義[一〇]隨解可知。應說頌曰：「受、將、入、降、

以，

一〇四五 中、靜、行善行，盡[一一]、无相、无願，伏、起、到、實知。」經中六句唯有十

五[一二]

一〇四六 句中弟一應受妙供養[一三]，弟二應將大衆教化，弟十一應行无願聖行，

一〇四七 弟十二應降伏世間禪淨心，弟十四應到弟一義，次弟配下五句，初

一〇四八 阿羅漢是揔句故。弟三攝取事門者，以十五句攝取十種功德事，爲

校注

【一】「者」，《大正藏》無。【二】「智」，唐本原作「起」，據一〇六七行及《大正藏》改。敦煌草書卷「智」與「起」易混。【三】「者」，《大正藏》無。【四】「一切」，《大正藏》作「至」。【五】「得」，《大正藏》無。【六】「利」上，《大正藏》有「爲」。【七】「者」，《大正藏》無。【八】「一」，唐本無，據《大正藏》補。【九】「屬」，《大正藏》作「囑」。【一〇】「意義」，《大正藏》作「義意」。【一一】「盡」，《大正藏》作「空」。【一二】「五」從《大正藏》。唐本似「曹」。【一三】「養」，《大正藏》無。

一〇四九

示現可說果、不可說果者〔二〕。此中意說，十五句中攝十種功德事，爲

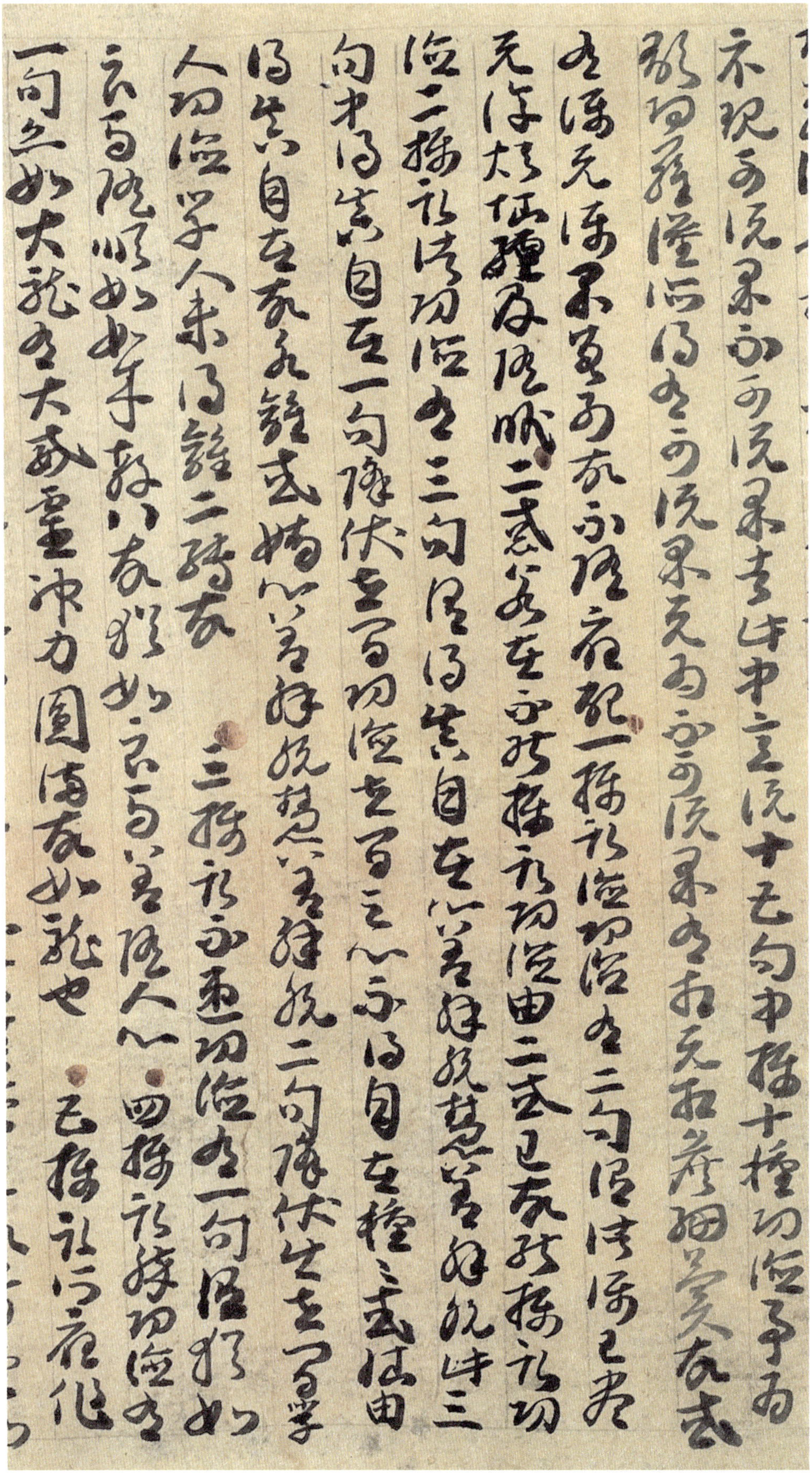

顯阿羅漢所得有〔爲〕[二]可説果、无爲不可説果，有相、无相，麤、細異故。

或[三]

有漏无漏果差別故[四]，不[五]隨應配。一攝取德[六]功德有二句，謂諸漏已盡、无復煩惱；纒[七]及隨眠二惑若在，不能攝取功德，由二或[八]已[九]故能攝取功德。二攝取諸功德有三句，謂得真自在、心善解脱、慧善解脱。此三句中得真自在一句降伏世間功德，世間之心不得自在，種種或惱[一〇]，由得真自在故永離或嬌[一一]。心善解脱、慧善解脱二句降伏出世間學人功德，學人未得離二縛故。三攝取不違[一二]功德有一句，謂[一三]猶如良馬[一四]，隨順如如來教行故，猶如良馬善隨人心。四攝取勝功德有一句，亦如大龍有大威靈，神力圓滿故如龍也。五攝取所應作

校注

【一】「者」，《大正藏》作「故」。【二】「爲」，唐本無，據《大正藏》補。【三】「或」，《大正藏》無。【四】「有漏无漏果差別故」，《大正藏》無。【五】「不」，《大正藏》作「下」。【六】「德」，《大正藏》作「得」。【七】「纒」，《大正藏》作「纏」。字同。【八】「或」，《大正藏》作「惑」。【九】「已」，《大正藏》作「亡」。【一〇】「或惱」，《大正藏》作「惑嬈」。【一一】「或嬌」，《大正藏》作「惑嬈」。【一二】「違」，唐本原作「速」，據《大正藏》改。唐本字形似「遆」。【一三】「謂」下，《大正藏》有「心善調伏」。【一四】「猶如良馬」，《大正藏》無。

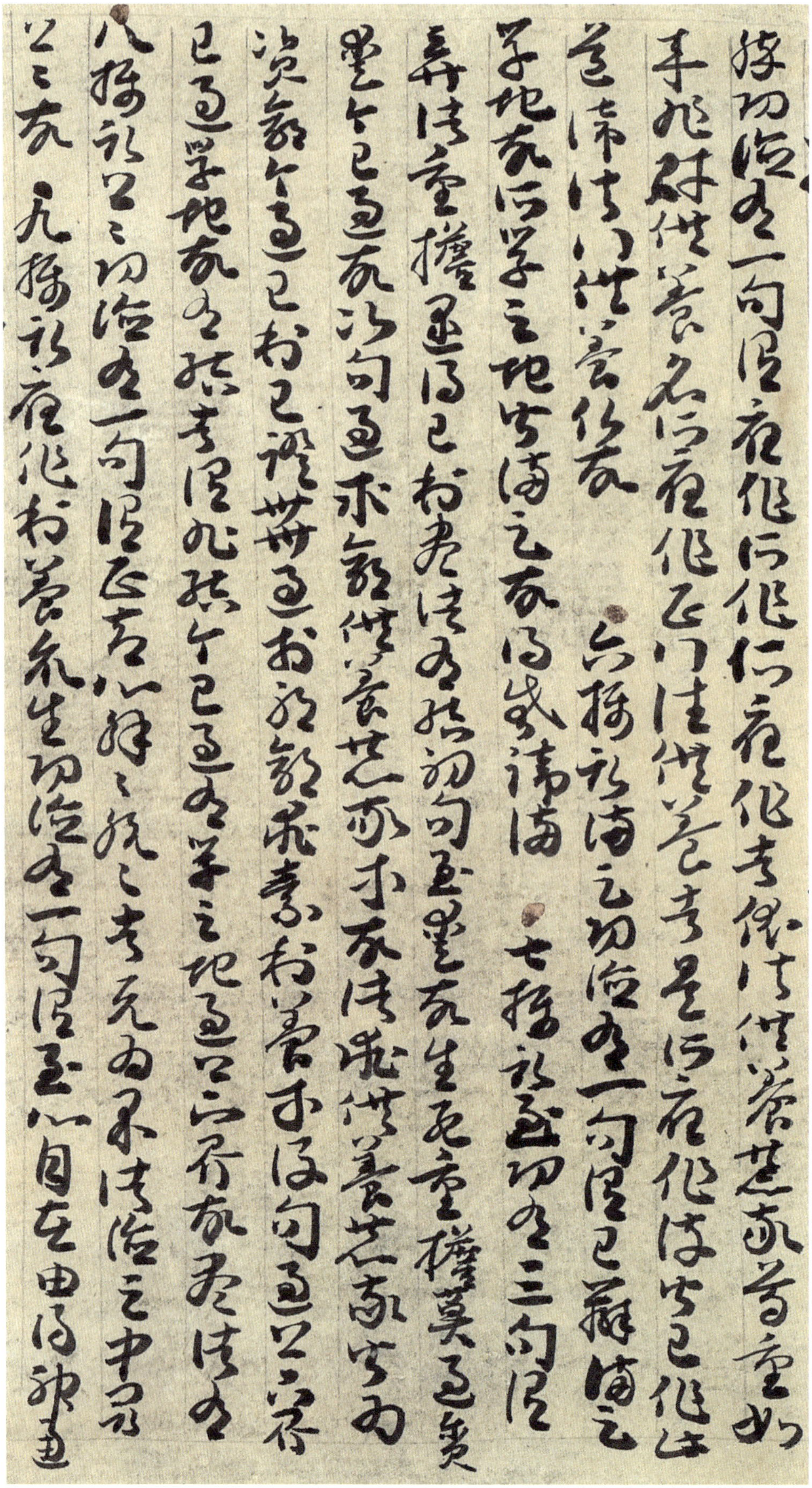

一〇五九

勝功德有一句，謂應作所作。所應作者，依法供養恭敬，尊重如

一〇六〇 來[一]，非財供養名所應作，正行法[二]供養者是所應作，彼皆已[三]作此

一〇六一 道諦法行供養仏故。六攝取滿足功德有一句，謂已辦〔所辦〕[四]，滿足

一〇六二 學地故。所學之地皆滿足故，得威諦滿。七攝取過[五]功〔德〕[六]有三句，謂

一〇六三 弃諸重擔，逮得己利，盡諸有結。初句過[七]愛故，生死重擔莫過貪

一〇六四 愛，今已過故。次句過求命供養恭敬等故，諸求供養恭敬皆爲

一〇六五 資命，今過[八]己利已證涅槃，過於邪命求索[九]利養等。後句過上下界，

一〇六六 已過學地故。有結者謂非[一〇]結，今已過有學之地，過上下界故盡諸有

〔結〕[一一]。

一〇六七 八攝取上上功德有一句，謂正智心[一二]解脫。解脫者无爲果，諸德之中冣

一〇六八 上上故。九攝取應作利養[一三]衆生功德有一句，謂至心自在。由得神通[一四]

校注

【一】「來」下，《大正藏》有「故」。【二】「法」，唐本原作「往」，據下行及《大正藏》改。【三】「皆已」，《大正藏》作「已皆」。【四】「所辦」，唐本無，據《大正藏》補。【五】「過」，唐本原作「至」，據《大正藏》改。【六】「德」，唐本無，據《大正藏》補。【七】「過」，唐本原作「至」，據《大正藏》改。【八】「過」，《大正藏》作「得」。【九】「索」，《大正藏》無。【一〇】「非」，《大正藏》作「九」。【一一】「結」，唐本無，據《大正藏》補。【一二】「心」，《大正藏》無。【一三】「養」，《大正藏》作「益」。【一四】「通」下，《大正藏》有「得」。

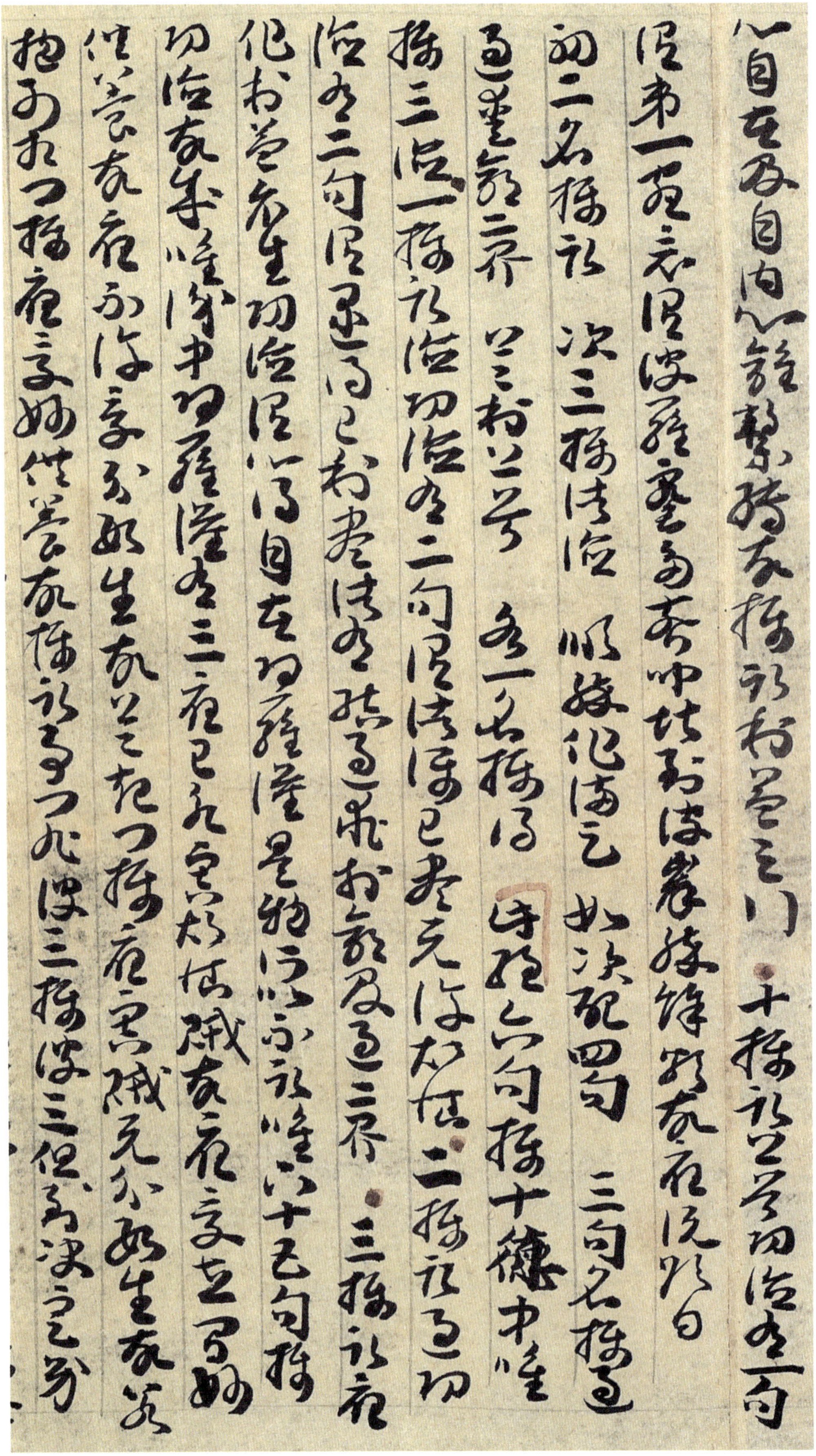

一〇六九 心自在，及自內心離繫縛故攝取利益之行。十攝取上首功德有一句，

一〇七〇 謂第一究竟，謂波羅蜜多聲聞堪到彼岸，勝餘[一]類故。應説頌曰：

一〇七一 「初二名攝取，次三攝諸德，順勝作滿足，如次配四句，三句名攝過，

一〇七二 過愛、命二界，上上、利、上首，各一名攝得[二]。」此經六句，攝[三]十德中唯

一〇七三 攝三德。一攝取德[四]功德有二句，謂諸漏已盡，无復煩惱。二攝取過功

一〇七四 德有二句，謂逮得己利，盡諸有結，過求於[五]命，及過[六]二界。三攝取應

一〇七五 作利益衆生功德〔有一句〕[七]，謂[八]心得[九]自在。阿羅漢是摠，所以不取，唯

下十五句攝

一〇七六 功德故。《成唯識》中，阿羅漢有三：應已永害煩惱賊故，應受世間妙

一〇七七 供養故，應不復受分段生故。上上起門攝應[一〇]害賊无分段生故，若[一一]

一〇七八 摠別相門攝應受妙供養故[一二]。懾[一三]取事門非彼三攝，彼三但約[一四]決定義，

校注

【一】「餘」下，《大正藏》有「鈍」。【二】「得」，《大正藏》作「德」。【三】「攝」下，《大正藏》有「取」。【四】「德」，《大正藏》無。【五】「於」，《大正藏》作「邪」。【六】「過」下，《大正藏》有「邪」。【七】「有一句」，唐本無，據《大正藏》補。【八】「謂」下，《大正藏》有「至」。【九】「得」，《大正藏》無。【一〇】「應」下，《大正藏》有「永」。【一一】「故若」，《大正藏》無。【一二】「故」，《大正藏》無。【一三】「懾」，《大正藏》作「攝」。【一四】「約」，唐本原作「到」，據《大正藏》改。

一〇七九 說一切阿羅漢不過三種故，攝取事門唯具[一]解脫到彼岸者之所成

一〇八〇 故。又上上起門永害煩惱，摠別相門堪受妙供養[二]，攝取事門无分段生

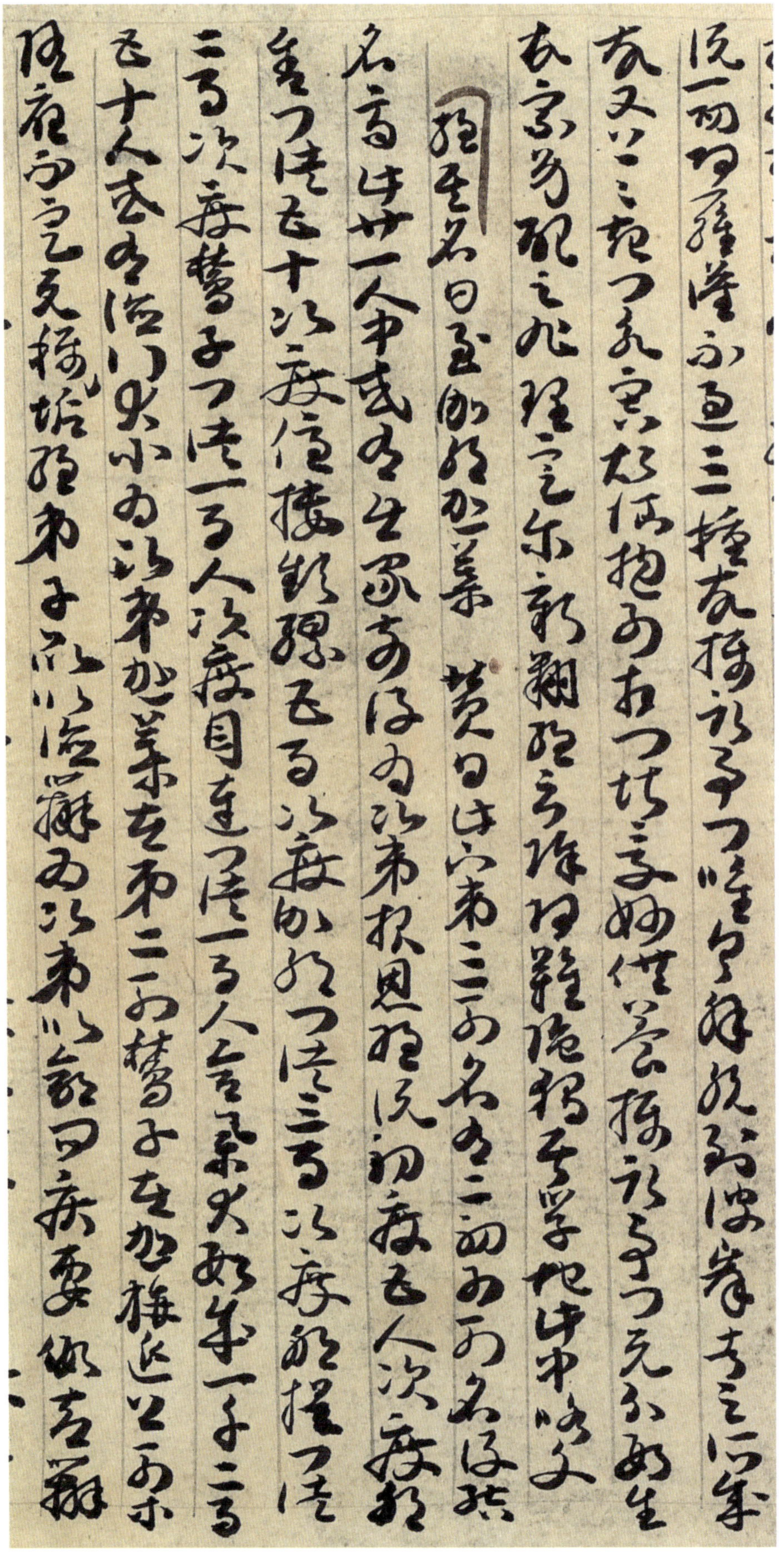

一〇八一 故[三]，宗義配之，非理定尔。新翻[四]經云「除阿難陁，獨居學地」，此中略
文。
一〇八二 經「其名曰至伽耶[五]迦葉」。贊曰：此下弟三列名，有二，初別列名，後結
一〇八三 名高。此廿一人中，或有[六]出家前後爲次弟。《報恩經》説：「初度五人，次
度耶
一〇八四 舍門徒五十，次度優樓頻缧[七]五百，次度伽耶門徒三百，次度那提門徒[八]
一〇八五 二百，次度鶖子門徒一百人[九]，次度目連門徒[一〇]一百人[一一]，合𥝢大數成一千二
百
一〇八六 五十人。」或有德行[一二]大小爲次弟，迦[一三]葉在弟二列，鶖子在迦旃延上列等，
一〇八七 隨應不定。《无垢稱[一四]經·弟子品》以德辨爲次弟，以命問疾要假智辨

校注

【一】「具」，《大正藏》作「俱」。【二】「養」，《大正藏》無。【三】「故」，《大正藏》作「死」。【四】「翻」，字形似「翔」，以左上竪出頭，依《大正藏》作「翻」。【五】「伽耶」，《大正藏》作「那提」。【六】「有」下，《大正藏》有「以」。【七】「缧」，《大正藏》作「螺」，下有「門徒」。【八】「徒」，《大正藏》作「人」。【九】「人」，《大正藏》無。【一〇】「徒」，《大正藏》作「人」。【一一】「人」，《大正藏》無。【一二】「德行」，《大正藏》作「行德」。【一三】「迦」上，《大正藏》有「如」。【一四】「垢稱」，唐本原作「稱垢」，中有倒乙符。

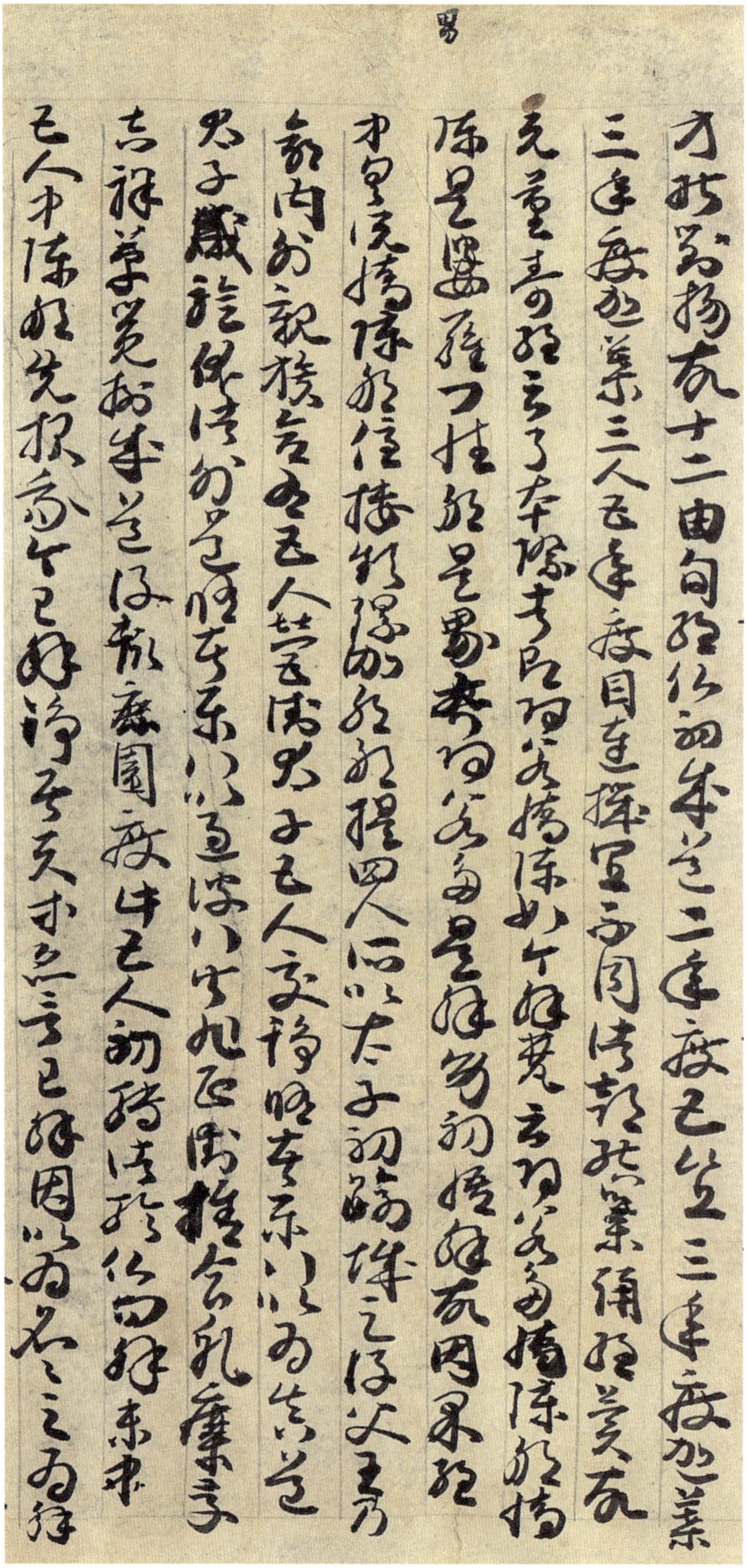

一〇八八 方能[一]對揚故。《十二由旬[二]經》「仏[三]初成道二年度五比丘，三年度[四]迦葉

一〇八九 三[五]人，五年度目連」，機宜不同，諸部結集誦經異故。

一〇九〇 《无量壽經》云「了本際者，即阿若憍陳如」。今解[六]梵云阿若多憍陳那，憍

一〇九一 陳是婆羅門性[七]，那是男[八]聲，阿若多是解義，初悟解故。《因果經》
一〇九二 中具說〔度〕[九]憍陳那、優樓頻縲[一〇]、伽耶、那提四人所以。太子初[一一]踰城之
後，父王乃
一〇九三 命内外親族合有五人營衛[一二]太子，五人交諍脩苦樂行以爲真道[一三]。
一〇九四 太子誡[一四]驗[一五]依諸外道脩苦樂行以過彼行，皆非正術[一六]，捨食乳糜，受
一〇九五 吉祥草覺樹成道。後趣鹿園度此五人，初轉法[一七]輪，仏問解未。[一八]
一〇九六 五人[一九]中陳那先報我今已解，淨居天等[二〇]亦言已解，因以爲名，名之爲解。

校注

【一】「能」，《大正藏》作「堪」。【二】「旬」，《大正藏》無。【三】「仏」，《大正藏》無。【四】「度」，《大正藏》作「化」。【五】「三」上，唐本衍「三年度迦葉」，刪。又「三」上，《大正藏》有「兄弟」。【六】「今解」，《大正藏》無。【七】「性」，《大正藏》作「姓」。【八】「男」，唐本原作「界」，有改動，此行上有小楷「男」證之，乃釋「男」。【九】「度」，唐本無，據《大正藏》補。【一〇】「縲」，《大正藏》作「螺」。【一一】「太子初」，《大正藏》作「初太子」。【一二】「衛」，字形似「街」。【一三】「真道」，《大正藏》作「道真」。【一四】「誡」，唐本塗改不清，釋從《大正藏》。【一五】「驗」，《大正藏》作「撿」。【一六】「術」，釋從《大正藏》，此字與一〇九三行「衛」形似，唯中竪作右撇上翻。【一七】「法」，唐本原作「諸」，據《大正藏》改。【一八】「未」下，唐本原有「中」，以「卜」字符删去。【一九】「人」下，《大正藏》有「之」。【二〇】「天等」，《大正藏》作「等天」。

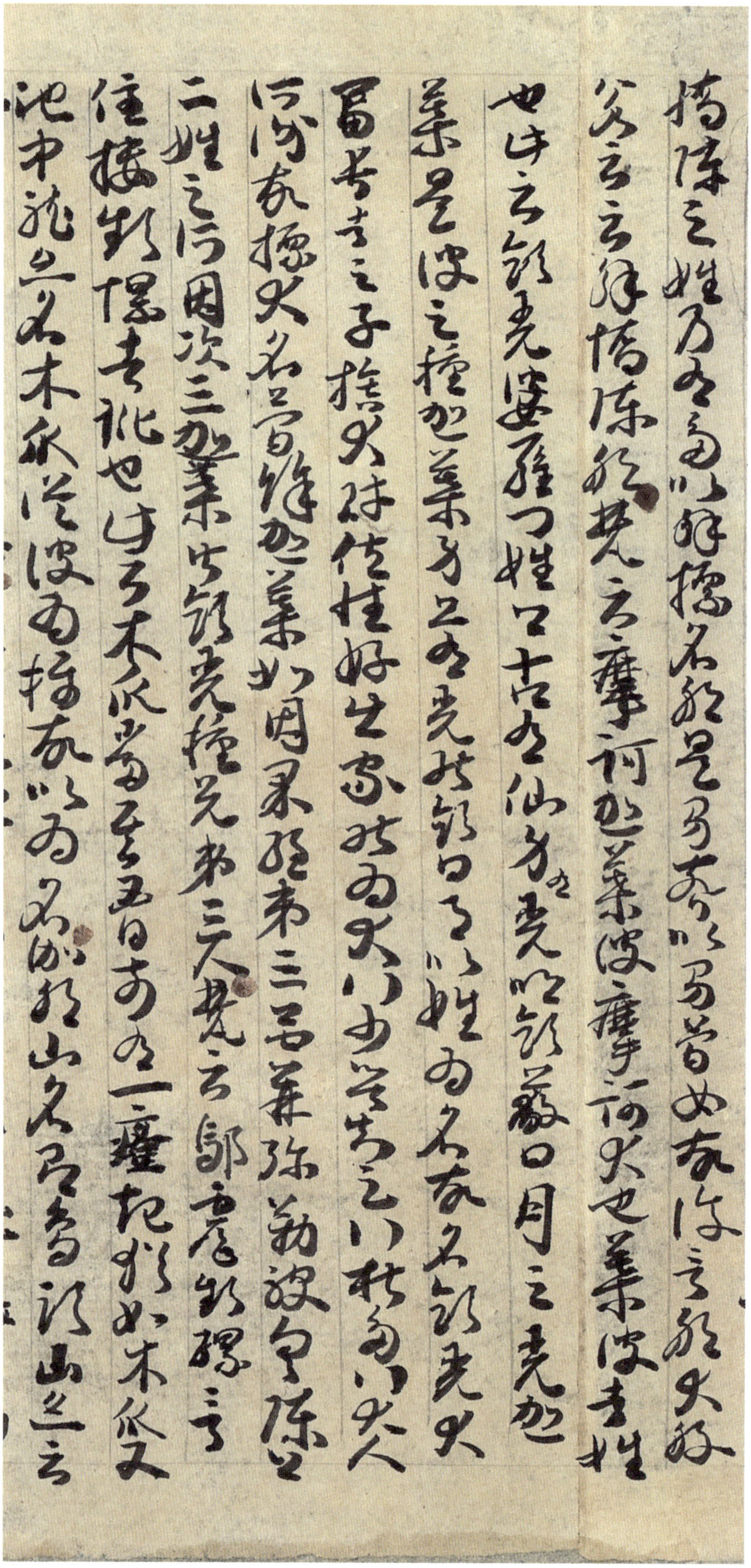

一〇九七 憍陳之姓乃有〔一〕多，以解摽名，「那」是男聲以男簡女，故復言〔二〕「那」。《大般

一〇九八 若》云云〔三〕「解憍陳那」。梵云摩訶迦葉波。摩訶，大也。〔迦〕〔四〕葉波者，

姓
一〇九九 也。此云飲光。婆羅門姓。上古有仙，身有[五]光明，飲蔽日月之光。迦
一一〇〇 葉是彼之種，迦葉身亦有光能飲日月，以姓爲名故名飲光。大
一一〇一 富長者之子，捨大財位[六]，性好[七]出家，能爲大行，少欲知足，行杜多行，大
人
一一〇二 所識，故摽大名簡餘迦葉。如《因果經》弟三弓[八]並弥勒疏[九]，具陳上
一一〇三 二姓之所因。次三迦葉皆飲光種，兄弟三人，梵云鄔盧[一〇]頻縲[一一]，言
一一〇四 優樓頻慄[一二]者訛也。此云木瓜，當其肖[一三]前有一瘥[一四]起，猶如木瓜。又
一一〇五 池中龍亦名木瓜，從彼爲攝[一五]故以爲名。伽耶山名，即爲[一六]頭山，亦云

校注

【一】「有」，《大正藏》作「衆」。【二】「言」，《大正藏》作「云」。【三】「云」，《大正藏》無。【四】「迦」，唐本無，據《大正藏》補。【五】「有」，唐本小字補。【六】「位」，《大正藏》無。【七】「性好」，《大正藏》作「姓」。【八】「弓」，《大正藏》作「卷」，字同。【九】「疏」，唐本原作「被」，據《大正藏》改。【一〇】「盧」，構形不清，釋從《大正藏》。【一一】「縲」，《大正藏》作「螺」。【一二】「慄」，《大正藏》無。《漢語大字典》無此形。【一三】「肖」，《大正藏》作「胸」，字同。【一四】「瘥」，《大正藏》作「癃」，字同。【一五】「攝」，《大正藏》作「稱」。【一六】「爲」，《大正藏》作「象」，字同。唐本形似「鳥」。

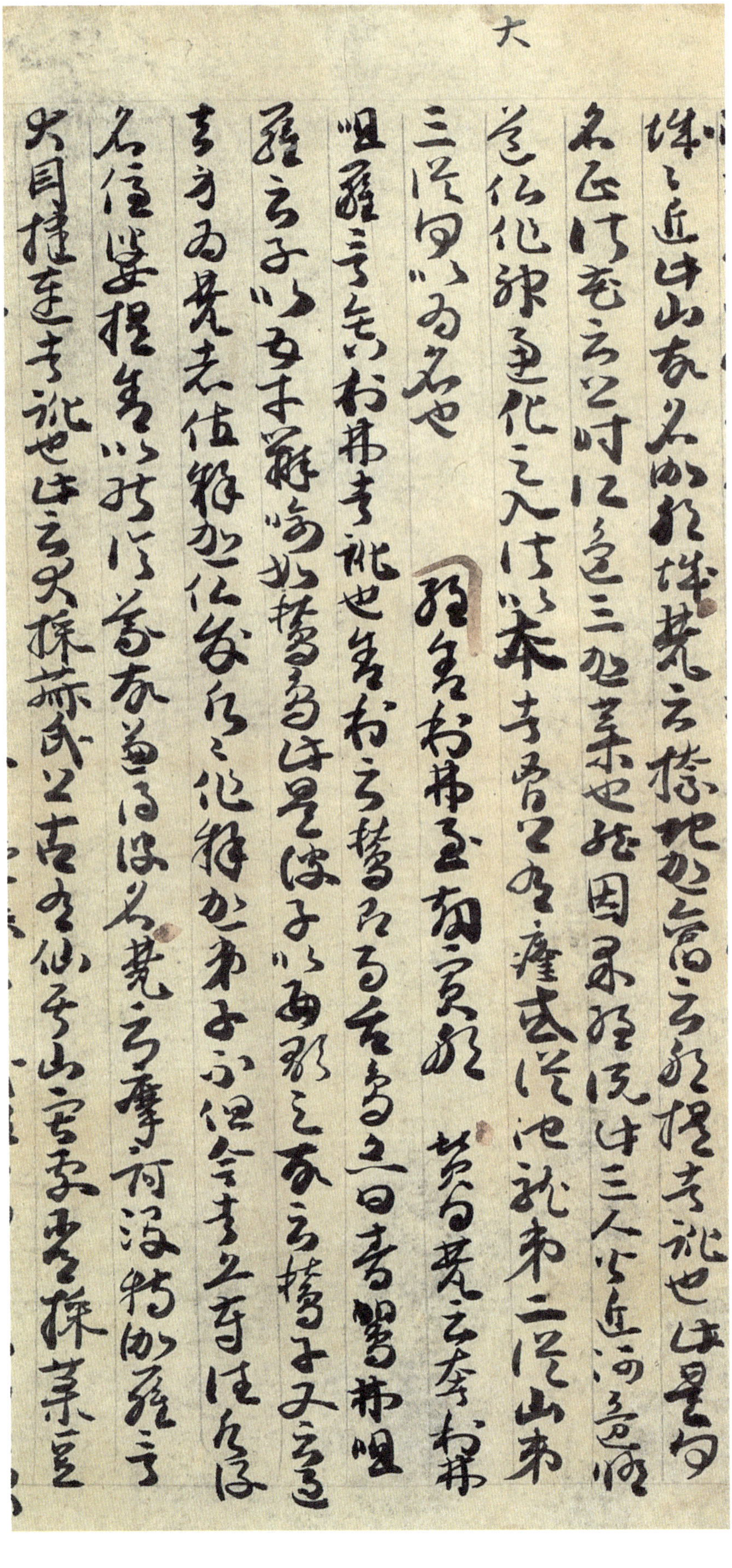

二〇六 城，城近此山故名伽耶〔一〕城。梵云捺地迦，舊云〔二〕那提者〔三〕訛也，此是河

二〇七 名。《正法花》云「上時〔四〕、江邊〔五〕三迦葉」也。然《因果經》説此三人皆近

河邊脩道，仏作神通化之入法，以大[六]者肙[七]上有瘥[八]，或從池龍，弟二從山，弟三從河以爲名也。經「舍利弗」至「刧[九]賔[一〇]那」。贊曰：梵云奢利弗呾羅，言舍利弗者訛也。舍利云鶖，即百舌鳥，亦曰春鸎[一一]，弗呾羅云[一二]子。以母才辨喻如鶖鳥，此是彼子，以母顯之，故云鶖子。又云過去身爲梵志[一三]，值釋迦仏發願願作釋迦弟子，不但今者，亦符往願；後[一四]名優波提舍，以能論義[一五]故兼得彼名。梵云摩訶没特伽羅，言大目揵[一六]連者訛也，此云大採菽氏。上古有仙，居山寂處，常採菉豆

校注

【一】「耶」，似由「那」改成。【二】「舊云」，《大正藏》作「言」。【三】「者」，《大正藏》無。【四】「時」下，《大正藏》有「象」。【五】「邊」，《大正藏》無。【六】「大」，唐本改塗似「本」，此行欄上有「大」。【七】「肙」，《大正藏》作「胸」，字同。【八】「瘥」，《大正藏》作「瘥」，字同。「瘥」上，《大正藏》有「木瓜」。【九】「刧」，《大正藏》作「劫」，字同。【一〇】「賔」，《大正藏》作「賓」，字同。【一一】「鸎」，《大正藏》作「鸚」。【一二】「云」，《大正藏》作「言」。【一三】「梵志」，《大正藏》作「師」。【一四】「後」，《大正藏》作「復」。【一五】「義」，《大正藏》作「議」。【一六】「揵」，《大正藏》作「乾」。

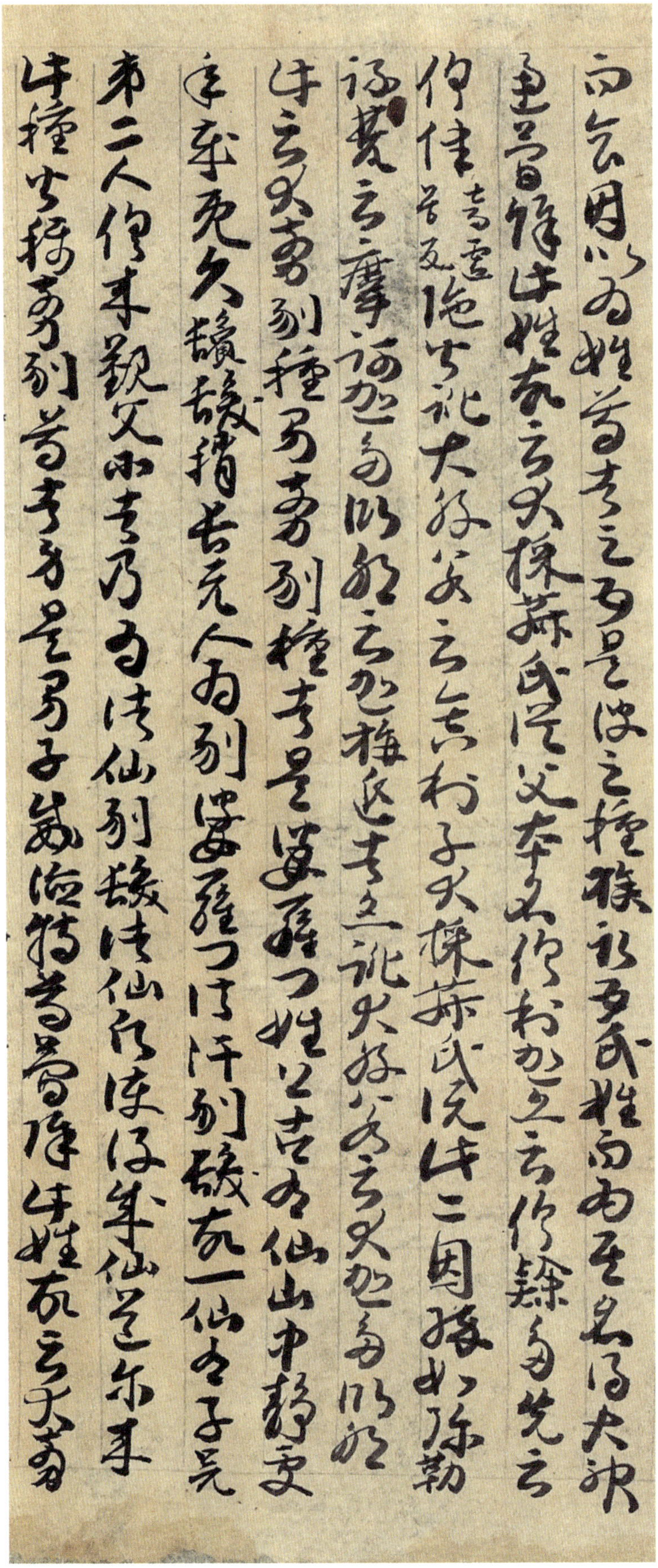

而食，因以爲姓。尊者之母是彼之種[一]族，取母氏姓而爲其名，得大神通，簡餘此姓，故云大採菽氏。從父本名俱利迦，亦云俱隸[二]多，先云俱律音盧骨反陁皆訛[三]。《大般若》云舍利子、大採菽氏，説[四]此二因緣如弥勒

一二八 疏。梵云摩訶迦多衍那，云迦旃延者[五]亦訛[六]。《大般若》云大迦多衍那，

一二九 此云大剪剔[七]種男，剪剔[八]種者是婆羅門姓。上古有[九]仙，山中静處，

一三〇 年歲既久，鬢[一〇]髮稍長，无人爲剔[一一]，婆羅門法汙[一二]剔[一三]髮故。一仙有子，

兄[一四]

一三一 弟二人俱來覲[一五]父，小者乃爲諸仙剔髮[一六]，諸仙願護後成仙道[一七]。尒[一八]來

一三二 此種皆稱剪剔[一九]。尊者身是男子威德特尊，簡除此[二〇]姓，故云大剪

校注

【一】「種」，《大正藏》無。【二】「隸」，唐本左作「匕」和「天」，右作「入」和「米」，乃「隸」之俗字。魏碑《于纂墓誌》同此，唐柳公權《玄秘塔碑》近之。【三】「皆訛」，《大正藏》作「訛也」。【四】「説」，《大正藏》無。【五】「者」，《大正藏》無。【六】「訛」下，《大正藏》有「也」。【七】「剔」，《大正藏》作「剃」。【八】「剔」，《大正藏》作「剃」。【九】「有」，《大正藏》作「多」。【一〇】「鬢」，《大正藏》作「鬚」。【一一】「剔」，《大正藏》作「剃」。【一二】「汙」，唐本原作「汙」，據《大正藏》改。【一三】「剔」，《大正藏》作「剃」。【一四】「兄」，唐本上作「口」，下作「兀」，乃「兄」之俗字，亦見於《碑別字》。【一五】「覲」，《大正藏》作「觀」。【一六】「剔髮」，《大正藏》作「剃之」。【一七】「道」，《大正藏》作「貴」。【一八】「尒」，《大正藏》作「爾」，字同。【一九】「剔」，《大正藏》作「剃」。【二〇】「除此」，《大正藏》作「餘」。

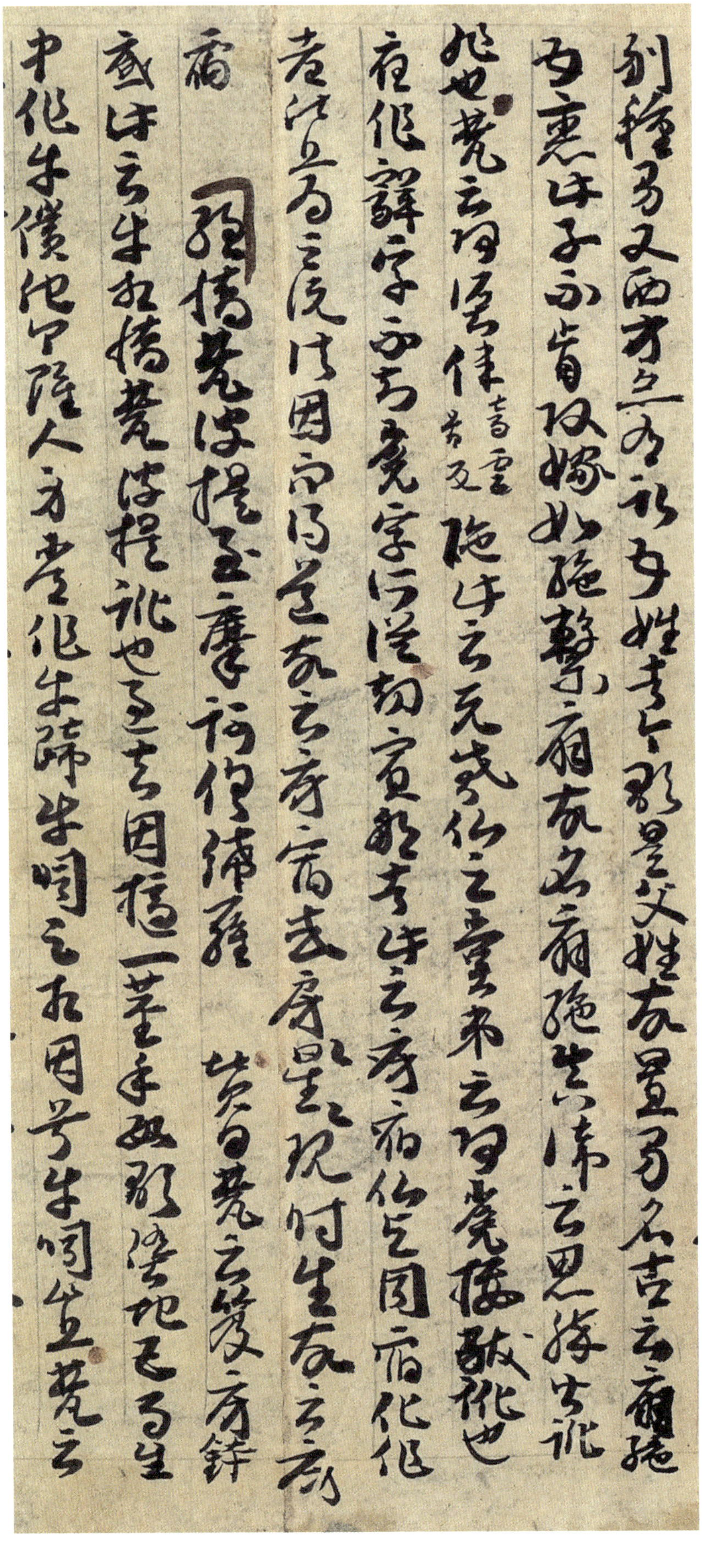

二三
剔種男。又西方亦有取母姓者，今顯是父姓，故置男名。古云扇搋〔二〕，

一二四 母戀此子不肯改嫁，如絁[二]繫扇故名扇絁[三]；真諦云「思勝」，皆訛[四]
一二五 非也。梵云阿涅[五]律音盧骨反。陁[六]，此云无戚，仏之堂[七]弟。云阿嵬樓馱[八]
訛也，
一二六 應作羺[九]字，不知嵬字所從[一〇]。刧賔那者，此云房宿，仏与同[一一]宿，化作
一二七 老比丘爲之説法，因而得道，故云房宿。或[一二]房星，房星現時生，故云房
一二八 宿[一三]。經「憍梵波提」至「摩訶俱絺羅」。賛曰：梵云笈房鉢
一二九 底，此云牛相，憍梵波提訛也。過去因摘[一四]一莖禾[一五]，數顯[一六]墮地，五百生
一三〇 中作牛償他，今雖人身，常[一七]作牛蹄牛呞之相，因号牛相[一八]比丘。梵云

校注

【一】「扇絁」，《大正藏》作「繩扇」。【二】「絁」，《大正藏》作「繩」。【三】「扇絁」，《大正藏》作「繩扇」。【四】「訛」，《大正藏》無。【五】「涅」，《大正藏》作「泥」，字同。【六】「陁」，《大正藏》作「陀」。【七】「堂」，《大正藏》作「黨」。【八】「馱」，唐本「大」作「犬」，且捺上有撇，乃俗字。【九】「羺」，唐本「羊」在右。「羺」乃「糯」之俗字。《大正藏》此處空一格，未印字。【一〇】「從」，《大正藏》作「出」。【一一】「同」下，《大正藏》有「房」。【一二】「或」下，《大正藏》有「云」。【一三】「宿」，《大正藏》作「星」。【一四】「摘」，《大正藏》作「擿」，古同。【一五】「禾」，形似「手」，草書易混。【一六】「顯」，《大正藏》作「顆」。【一七】「常」，《大正藏》作「尚」。【十八】「相」，唐本原作「呞」，據《大正藏》改。

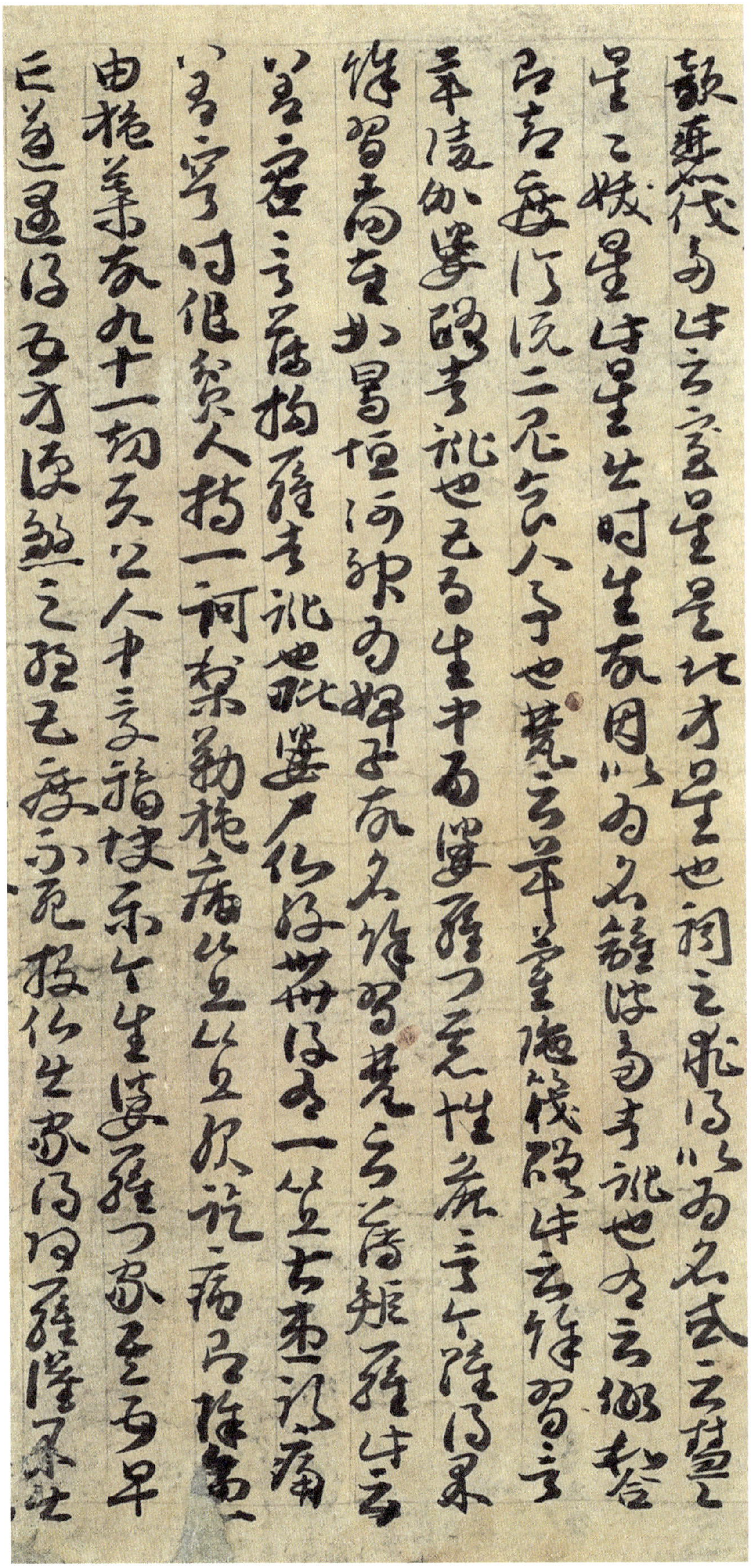

二三

頡麗伐多，此云室星，是[一]北方星也，祠[二]之求[三]得以[四]爲名。或云慧星[五]，

一三二 慧星妖星，此星出時生故[六]因以爲名，離波多者[七]訛也。有云假和合，
一三三 即《智度論》説二鬼食人事也。梵云畢藺陁[八]筏蹉，此云餘習，言
一三四 畢陵伽婆蹉者[九]訛也。五百生中爲婆羅門，惡性麁言，今雖得果
一三五 餘習尚在，如罵恒河神爲婢子[一〇]，故名餘習。梵云薄矩羅，此云
一三六 善容，言薄拘[一一]羅者[一二]訛也。毗婆尸仏般[一三]涅槃後，有一比丘甚患頭痛，
一三七 善容時作貧人，持一訶[一四]梨勒施病比丘，比丘服訖病即除愈。
一三八 由施藥[一五]故，九十一劫天上人中受福快樂，今生婆羅門家，其母早
一三九 亡，遂遇後[一六]母方便煞[一七]之，經五度[一八]不死，投仏[一九]出家，得阿羅漢果[二〇]。出

校注

【一】「是」，《大正藏》無。【二】「祠」，《大正藏》作「祀」。【三】「求」，《大正藏》無。【四】「以」上，《大正藏》有「子因」。【五】「或云慧星」，《大正藏》無。【六】「慧星妖星，此星出時生故」，《大正藏》無。「妖」，唐本「夭」之捺上有撇，乃俗字。【七】「者」，《大正藏》無。【八】「陁」，《大正藏》作「陀」。【九】「者」，《大正藏》無。【一〇】「爲婢子」，《大正藏》無。此处如《戰國策》齊威王駡周使：「而母，婢也。」【一一】「拘」，《大正藏》作「俱」。【一二】「者」，《大正藏》無。【一三】「般」，《大正藏》作「入」。【一四】「訶」，《大正藏》作「呵」。【一五】「藥」，唐本原作「葉」，據《大正藏》改。【一六】「後」，釋從《大正藏》。唐本「後」與「得」似。【一七】「煞」，《大正藏》作「殺」，字同。【一八】「度」，《大正藏》無。【一九】「投仏」，《大正藏》作「後求」。【二〇】「果」，《大正藏》無。

二四〇 家遝[一]八十年[二]曾不患頭痛，目不視女人西方[三]，亦不入尼寺，不爲女人説
二四一 一句法。无[四]憂王巡塔布施，知其少欲，但施一錢，塔踊置地，猶當[五]不
二四二 受，方知少欲。如《付法藏傳》説此因緣。梵云摩訶俱瑟耻羅，此云大
二四三 膝膝蓋大故，俱絺羅訛也。此舍利弗舅[六]

校注

【一】「遝」，《大正藏》無。【二】「年」，《大正藏》無。【三】「西方」，《大正藏》作「面」。【四】「无」上，《大正藏》有「後」。

【五】「當」，《大正藏》作「尚」。【六】「瑟」下缺文，依《大正藏》補釋。

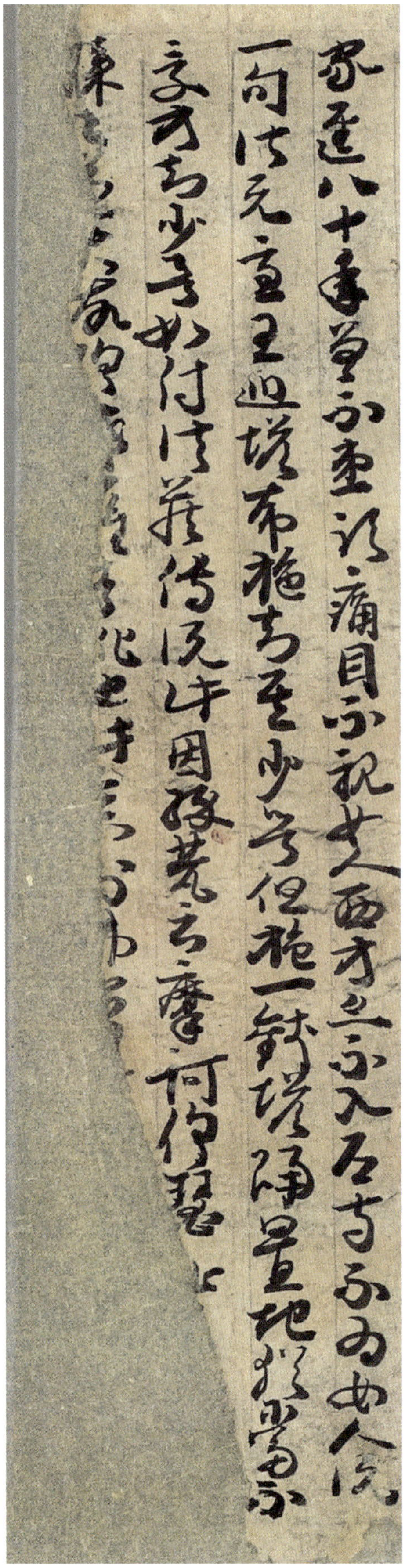

敦煌草書寫本《法華玄贊》概述

《法華玄贊》，全稱《妙法蓮華經玄贊》，是唐代法相宗僧人窺基所撰，對《法華經》進行注釋，在《法華經》注疏史上具有重要的地位，也成爲法相唯識宗的重要文獻。

一、《法華經》的成立與翻譯

《法華經》，全稱《妙法蓮華經》（Skt. Saddharma-puṇḍarīka,*Saddharma-puṇḍarīka-sūtra）。經文以一切衆生成佛爲主題，强調釋迦「久遠成佛」的新理念，宣説信仰《法華經》既能獲得巨大的現世利益，又能得以成佛。全經要旨在於説明三乘方便、一乘真實。經中自稱「經中之王」，此經在早期大乘佛教經典成立史中占有重要地位，並且因其豐富的譬喻故事，在東亞佛教傳統中廣受歡迎。

（一）《法華經》成立過程

此經起源很早，流傳特盛。據學者研究，早在公元紀元以前，出現了與比丘教團相對立的，以在家菩薩爲中心的菩薩教團。在西北印度産生了出於菩薩行的立場結集經典的運動。成立於二世紀至三世紀的《大智度論》中曾經多次引用《法華經》，四世紀的世親撰《妙法蓮華經憂波提舍》（簡稱《法華論》），對本經加以注釋。因此推測該經最古層的成立年代在公元一五〇年前後。

如果着眼於經文各品的異質性，多數學者認爲《法華經》的文本可以分爲新、古若干層次，經歷了階段性的擴增過程，一般認爲《方便品》中的一部分最先成立，此後的成立年次，學者提出各種方案。但也有學者考慮到經文各品次序和叙事場面的連續性，提出二十七品同時成立説。從文獻學的角度考察，經文中某品經歷擴增過程，或者單獨流布的實證迄今未發現，因此經文的階段性成立仍是一種假説。

《法華經》的梵文寫本，迄今已有發現於克什米爾、尼泊爾和中國新疆、西藏等地的數十種，克什米爾、新疆兩地所出本年代較早，爲五世紀至九世紀寫本，但其數量少而殘缺不全；尼泊爾、西藏兩地所出本年代較晚，爲十一世紀至十九世紀寫本，其數量和完整程度都較前者爲佳。

（二）《法華經》的漢譯本

《法華經》有六個漢譯本，大藏經中收録有三種，分别是：西晉太康七年（二八六），竺法護譯《正法華經》十卷二十七品；後秦弘始八年（四〇六），鳩摩羅什譯《妙法蓮華經》七卷二十七品；隋仁壽元年（六〇一），闍那崛多、達摩笈多重勘梵本，補訂什譯，名爲《添品妙法蓮華經》，七卷二十八品。

在漢傳系統中，以鳩摩羅什譯本最爲流行。羅什的翻譯「曲從方言，而趣不乖本」[一]，既照顧了漢語表達的優美流暢，又能儘量忠實於原作的意義，因此後代雖有新譯，仍然難以取代，歷代注家的注釋也絶大多

〔一〕慧觀：《法華宗要序》，蘇晉仁、蕭煉子點校《出三藏記集》卷八，中華書局，一九九五，第三〇六頁。

數是對羅什譯本的解釋。

羅什譯本缺《提婆達多品》，《普門品》中無重誦偈。後人將南齊法獻、達摩摩提從于闐得到的《提婆達多品》第十二和闍那崛多譯《普門品偈》補入，又將玄奘譯《藥王菩薩咒》編入，形成現行流通本的内容。

（三）《法華經》的主要内容

今以羅什譯本現行流通的形態爲依據，逐次介紹各品大意。天台智顗將全經二十八品均分爲兩部分，分别稱爲迹門和本門，後代多從其説。

《序品》第一，是全經總序，也是迹門之序説。該品叙述世尊在耆闍崛山説《無量義經》後，入無量義處三昧，現出諸般祥瑞。彌勒代表聽講大衆向文殊菩薩問此祥瑞之因緣。文殊言此乃佛陀將説《法華經》之時。

《方便品》第二是全經的中心，與下文《如來壽量品》分别是經文的兩大教義重點。佛從三昧而起，諭舍利弗「諸佛智慧甚深無量，其智慧門難解難入，一切聲聞、辟支佛所不能知」。又説：「佛所成就第一希有難解之法。唯佛與佛乃能究盡諸法實相，所謂諸法如是相，如是性，如是體，如是力，如是作，如是因，如是緣，如是果，如是報，如是本末究竟等。」即所謂「十如是」。在舍利弗三請之下，道出假説三乘之教爲方便，佛法唯有一乘之旨。以上兩品，爲上根直接宣説諸法實相，稱爲「法説周」。

《譬喻品》第三，代表上根智慧第一的聲聞弟子舍利弗昔日受世尊小乘法教化，而未如諸菩薩被許以成佛，因而獨處山林樹下修習，至此方悟一佛乘之旨，斷諸疑悔，心大歡喜。釋迦授記舍利弗未來世成佛，號華光如來。釋迦又爲一千二百阿羅漢以著名的「火宅喻」說明三乘方便、一乘真實的宗旨。有大富長者邸宅因朽四面火起。諸子却在宅中嬉戲，渾然不覺。長者爲了誘使諸子逃出火宅，告以門外停放了鹿車、羊車、牛車。諸子逃出以後，尋問三車，長者則給予一大車，駕以白牛。火宅顯然喻指迷妄的世界，三車是應對不同根機的三乘教說，大白牛車則指一乘教說。所謂「初說三乘引導衆生，然後但以大乘而度脱之」。至於三乘教說中的菩薩乘，與一佛乘是一是二，换言之，三車之喻中的牛車，與出火宅後的大白牛車是一是二，諸家解釋異見紛紜，由此有所謂「三車家」「四車家」之别。

《信解品》第四，代表中根的須菩提、迦旃延、摩訶迦葉、目犍連四大聲聞，昔日不樂大乘佛法，今見聲聞弟子舍利弗得授記作佛，遂領解佛意。因此對佛説「長者窮子」之喻，將佛喻爲大慈悲的長者，把三乘之人譬喻爲窮子，窮子見佛威勢，惶怖奔逃，長者衹得着粗弊之衣，徐徐接近，最終將家財寶藏盡付其子。導出「於一乘道，隨宜説三」的結論。

《藥草喻品》第五，釋迦對摩訶迦葉等聲聞弟子説「三草二木喻」，説明衆生根機有别，隨其所堪而爲説法的道理。

《授記品》第六，承接上品「汝等所行，是菩薩道」的宗旨，中根聲聞摩訶迦葉、須菩提、迦旃延、目犍連得授記成佛。菩薩得授記成佛在大乘經典中屢見不鮮，聲聞成佛則是本經特色。

第三至六品爲中根聲聞弟子說法，稱爲「譬說周」，其中運用譬喻最爲豐富生動。

自《化城喻品》第七開始，說法對象是下根聲聞。第七品講述大通智勝如來十六王子聽《法華經》而成佛的宿世因緣。次說「化城喻」，三乘之果不外是化城，引入佛慧，最終成佛。

《五百弟子受記品》第八，下根聲聞富樓那、憍陳如及五百弟子阿羅漢皆得授記成佛。

《授學無學人記品》第九，下根聲聞阿難、羅睺羅及學無學二千人也提出希望得到世尊的授記，佛皆許之，並說「貧人寶珠喻」。

第七、八、九三品爲下根聲聞弟子說法，稱爲「因緣說周」。至此迹門爲聲聞弟子說法、授記的正宗分結束。

《法師品》第十，佛告藥王菩薩於佛涅槃後修行、受持、讀誦、解說、書寫等「五種法師」的修行，以及十種供養功德。

《見寶塔品》第十一，七寶佛塔從地涌出，止於空中，多寶佛從中出現，贊歎釋迦說《法華經》真實不虛。世尊召集十方世界的分身，三次净化國土，入多寶塔中，多寶佛與釋迦佛並坐說法。

《提婆達多品》第十二，前半說提婆達多蒙佛授記，後半說文殊入龍宫宣揚《法華經》，八歲的龍女獻珠成佛。

《勸持品》第十三，藥王、大樂說等菩薩大衆誓願弘揚《法華經》，比丘尼聲聞衆摩訶波闍波提、耶輸陀羅等皆得授記成佛。

《安樂行品》第十四説佛滅後之惡世，菩薩弘揚《法華經》，應當安住四法，即身、口、意、誓願四安樂行。最後運用髻中明珠的譬喻，宣説此理。

第十至十四品，爲迹門之流通分。

《從地涌出品》第十五，娑婆世界弘揚本經的衆多菩薩及其眷屬從地涌出，向多寶佛、釋迦如來禮拜，爲佛開顯「久遠實成」佛果之序曲。

《如來壽量品》第十六爲全經眼目。世尊應彌勒請問，爲説久遠劫來早已成佛，但爲教化衆生，示現滅度。實則佛身久遠常住，壽命無量。

《分别功德品》第十七説當時與會大衆聞佛壽長遠受益之功德，詳細解説了弘揚此經的五品功德。

《隨喜功德品》第十八承接上一品，佛對彌勒詳説隨喜聽受《法華經》的種種功德。

《法師功德品》第十九，佛對常精進菩薩詳説受持、讀誦《法華經》的「五種法師」功德。

《常不輕菩薩品》第二十以常不輕菩薩禮敬衆生的菩薩行，宣説受持、解説《法華經》的功德。

《如來神力品》第二十一叙述世尊囑咐從地涌出的諸大菩薩於如來滅後，弘揚《法華經》。

《囑累品》第二十二承接上一品主題，世尊三摩諸大菩薩頂，囑咐受持和廣宣此經。諸佛分身回歸國土，多寶佛關閉佛塔歸去。

從《見寶塔品》至此品，聽衆住於虚空，稱爲「虚空會」。前後兩段，世尊在耆闍崛山説法，則稱爲「靈鷲山會」。

《藥王菩薩本事品》第二十三，世尊舉出藥王菩薩過去世爲一切衆生喜見菩薩，曾於日月浄明德佛前聽《法華經》，爲答此恩燒身供養的因緣。

《妙音菩薩品》第二十四，妙音菩薩禮拜釋迦、多寶佛塔，世尊説妙音菩薩過去世供養雲雷音王佛之事。

《觀世音菩薩普門品》第二十五，世尊解説觀世音的名號因緣、稱名作用，以及十四種無畏、三十二應化身等諸功德。此品常被抄出單行，稱《觀世音經》或《普門品經》，是宣説觀世音信仰的重要經典。

《陀羅尼品》第二十六，藥王、勇施菩薩等各自説咒護持受持、講説《法華經》者。

《妙莊嚴王本事品》第二十七講述妙莊嚴王於過去世爲其二子浄藏、浄眼菩薩所化之因緣。

《普賢菩薩勸發品》第二十八，普賢菩薩聞説《法華經》，誓願於惡世乘六牙白象守護奉持此經者。

全經思想内涵極爲豐富，與般若空觀、浄土思想、佛性思想相涉，可視爲大乘佛教教理的集大成者，文體多使用詩歌，又廣泛運用譬喻、象徵等修辭手法，形象生動，因此對東亞佛教傳統産生了深遠影響。

（四）地位和影響

羅什譯本《法華經》甫一問世，即有弟子對該經撰寫注釋，例如慧觀所作《法華宗要》，今僅存序文，收録於《出三藏記集》。五世紀中葉，劉宋竺道生撰《法華經疏》二卷，是爲今存最早的《法華經》注釋書。六世紀初，梁代三大師之一的法雲撰《法華義記》八卷。陳隋之際智顗依據此經創立天台宗，後世尊爲天台三大部的《法華玄義》《法華文句》《摩訶止觀》，前兩部都是對《法華經》的解釋。隋唐以降歷代高僧大德，對《法華經》的注釋更是汗牛充棟，綿延不絶。

在日本，六世紀聖德太子撰《法華義疏》。九世紀初，傳教大師最澄依托此經創立題本天台宗。十三世紀，日蓮專奉此經與經題立日蓮宗。《法華經》有「諸經之王」的稱號。

二、《法華玄贊》的撰寫

（一）作者窺基

《法華玄贊》的撰者窺基，是唐代高僧玄奘弟子，與玄奘共同創立了法相唯識宗。其後半生多在長安大慈恩寺弘法，最終圓寂於此，人稱「慈恩大師」。

《宋高僧傳》記載，窺基俗姓尉遲，唐初名將尉遲敬德之從子。因其出身將門，關於窺基出家的經歷，有「三車自隨」的傳説。傳説玄奘遇之於陌上，見其眉目俊朗，造訪其宅，勸其剃髮出家。窺基提出三個條件，特許「不斷情欲、葷血，過中食」乃可。於是以三車自隨，「前乘經論箱帙，中乘自御，後乘家妓女僕食饌」。此説荒誕不經，贊寧已指出其謬，並引窺基自序云「九歲丁艱，漸疏浮俗」，認爲「三車之説，乃厚誣也」。這段窺基自己的回憶出自《成唯識論掌中樞要》：「基夙運單舛，九歲丁艱。自爾志託煙霞，加每庶幾緇服，浮俗塵賞，幼絶情分。至年十七，遂預緇林。」〔一〕具有相當的可信性。而關輔流傳的「三車和尚」之稱謂，吕澂先生推測或許由於窺基對《法華經》「三車之喻」的解釋與天台宗僧人有異，因而獲得此誣蔑性稱呼。〔二〕

窺基出家以後，入大慈恩寺從玄奘學五天竺語。年二十五，應詔譯經。此外，「講通大小乘教三十餘本……造疏計可百本」，因此有「百本疏主」的美譽。玄奘傳授《唯識論》《瑜伽師地論》於窺基、圓測，窺基恥其不逮，又得玄奘單獨傳授陳那因明學，史稱「大善三支，縱横立破，述義命章，前無與比」。

麟德元年（六六四），玄奘圓寂，翻譯和講述事業遂告終。約當此時，窺基開始東行巡禮五臺山及太行山以東地區。數年之後，窺基返回長安慈恩本寺。本傳記載他屢次參謁道宣，案道宣卒於乾封二年（六六七）十月，則窺基旋返的時間當早於是年。永淳元年（六八二）十一月十三日，圓寂於大慈恩寺翻經院，時

〔一〕《成唯識論掌中樞要》，《大正藏》第四三册，第六〇八頁中欄。
〔二〕吕澂：《中國佛學源流略講》，中華書局，二〇一一，第三四四頁。

年五十一。葬於樊村北渠，與玄奘塔毗鄰，即今西安市南郊護國興教寺。

贊寧在傳記的末尾指出窺基「名諱上字多出沒不同」，在早期的自撰作品及碑銘中，一律稱「基」，或因玄奘在曲女城大會辯論得勝，有「大乘天」之譽，慈恩弟子多冠以「大乘」之號，乃稱「大乘基」。「窺基」之名，首見於《開元釋教録》。「窺基」一名的由來，日本學者佐伯良謙和中國學者何歡歡認爲「窺」字是出於宋人避諱而使用的代字〔一〕，可稱爲「避諱説」。日本學者渡辺隆生和中國學者楊祖榮則主張「窺」字本爲大慈恩寺另一僧人的法號，見於日本法隆寺藏龍朔二年（六六二）《大般若經》卷三四八末尾的「譯場列位」、日本藥師寺金堂所供養《大般若經》卷二八〇唐寫經、唐寫本《寺沙門玄奘上表記》所收《請御制大般若經序表》等文獻〔二〕，可稱爲「人物説」。結合文獻的記載來看，似乎後説比較有説服力，姑從其説。

（二）《法華玄贊》的撰寫過程

關於《法華玄贊》的撰寫過程，窺基在該書末尾自云：

〔一〕佐伯良謙『慈恩大師伝』，京都：山城屋文政堂，一九二五，第一七—二四頁。何歡歡：《是誰弄錯了「窺基」的名字？》，《東方早報・上海書評》二〇一五年十二月二十日。

〔二〕渡辺隆生「慈恩大師の伝記資料と教學史的概要」，興福寺・薬師寺編『慈恩大師御影聚英』，京都：法藏館，一九八二。參見楊祖榮《〈説無垢稱經疏〉的作者、版本與文體》（待刊）的相關綜述。

基以談遊之際，徒次博陵，道俗課虚，命講斯典，不能脩諸故義，遂乃自纂新文。夕制朝談，講終疏畢，所嗟學寡識淺、理編詞殫，經義深賾，拙成光讚，兢兢依於聖教，慓慓採於玄宗，猶恐旨謬言疎，寧輒枉爲援據。此經當途最要，人誰不贊幽文？既不能默爾無爲，聊且用申狂簡。識達君子，幸爲余詳略焉。〔一〕

博陵隸屬定州，位於太行山以東，今河北省定州市附近。據前文所考，《法華玄贊》的成書年代，當在窺基東巡的六六四年至六六七年之間。所謂「不能脩諸故義，遂乃自纂新文」，語氣頗爲自謙。今觀《法華玄贊》文中較多引用了世親之《法華論》、劉虬《注法華經》等，窺基除了博聞强識，應該也參考了當地寺院中的藏書。

（三）《法華玄贊》的特徵與流傳

從引用文獻來看，窺基對《法華經》的解釋，所用經本很可能是隋譯本，根本立場是援引世親所作《法華論》，除此之外，還引用了《瑜伽師地論》《攝大乘論》《阿毗達磨集論》《辨中邊論》《金剛般若論》《大智度論》《成唯識論》《俱舍論》等以唯識學爲主的論書，特別是在解釋佛教名相時，暗引《瑜伽師地論》之

〔一〕《法華玄贊》卷十，《大正藏》第三四册，第八五四頁上欄。

處甚多。涉及菩薩戒的解説，也援引了《善戒經》《地持論》等六朝舊譯。引用經文還包括《涅槃經》《勝鬘經》《大般若經》《解深密經》《華嚴經》《楞伽經》《維摩詰經》等。

窺基注釋的一大特色在於廣泛徵引《爾雅》《廣雅》《説文》《切韻》《玉篇》《通俗文》等唐前字書，對漢譯佛典的世俗名物加以辨析和解説，因此也具有漢語史和博物學的意義。〔一〕

本書有藏文譯本，題爲《妙法蓮華注》，收録於藏文大藏經中。此外，漢地尚有慧沼撰《法華玄贊義決》一卷、智周撰《法華玄贊攝釋》四卷、藏諸撰《法華經玄贊決擇記》八卷、栖復撰《法華玄贊要集》以及本叢書所收敦煌本《法華玄贊》的釋抄等注釋書引申發揮《玄贊》的義理，天台宗方面也有《法華五百問論》對《玄贊》的觀點加以破斥。

三、《法華玄贊》的結構與思想

窺基對《妙法蓮華經》的注疏，鮮明地反映了法相唯識宗的解經立場，同時廣引外書，代表當時佛教

〔一〕對《法華玄贊》引書特色的分析，參見勝呂信静「窺基の法華玄賛における法華経解釈」，坂本勝男編『法華經の中國的展開』，京都：平楽寺書店，第三四三—三七二頁。

思想的發展水平和傳播情況，這些文獻所體現的思想與時代特色，是研究佛教解經學、中古思想史的重要材料。

《法華玄贊》由法相唯識學之立場解釋《法華經》，批判智顗、吉藏的學説。從來闡釋《法華經》，多主一乘真實三乘方便之説，窺基則持一乘方便三乘真實之立場。内容首先敍述《法華經》興起之因，其次闡明經之宗旨，解釋經品之得名，以彰顯經品之廢立、經品之次第，依次再解釋經之本文。

解釋經之本文，每品以三門分別。其一，來意：闡明一品的要旨，以及與前文的邏輯關係。其二，釋名：解釋經題中的名相、語詞。其三，解妨難：回應可能的疑難。在經文的具體解釋中，窺基主張會二歸一，認爲唯識學派所主張的五姓各别説中，《法華經》所説一切衆生皆可成佛之説，是對不定種姓的退菩提心聲聞和不定種姓獨覺的方便説法。〔一〕

《大正藏》所收《法華玄贊》十卷，卷内復分爲本、末兩部分，敦煌本卷内不再細分。今依《大正藏》本卷次，對隨文解釋各品做對照表如後：

〔一〕對本書内容的解説，參見周叔迦《釋家藝文提要》，北京古籍出版社，二〇〇四，第三五二—三五四頁。黄國清：《〈妙法蓮華經玄贊〉研究》，臺灣「中央」大學博士學位論文，二〇〇五。

編號	品名	卷次
一	序品	卷一末、卷二本、卷二末
二	方便品	卷三本、卷三末、卷四本、卷四末
三	譬喻品	卷五本、卷五末、卷六本
四	信解品	卷六末
五	藥草喻品	卷七本
六	授記品	
七	化城喻品	卷七末
八	五百弟子受記品	卷八本
九	授學無學人記品	
一〇	法師品	卷八末
一一	見寶塔品	
一二	提婆達多品	卷九本
一三	勸持品	
一四	安樂行品	
一五	從地涌出品	卷九末
一六	如來壽量品	
一七	分別功德品	
一八	隨喜功德品	卷十本
一九	法師品德品	
二〇	常不輕菩薩品	
二一	如來神力品	
二二	囑累品	卷十本
二三	藥王菩薩本事品	
二四	妙音菩薩品	卷十末
二五	觀世音菩薩普門品	
二六	陀羅尼品	
二七	妙莊嚴王本事品	
二八	普賢菩薩勸發品	

可以明顯看出，窺基解釋《法華經》，重點是開頭的《序品》《方便品》，後面諸品的解釋則比較簡略。以下簡要介紹本卷的思想内容和經文科段。

卷一前半確立《法華經》解釋的原則（即「卷一本」部分），後半隨文解釋《法華經·序品》的一部分。

第一叙經起意，略有五義：一爲酬因請，佛陀講述過去世修習此經及酬答弟子講述此經的因緣；二爲破疑執，破除聲聞弟子和諸小菩薩的疑悔和執著；三爲彰記行，爲聲聞衆授記，並説菩薩一乘之行；四爲利今後，聲言會上聽法諸衆及散席以後所獲功德；五爲顯時機，顯明此經説法的時序和聽衆的根機，實際上是在説時和五姓各别説的基礎上對《法華經》的判教。

第二明經宗旨，判釋此經爲三教之中非空有之教，八宗之中應理圓實宗。

第三解經品得名，分别解釋經題中「妙法」「蓮華」「經」等詞語的梵文原語，以及經内各品的命名原則。特别是對經題中「蓮華」的解釋，援引世親《法華論》中此經具十七種名的説法，其中第十六名「妙法蓮華經」，蓮華具出水、華開兩義，前者强調所詮之理出離二乘泥濁水，後者比喻勝教開顯真理。

第四顯經品廢立者，考訂了《提婆達多品》之有無，《囑累品》之先後，《普門品》偈頌之有無等文獻學上的疑點。

第五彰品次第，闡明經文各品編次的内在邏輯，特别依據世親《法華論》和竺法護譯《正法華經》，主張《囑累品》位於全經最末。

此下釋經本文，首先列舉「古遵法師」、吉藏和「淨法師」〔一〕對全經的科判，並給出自家兩種科段。第一種以《序品》爲序分；《方便品》至《授學無學人記品》共八品爲正宗分；《法師品》至《普賢菩薩勸發品》共十九品爲流通分。第二種以《序品》爲序分；《方便品》至《常不輕菩薩品》共十九品爲正宗分，其中《方便品》至《勸持品》共十二品明一乘境，《安樂行品》《從地涌出品》兩品明一乘行，《如來壽量品》至《常不輕菩薩品》共五品明一乘果；《如來神力品》至《普賢菩薩勸發品》共八品爲流通分。

其後依據世親《法華論》所説《序品》「七種功德成就」對該品再做科分。本卷包含第一「序分成就」和第二「衆成就」的一部分。「序分成就」對應經文「如是我聞」至「住王舍城耆闍崛山中」，分爲二義：一者一切法門中最勝，如王舍城勝餘一切城舍；二者示現自在功德成就，如耆闍崛山勝餘諸山。

「衆成就」第二對應經文「與大比丘衆萬二千人俱」至「尊重讚歎」，其中又以五門解釋：一顯來意，二彰權實，三定多小，四明次第，五依論解。需要略加解釋的是第三門「定多小」，是將《法華經》的聽衆分爲十五類人群，稱爲十五衆。第五門「依論解」，乃依據世親《法華論》，分爲「一數、二行、三攝功德、四威儀如法住」。

第五門中再分爲兩段，初別明十五衆，後明威儀。「別明十五衆」對應經文「與大比丘衆萬二千人俱」

〔一〕黄國清先生推測古遵法師和淨法師分别指隋大興善寺洪遵和唐紀國寺慧淨，參見《〈妙法蓮華經玄贊〉研究》第四二頁注四九、五三。

至「韋提希子阿闍世王，與若干百千眷屬俱，各禮佛足，退坐一面」；「後明威儀」對應經文「爾時世尊……尊重讚歎」。

《法華玄贊》卷一結束於「別明十五衆」的内眷諸尼衆第四的位置。

四、《法華玄贊》敦煌寫本的價值

（一）《法華玄贊》的敦煌寫本

《法華玄贊》全書十卷，中國歷代藏經祇有趙城金藏收録卷一大部分，卷三、四全卷。〔一〕《大正藏》所收本（經號一七二三）底本是日本奈良興福寺本，校勘本是正倉院聖語藏本、法隆寺本和中村不折藏本。〔二〕敦煌遺書中的寫本殘卷，據《大正藏·敦煌出土佛典對照目録》和本次整理調查，一共三十四號〔三〕：

〔一〕《宋藏遺珍》第四册，新文豐出版公司，一九七八，第二一三八—二一六六頁。

〔二〕《妙法蓮華經玄贊》卷一校勘記，《大正藏》第三四册，第六五一頁上欄。

〔三〕国際仏教学大学院大学附属図書館『大正蔵·敦煌出土仏典対照目録（暫定第三版）』，二〇一五，第二三四頁。收入本書的草書寫卷行數，依整理者實際計算所得。書道博物館收録的圖版不全，無法確定行數，僅標示起訖文字。

（一）伯三八三二，行草書，首全尾殘，存一千一百四十三行，起卷一首，迄同卷「此舍利弗舅（氏）」。

【本叢書所收玄贊卷二】

（二）國圖一一四六八，楷書，首尾均殘，存三行，起卷二「六釋經之本文」，迄同卷「三酬求因」。

（三）斯二四六五，行草書，首尾均殘，存四百八十四行，起卷二「甚深云佛曾親近」，迄同卷「譬喻品初寄」。

（四）俄一〇六〇，行楷書，首尾均殘，存十五行，起卷二「天授品云」，迄同卷「故爲往時，常（持此經）」。

（五）斯六四七四，行草書，首尾均殘，存八百七十六行，起卷二「（於一佛乘分）别説三」，迄同卷「言等者以阿羅漢」。

（六）國圖四七六六，行楷書，首尾均殘，存一百一十九行，起卷二「悉皆有心，凡有心者」，迄同卷「（斯有由）矣，准此理（應法四）」。

（七）國圖一〇二二八，行楷書，首尾均殘，存五行，起卷二「（故）稱爲妙」，迄同卷「今此會中理實唯一，佛（所得）」。

（八）伯四八一八，楷書，首尾均殘，每行後半殘缺，存十一行，起卷二「（依戒）而行，依四念處」，迄同卷「起三妙觀」。

（九）國圖一一五七九，楷書，首尾均殘，存四行，起卷一「（要）聞熏習」，迄同卷「（大）定、智、悲，久離（戲論）」。

（一〇）國圖一二〇五八，行書，首尾均殘，存十一行，起卷一「（佛唯）有三法，謂大（定）」迄同卷「是佛（利他）」。

（一一）國圖一二〇五七，行書，首尾均殘，存七行，起卷一「名無（戲論）」，迄同卷「謂如是法，我從（佛聞）」。

（一二）國圖一二〇五六，行書，首尾均殘，存七行，起卷一「意避增（減）」，迄同卷「法王啓化（機器）」。

（一三）國圖三五四三，行楷書，首尾均殘，存二百三十四行，起卷一「（機器）咸集，説聽（事訖）」，迄同卷「此漏非一，故（名爲諸）」。

（一四）國圖三五四八，草書，首尾均殘，存一百三十八行，起卷一「（此漏非一，故名）爲諸，然依瑜伽」，迄同卷「正法花云，上時、象、江三迦（葉）」。

（一五）伯四七九七，楷書，首尾均殘，每行前半殘缺，存五行，起卷二「退，説福名不轉」，迄同卷「螳螂拒轍，輪能摧」。

（一六）國圖一四五四六，草書，首殘尾全，存九百四十二行，起卷二「（輪能摧）之，聖（道在心）」，迄同卷末，有「開元五年四月十五日辰時寫了」尾題。

（一七）國圖九六八，行書，首殘尾全，存一千一百六十四行，起卷二「第八地名（決定地）」，迄同卷末。

（一八）新一三八〇六五，故宫博物院藏本。草書，首尾均殘，存五百四十六行。起卷二「或此同前歌神音曲」，迄同卷「意樂及事」。本次整理發現，與上博一二可以綴合，故一並校録收入。【本叢書所收玄贊卷二】

（一九）上博一二，上海博物館原藏，草書，首殘尾全，存五百一十二行。起卷二「業巧便向」，迄同卷末。惜原件今已難以找尋。【本叢書所收玄贊卷二】

（二〇）書道博物館一〇〇號，草書，首尾俱全，爲卷四全部。

（二一）國圖六四三九，行書，首尾均殘，存二百一十七行，起卷四「教理行果，爲今大因」，迄同卷「尸羅不（清淨）」。

（二二）國圖一一一二，行楷書，首殘尾全，存七百一十二行，起卷四「（法障）也。宿造遺法業」，迄同卷末。

（二三）伯四九一〇，行草書，首尾均殘，存二十三行，起卷五「（稽）留，故性雖捷利」，迄同卷「此釋之文中有三，一問，二答」。

（二四）新一三七三六八，故宫博物院藏本，存二百四十三行，起卷五「佛唯讚菩薩」，迄同卷「讚（證）

於無上道。贊曰此頌」。【本書叢所收玄贊卷五】

（二二五）國圖一二〇三一，草書，首尾均殘，存六行，起卷六「第二有卅二（頌）」，迄同卷「七句明三界」。

（二二六）伯二一七六，草書，首殘尾全，存一千二百八十五行，起卷六「況能信解，修諸善法」，迄同卷末。【本叢書所收玄贊卷六】

（二二七）上博附〇三，上海博物館藏，草書，首殘尾全，存六十五行，起卷六「初文有五，第一合初發心」，迄同卷末。【本叢書所收玄贊卷六】

（二二八）書道博物館七九號，草書，首殘尾全，起卷七「（我）無此物」，迄同卷末。

（二二九）斯一五八九，楷書，首尾皆殘，存一百二十一行，起卷七「（或）破四有，謂生有、死（有）、中有、本有」，迄同卷「後二頌法喻合説，滋茂因異」。

（二三〇）書道博物館一〇一號，草書，首殘尾全，起卷八「多皆退性」，迄同卷末。

（二三一）中文一四四，未見，情况不詳。

（二三二）中文一四五，未見，情况不詳。

（二三三）國圖一四七一〇，草書，首尾均殘，存一千〇八行，起卷十「故以爲名，一如是等結」，迄同卷末，卷首有向燊等題跋。【本叢書所收玄贊卷十】

（三四）國圖一二一二三，楷書，首尾均殘，存十六行，起卷十「（莫）使他知；設令（他知）」，迄同卷「天親菩薩釋伽（耶山頂經）」。

（二）卷一草書寫本的書法特色

敦煌草書發現之前，人們談及唐代草書，主要指孫過庭《書譜》、賀知章書《孝經》、懷素《自敘》《論書帖》及所書《千字文》等，此外則鮮見鴻篇，傳世唐人草書不足以呈現唐代書藝的輝煌。近人馬宗霍《書林藻鑑》曰：「然唐無章草。」

到底唐代有無章草傳世呢？答案爲有，而且數量驚人！「敦煌草書寫本識粹」向大家展示了令人矚目的草書寶藏。

伯三八三二，每行二十三字左右，存字約兩萬五千個。卷首前二十七行，用行草寫出，爲後人補抄。其餘文字字字獨立，上下之字基本不連，乃章草和今草融會之書。衹此一卷的字數，即已足抵《書譜》《孝經》《自敘》《千字文》和其他傳世唐草的總和。觀其書藝，簡評如後。

第一，恪守草書矩度。

孫過庭《書譜》言：「草貴流而暢，章務檢而便。」細品《法華玄贊》卷一草書，既得檢便，又得流暢。不激不厲，筆筆到家，用字準確，恪守法書矩度。時過千年，依然可作今人之草書字帖。前賢認真負責之作字態度及精神，令今人景仰。

第二，守法有變。

草書從章草進展爲今草，從今草進展爲狂草，皆是守法有變的過程，而不是胡塗亂寫的醜八怪。通過《法華玄贊》卷一草書卷，我們也能看到草書演變的軌迹。凡佛經中常用且盡人皆知的詞句，每每上下字相連，且符合省、簡、連筆的做法，如「差別、比丘、煩惱、衆生、究竟、如來」等，使人一看即知，做到變而合法，絕不墮孬爛之塗。

第三，時代痕迹。

時代痕迹是文物留給後世的瑰寶。《法華玄贊》卷一中的許多字形上承南北朝之變，俗字等異體字隨處可見，如「爽、那、軌、隨、加、功、母、月、梁、晉、勝、緣、衍、卧」等字之俗體，不但各具特色，且足補當今草書大字典之缺。爲唐代草書盛狀，增添了新的具有歷史意義的資料。

面對傳世瑰寶，我們懷着敬畏之心，認真釋校，以不負時代之托。在釋文儘量忠實於原卷的基礎上，盡己所能將疑難之字在簡注中以部首及偏旁構件之法，分別説明，以便易懂能知。鑒於釋校者水平有限，舛誤必多，敬請大方之家不吝指正。

（陳志遠、吕義）

圖書在版編目(CIP)數據

法華玄贊. 卷一 / 吕洞達, 吕義編著. --北京:
社會科學文獻出版社, 2021. 12
（敦煌草書寫本識粹 / 馬德, 吕義主編）
ISBN 978-7-5201-9087-9

Ⅰ. ①法… Ⅱ. ①吕… ②吕… Ⅲ. ①《法華經》－
研究 Ⅳ. ①B942.1

中國版本圖書館CIP數據核字（2021）第199142號

·敦煌草書寫本識粹·
法華玄贊卷一

主　編 / 馬　德　吕　義
編　著 / 吕洞達　吕　義

出 版 人 / 王利民
責任編輯 / 胡百濤
責任印製 / 王京美

出　版 / 社會科學文獻出版社·人文分社（010）59367215
地址: 北京市北三環中路甲29號院華龍大厦　郵編: 100029
網址: www.ssap.com.cn
發　行 / 社會科學文獻出版社（010）59367028
印　裝 / 北京盛通印刷股份有限公司

規　格 / 開　本: 889mm×1194mm 1/16
印　張: 18.375　字　數: 143千字　幅　數: 118幅
版　次 / 2021年12月第1版　2021年12月第1次印刷
書　號 / ISBN 978-7-5201-9087-9
定　價 / 498.00圓

讀者服務電話: 4008918866